機能文法による
日本語モダリティ研究

編著=角岡賢一
著=飯村龍一・五十嵐海理
　　福田一雄・加藤澄

くろしお出版

はしがき

　本書の目的は書名の通り、選択体系機能文法（機能文法）の枠組みによって日本語モダリティを分析することです。機能文法は、1960年代からMAKハリデー教授を中心として築き上げられた体系です。その特徴は例えば、観念構成・対人的・テクスト形成という三つの「メタ機能」によって、言語の意味や機能を重層的に分析する点にあります。「言語が数多くの選択によって成り立っている」という考え方を視覚的に表しているのが「選択体系網」と呼ばれる図表です。本書では、このような枠組みを用いて日本語モダリティを分析していきます。またこの枠組みは、テクスト分析を行うには非常に体系的な構造を有していると言えます。本書では、第6章においてテクスト分析の実例を示します。

　機能文法におけるモダリティは「肯否極性の中間領域に位置する」というように定義されます。これはFillmore (1968) に端を発すると考えられる「文を命題と話者の主観に分けた場合の、命題を除いた部分がモダリティである」という定義とは異なり、「主観」を廃した定義であるように思われます。日本語学においても1980年代以降にモダリティ研究が盛んになりましたが、多くは「文から命題を除いた部分がモダリティ」という考え方を踏襲してきたように思われます。この定義は、叙法構造として論ずべき、例えば時制や否定などもモダリティ体系に取り込んでしまうという短所に繋がったような印象もあります。本書では上述のような機能文法としての定義により、客観的に日本語モダリティ体系を捉えられたのではないかと考えています。また、機能文法によるモダリティ分析の特徴として、モダライゼイションとモデュレイションという下位分類も特有のものであると考えらます。

　本書は五人の研究者が集まり、二年間の共同研究を経て成果として纏めたものです。第1章はモダリティ研究の概括と本書全体の見通し、第2章は国語学・日本語学におけるモダリティ研究史と位置付けています。第3章では機能文法全体を簡単に紹介しています。この枠組みを用いたモダリティ

の下位分類を第4章で扱い、続く第5章ではコーパスを利用してこれら下位分類について検証します。実質的な最終章である第6章は、応用編としてモダリティ分析を適用したテクスト分析の実例を示します。章立てについては、各担当者が専門としている領域に近いよう、なおかつ可能な限りで文体などを統一して、全体としての一体感を達成するようにと企画しました。しかしながら編者の力量不足で、各章には註の付け方や節立ての区分など担当者の個性がかなり強く残っているように思います。機能文法によるモダリティ定義そのもの、分析の方法論、下位分類についてなど、読者諸氏からのご教示をお願い致します。

　本書は龍谷大学国際社会文化研究所2012・2013年度共同研究「機能文法による日本語モダリティ研究」の成果として、同研究所叢書として刊行されたものです。本書の編集については、くろしお出版の池上達昭編集長にお世話になりました。ここに著者一同、心よりお礼を申し上げます。

　　　　　　　　　　　　　　　　　　　　　　　丙申　長月
　　　　　　　　　　　　　　　　　　　　　　　編者　記す

目　次

第 1 章　機能文法によるモダリティ分析にむけて 1
1. はじめに 1
2. 機能文法によるモダリティ分析にむけて 2
3. 対人機能的意味づくりにおけるモダリティの所在 11
4. 対人機能的意味資源における日本語モダリティの概念化にむけて 25
5. おわりに 64

第 2 章　陳述論の系譜とモダリティ 67
1. はじめに 67
2. 山田孝雄の「統覚作用」 67
3. 時枝誠記の「陳述」 68
4. 金田一春彦の反論 70
5. 渡辺実の叙述と統叙 72
6. 北原保雄の承接順序 77
7. 南不二男の「文の階層的分析」 80
8. 言表事態めあてのモダリティ：仁田義雄 89
9. 意味的階層：益岡隆志 92
10. 非現実を表す形式としての叙法論 1：尾上圭介 95
11. 非現実を表す形式としての叙法論 2：野村剛史 98
12. 非現実を表す形式としての叙法論 3：Heiko Narrog 100
13. 非現実の表現と話者の態度の叙法論：森山卓郎 102
14. 「叙法性」としてのモダリティ：工藤浩 106
15. おわりに 109

第 3 章　機能文法での叙法体系・モダリティの定義 113
1. はじめに 113

 2. 選択体系機能言語学について 114
 3. 選択体系機能理論におけるムード 133
 4. 選択体系機能理論におけるモダリティ 143
 5. 選択体系機能理論に基づく日本語のムードとモダリティ 163
 6. おわりに 170

第4章　機能文法による記述体系 173
 1. はじめに 173
 2. 選択体系網 175
 3. 日本語叙法構造について 179
 4. 証拠性の扱いについて 180
 5. 証拠性以外の検索例 187
 6. おわりに 202

第5章　モダライゼイションとモデュレイションの下位分類 205
 1. はじめに 205
 2. 品詞分析 206
 3. 助動詞の分類 216
 4. モダライゼイションとモデュレイション下位範疇の意味的関係 219
 5. おわりに 226

第6章　テクスト分析の中で対人的言語資源を考える 229
 1. はじめに 229
 2. テクストを概観する 229
 3. テクスト選定 231
 4. テクスト分析 235
 5. 再びジャンル 285
 6. おわりに 286

第 7 章　結び 295

参考文献 306
索　引 318

日本語叙法構造の選択体系網 325

第1章

機能文法による
モダリティ分析にむけて

1. はじめに

　本章では、日英語を対象としたモダリティ[1]の先行研究をもとに、その概念化をめぐる問題にも言及しながら、本書が適用する機能的接近法の理論的指標と骨子を提示する。

　2節では、まず、本書の記述的枠組となる機能的接近法について検証する。モダリティをどのように分類し、言語使用のどのような点を明らかにするかは、機能的接近法も含めた他の接近法（認知的また構造主義的接近法など）においてもその射程と分類方法が異なるため、機能的接近法[2]の所在についても客観的に整理し、本書の基盤とする理論的枠組の特徴と有効性についてまとめる。

　3節では、モダリティ概念の所在と定義について検証する。3.1では、Palmer (1986, 2001) を中心とした類型論的な先行研究をもとに、モダリティ概念の射程について整理する。次に、3.2では、先行研究における日本語モダリティの所在について確認し、本書の支持するモダリティ領域について考察する。

---

[1] モダリティという用語は、研究者により多様な意味範疇を指す。本書は、狭義的な立場をとる。また、先行研究で広義に捉えられてきたモダリティの意味範疇を「対人機能的意味資源」の中で総体的に捉えなおし、テクスト分析のための機能的接近法の中で再構築を試みる。したがって、本章で使用されているモダリティという用語は、特別な注がない場合は、先行研究で多様に捉えられてきたモダリティの意味領域の総体を指す。

[2] 機能的接近法にも種々のアプローチが存在するためその射程と理論の目的について整理する必要がある。

最後に、4節では、モダリティ分析のための作業モデルとなる選択体系機能言語学（Systemic Functional Linguistics, 以下、SFL）について、理論の目的と射程、分析方法の特徴を説明する。

後続する章では、陳述論を中心とした日本語モダリティ論（第 2 章）の考察、本枠組みの詳細説明（第 3 章）、モダリティの概念体系と整理（第 4 章）、コーパスデータを利用したモダリティの下位区分と表現様式の検証分析（第 5 章）、テクストタイプ別のモダリティ分析（第 6 章）へと展開する。本章の内容は、各章で扱われる内容との関連性において、議論の参考および分析の方向性を確認するものとして参照されたい。

2. 機能文法によるモダリティ分析にむけて

　機能主義[3]に基づく言語の分析方法は多岐にわたる。まず、2.1 では、「機能」とはなにか、また「機能的接近法」の多様性について概観し、本書の適用する「機能文法」の所在（理論的立場、言語分析の射程、理論的有用性）について、他の機能的接近法との関係性に言及しながら、明らかにする。さらに 2.2 では、モダリティ分析に先立ち、対人機能的意味資源を包括的に分析するための理論的な指標̶包括的で体系的な分析モデルに必要な指標̶を提示する。

2.1　機能主義と機能文法の理論的射程

　言語を機能的に記述分析する立場をとる言語学者の多くは、コミュニケーションの手段としての言語の働きについて理論的な体系化を図っている。言

---

[3]　機能主義に限らず、いかなる言語理論もその目的と射程を持つ。したがって、各理論的立場は、対象とする言語体系の分析層の設定と記述方法を規定し、ある一貫性を持ちながら言語記述全体にその光を当てることになる。この意味において、機能的接近法の射程の違いにより、たとえば、文法層と意味層の体系化の実態も各立場によって異なるため、本書の「機能文法」の射程についても、どのような理論的射程を持ち、モダリティのどのような側面を明らかにすることができるかという点を明示し、文法理論の適応範囲と言語分析モデルの理論的立場を規定する必要がある。より包括的な言語モデルの分析特徴は、Gonzálvez-García and Butler (2006) を参照のこと。

語体系の中核は言うまでもなく文法体系[4]となるが、文や節の分節方法と構成要素、それらに付与される概念体系は、各接近法の分析理念が反映されたものとなる。この言語体系の中心をなす節・文を記述する体系を文法とすると、文法体系と意味資源との対応関係がどのように体系化されているかという点が本書の焦点となる。

前述したように、機能的接近法にも、文法を形式主義の立場から体系化するか意味機能的な視点から記述するかにより、種々の理論的立場が存在する。

Butler (2003a, b) は、機能主義の中心的な理論的指標を下記のようにまとめている。

> The starting point for functionalists is the view that language is first and foremost an instrument for communication between human beings, and that this fact is central in explaining why languages are as they are.
> （Butler 2003a: 2）

> If linguistics, under the functionalist view, is seriously concerned to explicate language as communication, then it must take as its object of study the whole complex of multi-levelled patterning which constitutes a language. Furthermore, it must relate that complex of patterns to their use in communicative activities.　　　　　　　　　　　（Butler 2003a: 4）

また、Butler (2003a: 29) は、7つの指標を用いて、主要な機能主義的接近法の特徴を分析している（表1）。

① 言語を社会的・心理的コンテクストにおけるコミュニケーション手段とみなす。
② 言語システム（文法）の恣意性と自律性について完全にまたは部分的に容認せず、認知的、社会文化的、心理的、通時的な点から'機能的な'説明

---

4 「文法 (grammar)」という用語については、統語レベルを指す場合と意味層などより広い領域を含む場合があるが、本書では、後者のレベルを指す。

を試みる。
③ 統語（文法）は自律的であるという点を完全にまたは部分的には認めず、意味的・語用論的パターンを中心とした接近法をとる。また統語は意味具現のための一要素として意味具現と部分的に結びつく。
④ テクスト分析とコンテクストにおける言語使用を重要視する。
⑤ 言語的概念範疇の連続性を認める。全体的には特に認知的な概念の連続性について重きをおく。
⑥ 類型論的側面を重要視している。
⑦ 言語習得に対して適応主義者（adaptationist）よりはむしろ構築主義者（constructionist）の立場をとる。

表1における接近法の代表的な研究は下記のとおりである（Butler 2003a: 34）[5]。

1) Generative functionalism（Prince 1978, 1981, 1991, Kuno 1972, 1980）
2) FG ＝ Functional Grammar（Dik 1978, 1983, 1997a, b）
3) RRG ＝ Role and Reference Grammar
（Foley and Van Valin 1984, Van Valin 1993）
4) SFG ＝ Systemic Functional Grammar（Halliday 1985, 1994）
5) WCF ＝ West Coast Functionalism
（Givón 1979, 1984a, b, 1993a, b, 1995, Hopper and Thompson 1984）
6) CG ＝ Cognitive Grammar
（Langacker 1987, 1990/2002, 1991, 1999, 2003）

---

5 以降、本章では原則として下記2）〜6）の研究を略称で記す。

2. 機能文法によるモダリティ分析にむけて

表1　6つの機能的接近法の特徴分析（Butler 2003a: 58 より）

Approach	① Language as communication	② Rejection of autonomy of linguistic system, in favour of functional explanation	③ Centrality of semantics/pragmatics; rejection of autonomy of syntax
1) Generative functionalism	—	—	—
2) FG	***	***	***
3) RRG	***	***	***
4) SFG	***	***	*** (c)
5) WCF	***	*** (e)	***
6) CG	***	***	***

Approach	④ Centrality of text/context	⑤ Centrality of cognitive dimension/ non-discreteness	⑥ Centrality of typological considerations	⑦ Constructionist approach to language acquisition
1) Generative functionalism	*	—	? —	—
2) FG	** (a)	** (b)	***	**
3) RRG	*	*	***	***
4) SFG	***	* (d)	*	***
5) WCF	***	***	***	**
6) CG	*	***	*	*

Key:
***　This property is absolutely central to the approach.
**　 This property is stated as a tenet of the approach, but little work has yet been done in this area and/or the work which has been done is very recent.
*　　This property is presented in some work within the approach but not all or is implicit rather than explicit in the approach.
—　　This property is not at all central.
(a)　Models of discourse have only recently been incorporated into FG, but are fast gaining importance.
(b)　Non-discreteness is addressed only in some very recent work in FG; similarly attempts to increase psychological adequacy by taking account of processing considerations are only just coming to the fore.
(c)　SFG tends to merge properties which other approaches would regard as syntactic, semantic and pragmatic, but matters of meaning are paramount for this approach.
(d)　Indeterminacy is seen as basic to language, but because of this is not foregrounded in the theory. There is little reference to cognitive principles in explaining linguistic phenomena: rather, cognition is approached through language.
(e)　Functional explanation is taken to extremes in the 'emergent grammar' approach of Hopper and Thompson.

表1から明らかなように、機能主義的な考え方にも多様性が見られ、言語記述の方向性も異なる。

　以下、本書の研究目的にかかわる点に絞りButler (2003a) の分析に言及しながら、機能的接近法の理論的指標を整理する。

　まず、Butler (2003a) は、種々の文法[6]体系を、文法体系自体の内的メカニズムを規則化することを主眼とする自律的統語関係に焦点を置く接近法 (Prince, Kunoなどの Functional Syntaxなど) と、文法体系を認知的な概念を投影するものとみなし認知的な概念の機能的な体系化に起点を置く接近法 (LangackerのCGなど) の両極から捉える。

　しかしながら、Butler (2003a) は、両者は言語使用および人間同士のコミュニケーションの実態を包括的に記述することがその中心課題ではないと指摘する。また、後者は、文法体系を通して人間の認知メカニズムの体系と機能について記述することを目的とするが、機能的接近法の焦点が文法レベルではなく認知レベルにあるとする。したがって、前者の機能的接近法では、形式的なパターン分析のための最小限の意味分析が中心となり、後者では、形式を媒介とした意味範疇と認知的概念の関係が研究の中心となる。また、両者の間に種々の機能的接近法を背景とするモデルが観察されるが、本書の射程とする文法と意味の関係は、この中間領域に属している。Butlerは、これらのモデルを構造機能的接近法 (structural-functional approach) として下記のように特徴づけている (この領域には、FG, RRG, SFG, WCFが含まれる)。

1) コミュニケーションのための言語研究が中心的な課題である。
2) 言語システムと外因的な機能との関係を認める。
3) 文法形式の重要性を認め、構造機能主義の立場をとる。
4) 意味論／語用論を中心とした立場をとりながら、統語論との有機的な関係性 (接近法により差異はある) を認める。
5) 言語習得に対して構築主義的な立場をとる。

---

[6] 機能文法においても、形式を中心にその体系を狭義に捉える場合と機能的ではあるが意味概念を中心に捉える場合があり、その接近法は多岐にわたる。

換言すれば、上記の接近法は、文法と意味、そして語用論レベルの言語使用との有機的な関係を相補的に—あるレベルが他のレベルを一方向的に（決定論的に）支配するという関係ではなく—記述する立場をとる。構造機能主義的接近法では言語体系は構造を持ち、その構造はそれぞれ機能的な特徴を有する。そしてそれらの機能的特徴は、意味論的・語用論的な意味体系と有機的な関係を持ち、その関係とは、言語をコミュニケーションの手段として捉えるときに認められる記述的関係を、機能的に捉えようとするときに認められるものである。構造機能主義における構造と機能の関係は、「意味あり、形を求む」と安井（2007）が表するように、意味と構造の機能的な関係に重きを置いた関係であると言える[7]。

2.2　意味分析の諸相と機能文法：構造機能主義モデル

前節では、代表的な機能的接近法の考え方を比較し、本書が適用する構造機能主義（structural-functional）の立場について明らかにした。また、表1において確認できるように、構造機能主義の立場をとる文法モデルは、言語をコミュニケーションの手段として重視し、意味論および語用論的な言語資源の記述に重点を置いているが、その中でも、テクストとコンテクストとの関係、認知的側面、類型論的研究、言語習得への接近法については異なる方向性を示している[8]。さらに、構造機能主義に基づく機能文法間でも、意味分析への関係性と研究の方向性において異なる特徴が観察できる。

本節では、構造機能主義に基づく機能文法の仕組みが意味層とどのような関係性を持ちながら意味記述—本書では、モダリティ領域が中心—を行い[9]、

---

[7]　意味を具現する要素として重要となるものは、言うまでもなく、コンテクストである。また、コミュニケーションの手段としての言語を論じる場合、文のみではなくテクストレベルの言語現象を体系的に記述する必要が出てくる。現段階では、文法と意味の関係に焦点が置かれているが、意味の選択を決定する要因の1つは、コンテクストとの有機的で機能的な関係性が大きく影響しているという点を指摘しておく。

[8]　日本語を記述対象とした分析を行うという本書の目的上、類型論的適応性、認知的概念を中心とした分析、および言語習得への応用面の記述については、本書の射程には含めないこととする。

[9]　構文論的な機能的範疇からテクスト形成全体を視野に入れた意味分析の枠組みを適用する接近法までその射程はモデルごとに異なる。

またどのような意味領域がその分析範疇となるのか、さらにはその実態が言語の持つ意味の総体のどのような側面を扱うことになるのか[10]という点に考慮しながら、本書の分析モデルの理論的基盤となる機能文法と意味記述のための理論的枠組について基本的な立場を整理する。

　Butler (2003a) の分析から、機能文法 (FG, RRG, SFG, WCF) による意味分析への接近法に関する考察をまとめると、まず Dik (1997a, b) は、機能文法を意味を具現する手段として捉え、意味論は語用論的意味を具現する手段として位置づけている。また、近年 FG では、文文法を中心とした枠組みを用いて、会話や書かれたテキストを分析・記述するための研究が盛んに行われている。RRG (Foley and Van Valin 1984, Van Valin 1993) では、文法は形式的な体系であるがその記述体系は、意味機能との関係をもとに体系化されている。SFG は、他の接近法ではそれぞれ統語、意味、語用レベルとして分析される素性を統合的に扱う。また、意味が最も中心的な位置を占める。Givón (1984a, c, 1993a, b, 1995) に代表される WCF でも、意味レベルとの機能的なつながりとの中で文法を体系化しているが、テクスト分析における研究の対象はテクスト形成上のトピック分析や文法形式の用法などである。

　また、上記の文法モデルには、情報構造の研究なども含まれるが、テクストとコンテクストとの関係性についてはあまり研究が進んでいるとはいえない。その中で SFG (Halliday 1985, 1994, Halliday and Matthiessen 2004, 2014) は、構造機能主義モデルの中で最も機能的意味を重視した文法体系を提供している。SFG は、言語を社会文化的コンテクストにおける意味づくりに貢献しテクストを基本単位としながら意味体系と（語彙）文法体系の有機的な関係を具現するための体系と考える。また、文法と意味パターンをテクストと社会文化的コンテクストのレベルで検証することは言語研究において大きな意

10　言語の総体的な意味資源をどのように捉えるかということについても言語の分析モデルにより差異が生じるが、本節で留意すべき点は、全体的な意味体系の中のどのような範疇を機能的に分析し、他との体系性を十分視野に入れた議論が行われているかという点である。ある現象が部分的に説明できればよしとするだけでは、分析モデルの有効性を十分説明できるとは限らないため、その部分が全体的な意味体系のどこに位置するか、また他の領域との関係性が体系的に保たれているのかという点に留意する必要がある。

義があり機能的接近法が大きく貢献できる領域でもある。

　以上の考察から、構造機能主義文法モデルは、意味機能との有機的な関連性の中で文法を体系化しているが、文・節を中心とした文法体系を関連するコンテクストにおいて機能的に検証する立場とテクスト分析のための意味機能と文法を体系化することに記述の焦点を置いたモデルに分類できる。また、各モデルは、文法と意味の機能的な関係とテクストとコンテクストの相互作用性については認めるが、テクストとコンテクストとの関係をより体系的に分析するための理論的構築は文法モデルにより異なる。

　現在提供されている構造機能主義モデルの中で、唯一踏み込んだ接近法と研究の進展を見せているモデルがSFG [11]であるといえる。具体的には、テクスト・ベース型の分析を可能とし、文法、意味、語用レベルの機能的な意味具現パターンを社会文化的なコンテクストとのつながりの中で適用可能な(testable)枠組みを提供している。そして、本分析モデルで体系化された包括的な意味資源の中で、対人機能的な意味づくりの中核をなすモダリティ分析の検証が本書の射程となる[12]。また、このような包括的なモデルによる日本語研究の蓄積は浅く[13]、本研究領域への学術的な貢献が本書の目的でもある。

　本書では、SFGによる枠組みをモダリティ分析への作業モデルとして適用するが、詳細説明は第3章を参照されたい。ここでは、いくつかの理論的射程に基づきSFG（Halliday 1985, 1994, Halliday and Matthiessen 2004, 2014）の特徴を要約し、本章の適用する枠組みの導入的説明とする[14]。

11　SFGは、選択体系機能言語学（SFL）における語彙文法層を中心に記述するための文法体系であるが、本理論は、節の記述からテクスト分析へと体系的に分析を行うための意味層との分析の枠組み、そしてそれぞれの層が有機的に生み出す意味づくりのパターンに対する機能的な関連づけをするためのコンテクスト―状況のコンテクストと文化のコンテクスト―との体系的な理論的枠組を構築している。この点、テクストレベルとコンテクストレベルで文の文法現象を選択的に検証するという接近法とは異なり、社会文化的コンテクストで生成されるテクストとの相互機能的な意味づくりについて文法と意味との関係を体系的に記述する包括的な枠組みを提供している。

12　SFG全体の詳細については、第3章を参照。

13　各機能的接近法には理論的な長所と短所が存在する。したがって、本書で適用するモデルがすべての点において他のモデルより優れているというわけではない。より詳細な分析については、Butler（2003a, 2003b）、小泉（編）(2000)などを参照のこと。

14　厳密に言えば、モダリティ分析を対象とする分析アプローチは機能的な方法に限られ

1) 言語の分析層の射程と機能的な関係性：構造（structure）と機能（function）の関係をどのような分析層を設定し理論構築をしているか。
   → 音韻層、語彙文法層、意味層、テクスト（text）展開構造、コンテクスト（社会文化的および状況的）に至る一貫した分析層を提供している。また、各層の機能的体系性について検証可能な言語機能とコンテクスト間の仮説を立てている。詳細は、4節（4.1.2）の CMHH（the context-metafunction hook-up hypothesis）を参照されたい。
2) 分析の対象となる言語ユニットとユニット間の関係性：設定される分析層によりどのような言語の分節ユニットが設定されているか。
   → 形態的ユニット、語、群／句、節・文およびテクストを分析対象ユニットとして定める。また、メタ機能による機能的分節ユニットを定め、重層的で機能的な体系化を図っている（4節参照）。
3) 対象となる意味資源の包括性と体系性：どのような意味資源と意味領域の総体を想定し、分析モデルを構築しているか。また、その包括性と体系化の方法はどのようなものか。
   → 様々な社会文化的コンテクストで発生する意味資源を包括し、言語およびコンテクストレベルから意味具現の実態を機能的に記述する立場をとる。また、言語の社会的機能とテクストタイプとの相関的な関係を前提としたテクスト分析の方法を提供している。したがって、語彙文法および意味資源は、コンテクストにおけるテクストを具現するために機能的に選択されるという立場をとる。また、意味資源の領域を、観念構成的意味資源（経験および論理的意味構成に係る言語選択）、対人機能的意味資源（対人的相互作用に係る言語選択）、テクスト形成的意味資源（テクスト構成、情報構造、主題―題述に係る言語選択）の3領域に区分する[15]。

たものではない。また、種々の機能主義的な分析方法も存在する。本書では、語彙文法層、意味層の機能的な体系性をテクストとコンテクストの領域まで発展させ包括的な分析アプローチを構築している SFG を作業モデルとし、その有効性を検証する。したがって、モダリティの概念化に関する一つの可能性を提示することになる。

15　詳細は、第3章、第6章を参照。

このように、SFGは、言語選択の過程を社会文化的なコンテクストにおけるテクスト生成の過程にまで広げ、機能的に一貫した分析モデルを構築している。本書では、対人機能的な意味交換を基軸としたモダリティの働きに重点を置いた分析を行うが、モダリティの意味領域が、対人機能的意味資源とどのような包括関係にあるかは先行研究により異なるため十分な検証が必要となる[16]。

3. 対人機能的意味づくりにおけるモダリティの所在

本節では、モダリティの始原的な意味範疇について考察する。言語の基本的な役割を「人間の社会的経験と思考を通して、自己の成長と社会生活を育む上で必要な言語活動を可能にする文化的記号体系」と解釈すると、言語使用者である人間は、伝えるべきメッセージを生成し、伝達手段を選択しながら、社会の構成員である他者へと言語メッセージを発信する。このような働きを可能にする言語の意味体系の総体の中での人間の意味づくり（meaning making）について考えると、モダリティ研究は、言語使用者がコミュニケーションの中で、自己の考えや行動の社会的位置づけ、世界の見方、他者とのかかわり合い方とメッセージとの関連性などにかかわる対人的意味を意識的にどのように言語の中に組み込むかを解明する一助となる点で意義深い。

しかしながら、対人機能的意味づくりにかかわるモダリティ研究が対人機能的意味体系のどの領域とかかわるかは、個々の先行研究における概念の定義によりその射程が異なる。また、逆の見方をすれば、モダリティの概念化をめぐる問題は、モダリティという概念を対人機能的な意味資源を包括する代名詞のような形で関連する意味領域を総体的で体系的に整理しようとした結果生じる問題でもあると考える。本章では、モダリティという概念を、一旦対人機能的な意味領域と置き換え、またそれに包括されるものと仮定し、

---

16 モダリティの定義と分析への接近法が異なる場合、対人機能的意味領域を占める領域も接近法により異なるということである。また、この問題は、モダリティの表現様式の選択にも大きく影響する。理論的包括性という点から見ると、ある意味領域の規定により射程外となった意味領域が対人機能的意味資源の中でどのように再構築されるかという点を包括的に記述し、体系化しなければならない。さもなければ機能的な分析モデルの体系性が崩れることになる。

対人機能的な意味の諸相を全体的に整理しながら、モダリティの所在について検討する立場をとることにする。

以下、モダリティの定義と所在について、類型論および個別言語(日本語を中心とする)の先行研究を検証し、機能的接近法による日本語モダリティ分析のための射程を絞り込む。また、それをもとに、本書のモダリティの作業定義を4節で提示する。

3.1 モダリティ概念への類型論的なアプローチ

モダリティ(modality)という概念の捉え方とその研究／分析アプローチは多様であるが、その要因の1つは、言うまでもなく、個々の言語の持つ言語体系自体の多様性とそれらを記述する接近法自体の射程が大きく異なるからである。また、諸言語におけるモダリティの先行研究も多く見られ、モダリティを包括的に整理するための接近法と視点の違いが見られることも大きな要因である。

ここでは、モダリティの中心的な領域を Palmer (1986, 2001) の実証的な類型論的研究をもとに確認し、日本語におけるモダリティ論を検証するための背景的な分析とする。

Palmer (1986, 2001) は、モダリティの意味概念を次のように特徴づけている。

> The notion of modality, ..., is much more vague and leaves open a number of possible definitions, though something along the lines of Lyons' (1977: 452) 'opinion or attitude' of the speaker seems promising. (Palmer 1986: 2)

> Modality is concerned with the status of the proposition that describes the event. (Palmer 2001: 2)

また、多言語間で観察されるモダリティの具現手段は多岐にわたるが、Palmer (1986, 2001) の類型論的な研究は、モダリティを具現する文法的標識を中心に扱っている。

3. 対人機能的意味づくりにおけるモダリティの所在

> It has come to be recognized in recent years that modality is a valid cross-language grammatical category that can be the subject of a typological study.
> (Palmar 2001: 1)

さらに、Palmer(2001)では、モダリティの文法的具現手段をモーダル・システムとムードに分けている[17]。

> Basically, there are two ways in which languages deal grammatically with an overall category of modality. These are to be distinguished in terms of (i) modal system and (ii) mood. (Palmer 2001: 4)

また、モダリティの文法的具現手段として、類型論的には下記のような具現手段が認められる[18]。

> The grammatical markers of modality are very varied, ... Basically there are three types of marker: (i) *individual suffixes*, *clitics* and *particles*, (ii) *inflection* and (iii) *modal verbs* ... They are found as markers both of terms in modal systems and of mood. (Palmer 2001: 19、斜体は著者による)

要約すると、Palmer の類型論的なモダリティ研究では、モダリティという意味的概念を具現するための文法的手段として、モーダル・システムとムードの双方に焦点を当て、それらによって具現されるモダリティの類型論的な側面を検証している[19]。

また、図1～図3のように類型論的モダリティ領域と個別言語における領

---

17 モダリティは基本的には種々の意味範疇を持つが、Palmer (1986, 2001) の研究では、諸言語において文法化された表現手段 (述部中心) をその射程に入れている。また、英語における法付加詞等は扱われていない。

18 日本語の表現様式は、語尾、接(尾)辞、助辞、補助的な表現形式というように総合的手段から分析的手段へと段階性が認められる (村木1991)。

19 法付加詞などの表現様式は、Palmer (2001) の研究では扱われていない。

域では、その意味具現の手段も異なり[20]、また、助動詞のように同類の文法標識を有する場合でも、個別言語によりその形式的な仕組みは異なる。通常個別言語においては、モーダル・システムかムードのいずれか一方が優位に発達するとされる。日本語における両システムの関係(図3)も今後検討を要する。

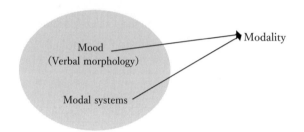

図1　類型論的なモダリティ具現方法

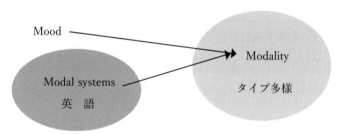

図2　英語におけるモダリティの具現方法

20　文法的標識の中でも述部を中心とする具現様式が挙げられているが、日本語における事例は Palmer (1986, 2001) では少ない。

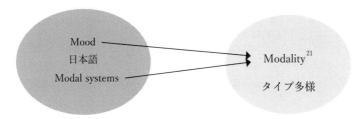

図3　日本語におけるモダリティの具現方法

　また、モダリティの(文法的)具現手段とモダリティタイプの下位範疇は個別言語により細分化されるが、モダリティ自体の定義と概念は、言語における対人機能的な意味範疇の働きに関して認識が共有できる範囲において、類型論的に定義することが可能である。Palmer (2001) は、命題と事象に対するモダリティを中心に類型論的な概念を次のように分類している(次ページ参照)[22]。

　Palmer のモダリティ体系は、多言語の文法的な具現標識をもとにモダリティ概念を包括的に体系化したものと言える。また、証拠性もモダリティの下位範疇としているが、証拠性がモダリティより優位となる言語についても言及している。また、その概念領域は、非事実性 (non-factuality) や非現実性 (irrealis) の意味概念と密接に関係する領域と解釈することができる。

21　日本語の場合、英語の法助動詞のような表現様式はあまり発達しておらず、複合形式による表現形態がモダリティの表現範疇に含まれる。宮崎 (2012) などはモーダル・システムとムードの両方が日本語モダリティの具現手段として働くとする。

22　モダリティの表現様式と諸問題に関するまとめは Palmer (2001: 21–22) を参照。

Propositional modality（命題的）
　　　　　Epistemic modality（認識的）
　　　　　　　Speculative（推測的）
　　　　　　　Deductive（推理的）
　　　　　　　Assumptive（想定的）
　　　　　Evidential modality（証拠的）
　　　　　　　Reported（報告的）
　　　　　　　Sensory（感覚的）
　　Event modality（事象的）
　　　　　Deontic modality（束縛的）
　　　　　　　Permissive（許可的）
　　　　　　　Obligative（義務的）
　　　　　　　Commissive（約束的）
　　　　　Dynamic modality（力動的）
　　　　　　　Abilitive（能力的）
　　　　　　　Volitive（意志的）

　Palmer (1986, 2001) の研究は、モダリティを類型論的な視点から体系化したものであるが、本書の研究目的（日本語のモダリティ分析）から、下記の点をさらに検証・発展することが必要であると考える。

1) 文法的具現標識としてモーダル・システムとムードが挙げられているが、モダリティという概念は、基本的には、多様な文法的表現手段によって具現される「意味」概念であると言える。したがって、日本語においてもモダリティの具現システムに関する検証（体系としての働きを含む）がさらに必要である。
2) モダリティの具現手段として Palmer (1986, 2001) で挙げられている種々の文法標識とは別に、その他の表現様式（法付加詞、その他の複合表現など）に関する検証も必要となる。
3) 種々のモダリティの具現手段と意味との関係が機能的接近法ではどのよ

うに記述されているかという点について、個別言語ごとに検証する必要がある。澤田（編）(2014)などの主要な研究には、日本語に関する知見が多く含まれるが、本書で言及されている機能的接近法(2.2)による先行研究に関する言及は少ない。

3.2 先行研究における日本語モダリティ概念

Palmer (2001) の研究は、述部を中心とした文法標識によって具現されるモダリティの始原的領域について、類型論的に考察するために有効なものである。本節では、これらの知見をもとに日本語のモダリティ概念の所在と記述的枠組について、2.2で取り上げた構造機能主義モデルの持つ指標をもとに論述する[23]。

3.2.1 先行研究における日本語モダリティ概念の解釈

日本語モダリティの先行研究を概観すると、助動詞および複合表現による専用形式に限定した研究から述部領域外の具現手段（付加詞、接続詞、丁寧表現など）を含む領域に至るより広い概念領域を扱った研究が観察される。また、モダリティ研究にみられる一般的な問題として、ムードとモダリティという用語の定義と使用方法が研究者によって異なる点が挙げられる。

表2は、日本語学における解釈を対比したものであるが、2つの用語の領域がかなり重複しているか、または交換可能な形で使用されていることがわかる。

---

23 日本語陳述論の歴史的変遷と各論については、第2章を参照。

表2 ムードとモダリティの概念比較（下線は筆者による）

	日本語学研究事典 （飛田他（編）2007）	日本語文法大辞典 （山口・秋本（編）2001）
ムード	法、叙法、モードともいう。ラテン語 Modus に由来する。<u>事態に対する話し手の心的態度を表す文法範疇</u>。話し手の心的態度には多様なものがあり、そのため、ムードという用語は研究者によって異なった定義がなされている。印欧語の文法では、<u>動詞の屈折体系にかかわる文法範疇</u>として用いられる。たとえば、古代ギリシャ語では、「直説法」「接続法」「命令法」を形態的に区別していた。日本語ではムードについての一定の理解が得られていない段階である。<u>ムードとモダリティとを同じ意味で用いる立場もある</u>。	「法」と訳されることが普通である。もともと印欧語では動詞に、直説法（事実として語る）、接続法（創造的に語る）、希求法（願望的に語る）、命令法（命令・拘束的に語る）の四つの形態があり、主に<u>文内容と話し手とのかかわり</u>を表し分けた。このようにムードは元来、<u>動詞の形態論上のカテゴリー</u>である。
モダリティ	叙法、法、ムードともいう。本来命題に対する判断様式を指すが、言語研究ではそれより広い意味で用いられている。日本語研究では一般に、文における発話者の心的態度をさす。ムードが<u>形態との関係に重点</u>があるのに対して、モダリティは<u>意味をも含んだ包括的概念</u>ともいえる。	「様相」と訳されることが普通である。また、「法性」と呼ばれることもある。事態が言語主体にどのように現れているかを示す概念。一般的には、可能性（蓋然性）・必然性・現実性・偶然性などが含まれる。事態が主体にどのように現れるかということは事態の性質とも考えられるから、<u>存在のあり方をモダリティ</u>という場合がある。

　ムードは、印欧語などにおいては、動詞の語形変化に伴う文の内容と話し手とのかかわり合いの中で節や文全体の様態を決める働きを持つのに対し、モダリティは、事態や命題に対する話者の判断や性質というように、命題や事態に対する話者の意味的な関係性の捉え方とその範疇が中心的概念であると読み取ることができる。

　ここで補足すべき点は、動詞の屈折形に限定されたムード（mood）ととも

に命題・事態に対する話者の捉え方を扱うモダリティ (modality) という概念が発展的に研究され、動詞の屈折以外のモダリティの具現手段も近年の研究では言及されている点である。したがって、モダリティについて論じる場合、その定義、ムードとの理論的差別化、表現様式の選択範囲、対人機能的意味資源の中のモダリティ領域の所在について、体系的に検証することが重要となる。

また、Palmer (1986: 21–22) では、ムードとモーダル・システムに属する表現様式は、述部を中心とした文法的標識に限定されているが、モーダル・システムに属する表現様式は、特に日本語においては複合形式によるものが多く含まれるため、開かれた類に属する表現様式をどのように分類するかという点も重要となる。命題・事態のあり方について何らかの話者の見解を付与する手段は、日本語では、動詞以外の具現手段も多く用いられるということである。日本語の場合は、文法化の進んだ複合表現による専用形式で形成される「モーダル・システム」が述部において多用されている[24]。

では、ムードとモダリティ概念の理論的関連性をどのように捉えればよいのか。

2.1 でも述べたように、言語は対人的コミュニケーションの手段であり、話者の発信するメッセージは、コミュニケーションの相手との人間関係とその目的に大きく影響を受ける。対人機能的な意味選択は、語彙文法的には節の複数箇所で具現されるが、本書では、ムードとモダリティ領域の分岐点の指標を「節の交換機能」という点におく[25]。節の交換機能については、各言語に差異がみられるかもしれないが、言語を介して情報と (社会的) 行為を提供し要求することが対人機能的な言語の働きであるといえよう[26]。

先行研究において使用されるムードとモダリティという用語の解釈につい

24　日本語文法において複合助動詞と呼ばれる表現は多岐にわたる。
25　双方とも対人機能的な意味領域を表すが、機能的には、ムードが節全体への文法的節交換機能を付与し、それに対してモダリティは命題内容に対して節の中で話者の判断や行為と結びつく対人的機能を付与するという点から両概念を区別することにする。前者は節の交換機能を具現するムードタイプの形成に貢献する義務的な要因、後者は対人機能的な内容を中心にモダリティを付与する選択的な要因とみなすことができる (Teruya 2007)。
26　詳細は、第 3 章参照。

てまとめると表3のようになる。領域Iが最も包括的であるが、本書では、領域IIのModality/Modalを中心としたモダリティの定義を適用する。

表3　ムードとモダリティ概念の多様性

対人機能的意味の諸相	用語	説明	節（文）の機能
I. 叙法構造に基づく語彙文法・意味資源の総体	MOOD/MODAL	・対人機能的な節の交換機能のための総体的な意味資源と語彙文法資源 ・モダリティという用語がこれらの意味の総体を指す場合もある	対人機能的意味資源の総体的機能（節で生起する対人的意味全体を包括する）
II. ムードとモーダル・システムによる区分	MODALITY	・ムードまたはモーダル・システムによって具現されるモダリティ（Palmer 2001参照[27]） ・両者の優位性は言語によって異なる	ムードまたはモーダル・システムによって具現される意味資源の総体とそれらの意味機能
	Mood(a)	・節のムード構成要素（主語、述語、付加詞、終助詞、定性要素など）を指す	節の構成を持つ節の中のムード要素
	Mood(b)	・文の類型（ムードタイプ） ・発話機能を含む場合もある	文の機能のタイプ
	Modality/Modal	・中核的なモダリティ概念	ムード（Mood(b)）と区別されたモダリティ（命題・事態に対する不確定中間領域を含む節機能）
表現レベルでムード・モダリティという用語が使用される場合	modal(a)	・本動詞以外の表現：法助詞、法付加詞、形容詞、文法化された専用形式を含む	本動詞以外の表現形式
	modal(b)	・外延的表現：接続詞（〜れば、〜たら）、否定、仮定法、取り立て詞、丁寧表現、敬語表現など	modal(a)より広義の語彙文法的具現手段
	mood	・動詞の屈折	動詞の屈折による意味領域の付与

備考：用語表記に使用した大文字・小文字は便宜的な差別化のために使用している（意味領域と表現のタイプへの使用について区分をはかった）。より詳細な分析は山岡（2000）を参照。

---

[27] Palmer（2001）の場合は、述部に現れる文法的指標を中心に扱っている。

節の交換レベルでは、語彙文法レベルから基本的な文機能（＝文のタイプ）を決定している体系がムードであり、また、文機能とは別に、文に含まれる命題・事態に対して選択的に話者の判断要素などを付加する体系がモダリティとする立場をとる。したがって、あくまでも適用されるモダリティの定義には依存するが、基本的には、節（文）には必ず文機能が付与されるが、必ずしもモダリティが付与される必要はない[28]。先行研究では、領域Ⅰから領域Ⅱの中で種々のモダリティが定義されていると同時に、その意味領域を具現する語彙文法的資源（表現様式）も限られた文法形式からより開かれた表現様式に至るものが先行研究により選択されている。この点、定義、表現様式、射程となる意味領域の解釈により先行研究の記述範疇も異なる。

3.2.2　日本語モダリティの定義

前節では、モダリティとムードの概念と用語使用の多様性について述べた。本節では、先行研究における代表的なモダリティの定義について考察し、本書の適用するモダリティの領域を提示する。

まず、先行研究における種々のモダリティの定義から考察したい。ここでは、ナロック（2014）による6つのモダリティの捉え方を参照する。ナロックの研究は日本語に限定されたものではないが、包括的な視点からモダリティを定義しているため有効な議論の出発点となる。

A）　必然性と可能性としてのモダリティ
　　　哲学、論理学におけるモダリティ概念を指す。哲学上の概念と言語学的概念とはその射程において差異が生じる。ナロックは、非形式的な言語研究においては、前者のとる形式的な接近法では自然言語の現象を十分記述するための包括的な研究として限界が生じる（Von Wright 1951, Kiefer 1997）と指摘する。

B）　文のあり方としてのモダリティ
　　　文の類型、または、文の種類をモダリティの概念化の指標とする。

28　本書の適用するモダリティの領域は、Palmer（2001）やナロック（2014）の事実未定・非現実性の領域に近いものである。

文のタイプを分類する延長線上には発話行為における発話のタイプとの連関が生じるが、モダリティと発話行為を区別する近年の考え方とは方向性を異にする。このような視点は、モダリティを文の類型と結びつけた発展的な接近法（工藤 2005）ではあるが、モダリティとムードの基点をどこにおくかという点は検証すべき点となる。

C) 主語と述語の結び付きとしてのモダリティ

文の主語と述語の結びつきによって「事態のあり方に関する判断が成立する」という立場をとる（Sweet 1892/1900, Brugger 1981）。この捉え方を、言語の「論理的モダリティ」（Von der Gabelentz 1901）と捉えた。ムードという用語がここでは用いられている。

D) 事実未定、あるいは非現実としてのモダリティ

この立場を要約すると、「言語使用者の認識を通して陳述される事態の事実未定また非現実性」と捉えることができる（Sweet 1892/1900, Lyons 1968, 1977, Palmer 1986, 1999, 2001, Kiefer 1987, Langacker 2003, Narrog 2005）。事実や現実に対する捉え方は、先行研究においても含意される内容が完全に一致しているわけではないが、事態がどのようにあるのかということとは別に、話者がどのようにありうるまたはあるべき事態を想定し判断した意味を付与するのかという点をモダリティの中心的な概念として考える立場である。

E) 話し手の態度、あるいは主観性としてのモダリティ

話し手の主観的な判断からモダリティの概念化を捉えるもので、「話し手の心的態度」もこの範疇で論じられている（Kant 1818, Heyse 1868, Jespersen 1924/1992, Lyons 1968）。日本語学では、時枝（1941, 1950）、渡辺（1953）、仁田・益岡（1989）、益岡（1991）などの考え方へとつながる。話し手の主観に限定する立場そしてより広い領域を含意する心的態度とモダリティを関連づける立場に関して言及すれば、主観性や心的態度という概念が話者の意識的な言語活動と密接にかかわることは自然な概念化の過程であると理解できる。しかしながら、上記の事実未定の概念に関しても、事実を未定とする概念

領域を話者が規定し意識的な言語選択により命題や事態への関係性を表現する点では、心的・主観的働きとなる。このような言語活動から生まれるモダリティ領域を主観的な領域のみから規定することはかなり広義の領域を規定することになる。

F) 文の二大要素の1つとしてのモダリティ

文を二つの要素に分け、モダリティと命題（内容）とする考え方である（Fillmore 1968, 中右 1979, 益岡 1991）。ここで指摘すべきことは、文を命題とモダリティに分けるということは、言い換えれば、対人機能的意味資源の多くをモダリティという領域に体系化し命題以外の領域とすることを意味する。また、命題の定義により、この二分法の体系が大きく異なるため、ここで規定されたモダリティ領域についてより精緻化した体系化の方向性を明示する必要がある。

以上の分析からナロックは、「事実未定、あるいは非現実」の概念をモダリティの定義として採用している。

また、ナロック（2014）は、下記の（1）〜（12）において先行研究における種々のモダリティの捉え方についてまとめている。（1）は、モダリティが作用する基本文である。（2）（3）（4）（5）（6）（7）（12）がナロックの定義を適用した場合のモダリティ領域となる。（　）内のカテゴリーはモダリティとして分析されてきたいくつかの分類となる。益岡（1991）、仁田（2009）、の分類は＜　＞内に示した。

(1) 孝雄がお土産を買った。
(2) 孝雄がお土産を買ったはずだ。
　　（必然性）............................＜疑似／二次的モダリティ＞
(3) 孝雄がお土産を買わなければならなかった。
　　（必然性）............................＜疑似／二次的モダリティ＞
(4) 孝雄がお土産を買ったかもしれない。
　　（可能性）............................＜疑似／二次的モダリティ＞
(5) 孝雄がお土産を買えた。

　　　　（可能性）..................＜非モーダル＞
(6)　孝雄がお土産を買おうとした。
　　　　（意志的必然性）..................＜疑似／二次的モダリティ＞
(7)　孝雄がお土産を買ったそうだ。
　　　　（証拠性）..................＜疑似／二次的モダリティ＞
(8)　孝雄がお土産を買ったよ。
　　　　（発語内行為の調整）..........＜真正モダリティ＞
(9)　幸い孝雄がお土産を買った。
　　　　（評価）
(10)　孝雄がお土産を買ってしまった。
　　　　（評価）
(11)　孝雄はやはりお土産を買った。
　　　　（評価）
(12)　孝雄はお土産を買ったか。
　　　　（疑問としての事実未定）...＜真正モダリティ＞

さらに、ナロックは自身の立場を下記のようにまとめている。

> 事実性（現実性、有効性）の概念を軸としたモダリティの捉え方は、従来の論理学的概念を土台とし、それに自然言語において重要な役割を果たす意志性や証拠性、あるいはその他、明確には可能性と必然性には属さないが、事態の事実性を未定とする言語カテゴリーを加えて成り立っている。その範囲は論理学的な捉え方より広く、「話し手態度・主観性」の捉え方よりは狭いが、後者より範囲が明確に限定でき、定義としての機能も果たしており、モダリティの中核も適格に捉えている。なおその際、定義の中に話し手の主観あるいは態度をわざわざ持ち込む必要はない。なぜならば、カントも述べたように、事実性判断に話し手の主観が関わるのが当然であるからである。いうまでもなく、話し手の主観が関わるのは事実性判断あるいはモダリティだけではなく、認識に関するあらゆるカテゴリーにおいてである。
> 　　　　　　　　　　　　　　　　　　　　　　（ナロック 2014: 16）

前節およびナロックの考察からも観察できるように、モダリティという用語はかなり広範囲に及ぶ領域にまで概念化が進んでいる。また、概念範疇の範囲とは別に、種々の研究において、モダリティとムードなど、使用される用語と概念との対応、表現レベルとの対応という点において、射程と枠組みの違いが生じている。これらの問題を引き起こす要因は、印欧語の動詞の屈折の持つ意味から発展的に概念化が進み、さらに対人機能的な意味範疇へと概念の拡大解釈が進み、上記のような捉え方の違いが先行研究の中に存在しているためなのではないかと考える。広義にモダリティを捉えた場合、叙法構造全体に及ぶ概念にもなる。このように単一の概念のみで多様な対人機能的意味資源の所在を検討し体系化すること自体モダリティの概念にかかる負荷は大きくなるため、対人機能的意味資源におけるムード、モダリティ、その他の概念を再構築する必要があると考える。

　このような前提から、本書の適用するモダリティの定義に最も近いものはナロックの「事実未定また非現実性」の概念―「言語使用者の認識を通して陳述される事態（命題[29]・事態）の事実未定また非現実性」（ナロック 2014）―である[30]。

　次節では、ナロックのモダリティ概念をさらに考察し、本書の適用するモダリティの作業概念との違いおよび有効性について論述する。

4. 対人機能的意味資源における日本語モダリティの概念化にむけて

　本節では、モダリティに関する従来の先行研究の知見と構造機能主義アプローチの作業モデルとなる選択体系機能言語学（SFL）によるモダリティの概念化について検証し、機能的接近法によるモダリティ分析の有効性について概述する。先ず、4.1 では、SFL の理論的背景について概説する。続いて、

29　命題の定義は一様ではないため、どのような言語選択が命題形成にかかわるかという前提により見解は異なる。ここではまずモダリティの客体となるものという前提でこの用語を使用する。

30　この概念を中心に、対人機能的意味資源におけるモダリティ定義の概念化と全体的な意味領域の再構築のための体系化を進める。しかしながら、本書の接近法の特徴が、この定義をもとにテクスト・ベース型意味分析のための体系的枠組の構築も視野に入れている点を指摘しておきたい。

4.2 では、3 節で論述した類型論的側面と個別言語である日本語のモダリティの定義の所在が SFL の接近法の中でどのような位置を占めるかについて検証し、SFL の枠組みへの体系化の可能性について論述する。最後に、4.3 では、本書の適用するモダリティの定義および本書の定義の射程外または周辺的な位置を占める対人機能的意味機能について、対人機能的意味資源の総体の中で体系化するための枠組み―日本語叙法体系を記述した選択体系網 (system network) の記述形式に基づく―を提示する。その有効性の検証と議論のさらなる深化については後続する章に委ねることにする[31]。

また、本書は、機能文法による日本語モダリティの分析を目的としているが、換言すれば、日本語における対人機能的意味資源全体を視野に入れ、その中でモダリティの所在を明らかにし、先行研究においてモダリティと称されていた種々の対人機能的意味資源で本書の定義の射程外となった意味機能も総体的な意味体系の中で再構築することを目的としている。したがって、モダリティの概念定義のみの議論の結果、ある意味機能がモダリティ概念から外れた場合、それらの所在を曖昧にするのではなく、常に総体的な対人機能的意味資源の中に体系化できる枠組みを設置することが重要となる。

4.1　選択体系機能言語学 (SFL) による接近法

SFL の詳細説明は第 3 章以降で行われるが、本節では、マクロ的な視点から、この接近法―特に、本書では、機能文法、言い換えれば、「選択体系文法」(山口・筧 2001: xvi) によるモダリティ分析が焦点となる―を概観する。

4.1.1　社会記号論的な言語の機能

言語の大きな役割の 1 つは言うまでもなく言語使用者の内的世界を表現し、伝えることにある。また、その内的世界は、物心両面にかかわる経験によって内在化され、その経験を形成する場は、個人が属している社会文化と

---

[31] モダリティの詳細記述 (第 3 章)、モダリティの表現様式の特徴とコーパスを利用した使用例の分析 (第 4 章、第 5 章) および理論的枠組を複数のテクストタイプ分析に適用した応用例 (第 6 章) については後続する章を参照されたい。

いう場である。言い換えれば、言語の役割とは、物心両面にかかわる世界を記録し、言語によって明らかにし、未知の世界を創造することといっても過言ではない。そして、このような世界をつくるために発達し体系化された産物が言語でもある。また、言語は、社会という場において個々の内的世界を伝達し、一般化し、個人や社会で意義あるものを創り出すための人間固有の洗練された手段と考えることができる。

　Halliday (1978) は言語の機能を、体系としての言語、芸術としての言語、行為としての言語、知識としての言語に分け、人間の知識体系の中で下記のような鳥瞰図（図4、次ページ）を提示している。

　対人機能的意味体系は、行為としての言語機能と深く結びついている。また、知識としての言語は、体系としての言語を介して、言語知識と社会文化的な変化に対応するための知識を内在化し使用できるように最適化される。また、行為としての言語は社会における人間の営みを円滑にするために機能し、新たな経験と知識を言語活動とともに更新しながら内在化するということを行っている[32]。このような視点から対人的な意味機能について認識すべき点は、「対人」的な視点を相対的に決定する「人間関係」の有様が個々の言語文化に反映されているということである。われわれは常にこの対人関係との関連で心理的な態度を個々のコミュニケーションの場面で調整していると考えられる。

---

[32] さらに鳥瞰図を読み解けば、様々な関連領域との学際的な研究により、言語の新たな体系化と他の領域への研究成果の還元が今後進んでいくことは確かである。また、言語の役割も多様化し外的な影響によって言語自体も変化していくと考えられる。

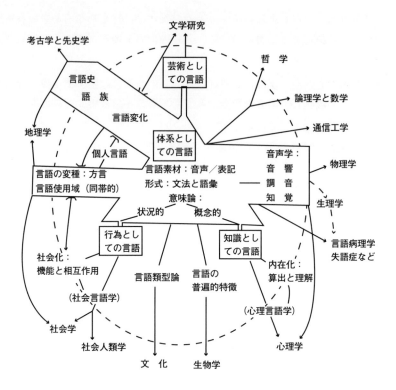

図4　言語研究と関連研究領域（Halliday 1978: 11）
（日本語訳は筆者による：飯村（2002）より）

　対人的な意味具現の方略は、言語文化間の差異として認識することができるが、総じていえば、個々の人間の求める真理（truth）、また人間を取り巻く物心両面の世界に対する「意識的なかかわり方」を言語化する際に顕在化する語彙文法的手段およびそこから具現される意味資源であるということができる。このような「意識的なかかわり方」は、言語使用者の「心理的な態度」の形成に大きく影響するが、この心理的態度は、社会文化的な要因に強く影響され、所属する文化と言語の中で習慣化され、個の特性が反映された形で内在化されていると考えられる。したがって、包括的な意味選択では、トピックの選択、修辞構造の組み立て、聞き手への態度、場面へのかかわり方の度合い、感覚・知覚的な感情の表出方法などは、すべて心的・認知的な

表意方法と表現の選択、メッセージの構成へと表層化することになる。このような意味の表出方法と言語構造への内包化の実態が個別言語でどのようになされ、それらをどのような視点から体系化するかで、言語の理論的枠組が決定される。

また、Magee (1985: 63) は、カール・ポパー (Karl Popper) の世界3に言及し、言語の発達によって生まれた産物として「批判 (criticism) とその認知 (acceptance)」を挙げている。社会における経験と記憶、それらをもとにした思考の組み立ては、人間の成長に欠かすことのできない活動であるが、これらは言語の働きがなければ、高次レベルでの知識の統合と更新も難しくなる。図4で示された研究領域における知識も言語を介した思考活動（たとえば、類推などはモダリティが重要となる）がなければ確立されない高次レベルの産物である。

本書の視点は、このような言語の社会記号論的な役割をどのように機能的な文法体系に落とし込み体系化するか、また個別言語としての日本語の対人機能的な意味領域の範疇をどのように体系的に整理し、モダリティ概念の意味領域の特定を理論的枠組の中で行うかという点と深く関係している。

4.1.2　メタ機能 (metafunction) と CMHH (the context-metafunction hook-up hypothesis)

本節では、SFLが言語選択とコンテクストの状況的・文化的要因をどのように体系化しているかについて、先行研究 (Halliday 1978, 1985, 1994, ハリデー 2001, Halliday and Matthiessen 2004, 2014 など) をもとに概述する。また、SFLの枠組みを用いた日本語分析については、Teruya (2007)、そして the Kyoto Grammar による日本語分析を基軸とした龍城 (1998, 2008)、龍城（編）(2006[33]) の研究に負うところが大きい[34]。

SFLでは、節を3つの機能構造から記述し、これらの意味機能をメタ機能 (metafunction) と呼ぶ。表4は、ハリデー (2001) の要約である。

33　英語を中心としたSFLの入門書。
34　両研究は、SFLの枠組みを日本語に適用している点において共通した方向性を有しているが、方法論および記述的枠組においては、それぞれ特徴的な記述を行っている。

表4　節のメタ機能（ハリデー 2001: 47）

表示としての節 clause as representation →経験構成的機能	節は、表示つまり人間の内的・外的経験を何らかの過程として解釈構築するものとしての意味をもつ。
交換としての節 clause as exchange →対人的機能	節は、意味交換、つまり話し手と聴き手の間の意味のやりとりとしての意味をもつ。
メッセージとしての節 clause as a message →テクスト形成的機能	節は、メッセージつまり一定量の情報としての意味をもつ。

　メタ機能による節の分析例を下記（表5）に示すと、まず、経験構成的には物品の授与が行為者を通して受益者に行われることを伝えている。また、誰（主語）が、その行為を遂行したかという情報を聞き手に提供（情報を交換）し、節のメッセージとしては、主語・行為者を主題とし、何をしたのか（叙述）ということを述べる節構成をとっている。

表5　節のメタ機能の分析例（ハリデー 2001 を参照）

	the duke	gave	my aunt	this teapot
経験構成的	行為者	過程中核部：物質的	受益者：受領者	対象
対人的	主語	定性	残余部	
	叙法部			
テクスト形成的	主題	題述		

　また、表6は、Halliday (1994: 36) の日本語訳（ハリデー 2001: 50）からの抜粋であるが、節のメタ機能の特徴をまとめたものである。対人的機能を担う言語機能は、プロソディー的（散在的）に現れることが大きな特徴である[35]。

35　述部だけではなく、呼称、付加詞、また、日本語の場合においては、終助詞などが節の要素（または周辺要素）として組み込まれる。このような側面は特に日本語の叙法体系の選択体系網においてより明示的に体系化されている（4.3 参照）。

表 6　メタ機能とその文法上での反映（ハリデー 2001: 50）

メタ機能 （専門的名称）	定義 （意味の種類）	対応する節の 位置づけ	好まれる構造の タイプ
経験構成的 experiential	経験のモデルの 解釈構成	表示としての節	（構成素関係に基づく） 分節的
対人的 interpersonal	対人的関係の遂行	交換としての節	プロソディー的 （散在的）
テクスト形成的 textual	言語的コンテクスト への関連性の構築	メッセージとしての節	波状的
論理構成的[36] logical	論理－意味的関係の 解釈構築	―	反復的

　以上、節構成を中心とした機能的な解釈について説明したが、このような機能的で重層的な機能的意味分析は、SFL の特徴といえる。

　節を基軸とした機能的な分類体系は、SFL では、さらに社会文化的コンテクスト体系との機能的関係を有しながら、テクストという機能的意味選択の集合体（configuration of meanings）（松浪他 1994: 798）の中ではじめてその有効性と役割を発揮する。この点、節また文は、テクストを形成するための意味の構造体であるといえる。

　SFL では、このようなテクストとコンテクスト（context of situation）を機能的に結び付けるための前提仮説― CMHH（the context-metafunction hook-up hypothesis）―を立てている。Halliday（1978）によれば、言語は社会的コンテクストにおいて発達したものであることから、産出される意味も社会制度によって創出されるものと考える。したがって、言語によって具現される意味は、社会において選択可能な意味体系となる。また、テクストは、社会的コンテクストに誘引され選択された意味の具現体と考えられる。本仮説は、このような双方向的な機能的関係性を捉えたものである。ここで重要な点は、ある場面のタイプと通常関連性を持つ選択可能で潜在的な意味体系は何か（Halliday 1978: 142）ということである。また、社会的場面と選択可能

36　節複合（clause complex）においてその関係が具現化される。また、経験構成的メタ機能とともにその上位カテゴリーとして観念構成的（ideational）機能が設けられている（表 12 参照）。

な意味体系をつなげる指標となる機能的な概念が使用域[37]（register）と呼ばれるものである。Halliday（1978: 142–145）は、さらに、Malinowski（1923, 1935）と Firth（1957a, b）の状況／文化のコンテクスト（context of situation/culture）を発展させ3つのメタ機能部門に対応する3つの規定因子を立てる。表7は、メタ機能との関係性を示したものである。

表7　メタ機能と結びつくテクストの規定因子（松浪他 1994 参照）

規定因子	内容		メタ機能的意味選択に関わる部門
言語活動領域 Field	対人的活動（social actions）の種類と性質	→	観念形成的部門： 経験把握部門 論理把握部門
役割関係 Tenor	言語活動を行っている人々の役割関係（role structure）	→	対人的部門
伝達様式 Mode	行われている言語活動がどのような媒体（medium）と方法で表現されているか	→	テクスト形成的部門

たとえば、雑誌広告を例にとれば、概略、下記のようにこれらの関係をまとめることができる（飯村 2001）。

---

[37] 使用域は、静的なものと動的なものに区分する見方がある（松浪他 1983: 797–798）。前者は、テクストタイプにおける文体的な言語使用（あるジャンルにおいてよく使用される語彙などが焦点）について、後者は、より動的で開かれたコンテクストと意味選択の関係性について記述したもの（語彙・文法的または意味的選択についてコンテクストとの対応関係をもとにより体系的にまとめたもの）で、SFLでは両者を包括的に捉える。

表8　広告コピーの状況コンテクスト（飯村 2001 を修正）[38]

状況コンテクストの要素	状況コンテクストの記述
言語活動領域 （field）	活動領域（on-going social action） －商品、サービス、アイディアなどを広告受信者に売るという広告目標をもった広告活動。
役割関係 （tenor）	社会的役割（social role） －「情報発信者としての広告製作者」と「情報受信者としての消費者」。 社会的地位関係（status） －消費活動という社会空間のなかである種の優位性が「消費者」側に存在。両者の横の関係は、大きな社会距離が一般的に存在。 社会的接触（contact） －接触はほとんどない。 感情（affect） －消費者にとっては、情報提供を受ける立場として偏見のない感情をもちながら広告を読む。2次的にどのような感情が広告発信者に対して生まれてくるかは消費者自身の経験によって変わる。
伝達様式 （mode）	活動領域／役割関係における言語の機能（language role） － language-as-reflection/non-face-to-face-interaction の特徴をもつテクストが産出される。 伝達過程／媒体としての機能（channel/medium） －読まれるために書かれたテクスト。視覚／運動神経的（visual/motoric）伝達過程。口語的・文語的要素が含まれる。 修辞上の機能（rhetorical mode） －説得的（persuasive）な効果を達成するために様々な修辞的な手法が具現化される。

　なお、各部門における言語体系の配置および規定因子の記述については別途先行研究（Halliday 1973, Halliday and Hasan 1985）を参照されたい。

　最後に、CMHH に関して、Clarke（2012）は、各部門の意味選択が対応するとされる規定因子と1対1の対応関係にあるのか、または確率的なもの（probabilistic）なのかという点については先行研究において議論が分かれると指摘する（Berry 1975, 1977, Halliday 1977, 1978, Fawcett 1980, Butler 1985, 1996, Hasan 1985, 1995, 2009, Martin 1987, 1992, 1999, Matthiessen and

---

[38] 特に、表8内の用語については、Martin（1992）を参照。

Bateman 1991, Thompson 1999)。

　本節では、SFL が、節を中心とした言語選択を機能的に体系化し、その体系化の仕組みが、節が具現される選択的な意味単位であるテクストの形成過程と密接に関係し、さらには、テクストを産出する際に選択可能な意味の選択をコンテクストと機能的に関連づける仕組みを構築している点を説明した。このような前提は、CHMM として、今後検証を待つ段階ではあるが、SFL 全体が、他の構造機能主義モデルに先んじて一貫した枠組みを提供している点を示すことができたと考える。

4.1.3　対人的部門 (interpersonal component) の語彙文法・意味資源

　モダリティは、SFL では、対人的メタ機能を具現する部門に属する。この部門で具現される機能的意味は、節の交換機能を担う要素として節内で具現される (Halliday 1985, 1994, Halliday and Matthiessen 2004, 2014)。そして節は機能的意味単位の構成体であるテクストにおいてプロソディ的 (散在的) に意味パターンを形成する[39]。

　ここで留意すべき点は、理論的枠組のレベルでは、このような考え方は言語を問わず共有されると考えられるが、個別言語においてはその実態が異なるということである。

　表 9 は、節の交換にかかわる主要構成要素 (英語) の選択パタン例を示したものであるが、SFL による英語の大節 (major clause) の枠組み (Halliday 1985, 1994, Halliday and Matthiessen 2004, 2014) によれば、節は、「主語 (subject)」と「定性 (finite)」(時制、モダリティ、肯定極性) からなる「叙法部 (mood)」とそれ以外の「残余部 (residue)」(「述語 (predicator)」「補語 (complement)」「付加詞 (adjunct)」) からなる。また、これらの枠の外に位置する「呼称 (vocative)」と「間投詞 (expletive)」なども、対人的意味機能を果たす。英語では、定性操作詞 (finite operator) (表 9 では can't) により、定性要素が具現されている。また、主語との位置関係により、叙述法が具現される。

---

[39]　2 節で概観した機能的接近法のすべてがこのような節の交換レベルの理論的枠組を構築しているわけではなく、語用論レベルの構文の特徴または文の捉え方に言及している場合が多い。

表9　叙法付加詞とコメント付加詞をもつ節

he	can't	usually	hear	on the telephone	unfortunately
主語	定性	叙法付加詞	述語	付加詞（状況要素）	コメント付加詞
			残余部		
叙法部					

（ハリデー 2001: 123）

　一方、日本語へ SFL の枠組みを適用し、包括的な枠組みを構築している先駆的な研究として Teruya（2007）を挙げることができる。また、個別言語としての日本語の特徴を精査し、日本語分析のための SFL の枠組みを深化させた研究を構築しているのが、いわゆる、the Kyoto Grammar である。龍城（1990, 1995, 1998, 2004, 2008, 2013）は、日本語の命題定型（finite）、過程構成（transitivity）、主題 − 題述構造をはじめとする主要領域について、Halliday（1985, 1994）、Halliday and Matthiessen（2004, 2014）、Fawcett（1997, 2000, 2008）の研究などで検証された諸概念を考察しながら、日本語独自の言語体系への接近法の精緻化と体系化を進めている。

　英語の定性部分に関する Teruya（2007）と龍城（1998）の扱いについて補足すれば、両者とも、英語における定性操作詞の機能は日本語では認めていないものの、前者は、finite という概念を明示的には使用せず（Teruya 2007: 135）、predicator の範疇の中で対応している。また、龍城（1998: 118）においては、finite を命題定型（「命題を具体化し、確定する」）と呼び、複数の具現要素を日本語は取るため、それらを結合体（cluster）の中で捉えている。Teruya（2007）は Negotiator[40]（本書では、交渉詞と呼ぶ）の中で終助詞の「か」を分類しているが、龍城（1998）は、結合体の一要素として提示している（たとえば、疑問助詞「か」など。表 10 参照）。

　本書のメインテーマとなるモダリティ概念については、表 10 の finite（日本語と英語では異なる体系となる）の範疇の中で機能し対人的部門で体系化されていることが確認できる。本題は、モダリティ概念がどのように日本語の中で体系化されるかということであり、次節の主要なテーマとなる。

40　終助詞を中心とする文末形式の意味機能について扱う。

表 10 「節の交換」から見た主節要素の分類（SFL による枠組み）

英語[41]		日本語
Halliday (1985, 1994) Halliday and Matthiessen (2004, 2014)	Teruya (2007)[42]	龍城 (1998)
主語 subject	Subject	主語 Subject (S)
定性 finite ・(一時) 時制 primary tense ・モダリティ modality ・肯否極性 polarity	(Finite) /Predicator ・primary tense ・modality ・polarity	命題定型結合体 ・時制 tense (T) ・法制 modality (M) ・極性 polarity (P) or 　否定辞 negator (N)
述語 predicator 動詞 verb	predicator verb adjective	(predicator) 動詞 main verb 形容詞 adjective
補語 complement	Complement	補語 Complement
	Negotiator	・疑問助詞 question marker (Q)「か」 ・節末記号 ender (E)「?」など
付加詞 adjunct	Adjunct	(付加詞 Adjunct)[43]
呼称 vocative	Vocative	

　最後に、Teruya (2007) の例を用いて、SFL における多層的で体系的な節分析の例を示す（表 11）。また、表 12 はより包括的な日本語体系図（メタ機能部門における節の階層的体系を含む）である。詳細は、Teruya (2007) を参照いただきたい。

　次節では、他の先行研究におけるモダリティの定義とともに、SFL におけるモダリティの捉え方と対人機能的意味資源の総体の中でその所在について考察する。

41　日本語部分はハリデー (2001) を使用した。
42　用語は、英語のみの提示とする。
43　龍城 (1998) では、命題定型が重要なテーマとなるため付加詞や述語 (predicator) という用語には言及されていないが、後者については動詞および形容詞が直接明記されている。

表 11　メタ機能による節分析の例 (Teruya 2007: 65 を改変)

でもあす彼は本当に宇宙のはじめについて話すだろうか

		でも	あす	彼は	ほんとうに	宇宙の	はじめに	ついて	はなす	だろう	か
		Demo	*asu*	*kare wa*	*hontooni*	*ucyuu no*	*hajime ni*	*tsuite*	*bana su*	*daroo*	*ka*
clause	exp.		Time	Actor		Matter			Process: verbal		
			Circum.	Parti.		Circumstance			Process		
	interp.		Adjunct	Subject	Mood Adjunct	Adjunct			Finite/Predicator		Nego.
				Mood-1	Mood-2				Mood-3		
	textual	Theme			Rheme						
		Conj	Circum	Topical							
group/ phrase		conj	nom.gp	nom.gp	adv.gp	postpositional phrase			verbal gp		
		Head	Head	Head	Head	Qualifier	Head	post pos.	α	β	
word		conj	nominal	nominal	adverb.	nominal	nominal	verb	verbal	verb-finite	Negot
morpheme			noun	noun | part		noun | part	noun | part		verb-finite	ending	particle

表12　A functional matrix (system names)（Teruya 2007: 66–68 強調は筆者による）

Rank	Class	ideational — logical	ideational — experiential	interpersonal	textual
clause		COMPLEXING			THEME INFORMATION
		TAXIS			CULMINATION
			TRANSITIVITY	MOOD TYPE	
				MODALITY 1) MODALIZATION 2) MODULATION EVIDENTIALITY	
		LOGICAL SEMANTIC RELATION		POLARITY	VOICE
phrase/ group	postpositional phrase	LOGICAL SEMANTIC RELATION	MODIFICATION	MINOR TRANSITIVITY	MODAL ASSESSMENT MINOR MOOD	CONJUNCTION
	verbal group		TENSE/ASPECT	EVENT TYPE ASPECT	FINITENESS POLITENESS HONORIFICATION VERBAL MOOD	VOICE
	nominal group		MODIFICATION	THING TYPE CLASSIFICATION SELECTION	NOMINAL MOOD	DEICTICITY
	adjectival group					
	adverbial group		MODIFICATION	CIRCUMSTANCE TYPE	FINITENESS COMMENT TYPE	DETERMINATION
word		LOGICAL-SEMANTIC LEXICAL RELATION	DERIVATION	(DENOTATION)	(CONNOTATION) LEXICAL HONORIFICATION	CONJUNCTION TYPE
			NOMINAL MARKING			
		complexes				
		simplexes				

4.2　対人機能的意味資源とモダリティ概念の体系化

3.2.2 では、ナロックの「事実未定あるいは非現実性」(ナロック 2014) に関する領域を有効な定義として支持した。本節では、その有用性について SFL の枠組みの中で検証する。また、先行研究で検討された主要なモダリティ概念の特徴について、対人機能的意味資源の総体の中で再検証し、SFL の枠組みの中で体系化する[44]。まず、4.2.1 では、本書の作業定義を客観的に位置づけ他の定義と差別化をはかるために 4 つの客観的指標を立て本書の作業定義の説明を行う。次に、4.2.2 では、テクスト分析において有力な概念となる文法的メタファー (grammatical metaphor) (Martin 1992, Halliday 1994, 1998, Halliday and Matthiessen 2004, 2014, 安井 2013) の考え方に基づきモダリティ概念を具現する表現様式の特徴について考察する。最後に 4.2.3 で、ナロック (2014) の定義の再解釈を行い、本書の定義との違いについてまとめるとともに、作業定義の射程外となった先行研究のモダリティ領域を提示する (さらなる詳細説明は第 3 章を参照)。

4.2.1　モダリティの作業定義：SFL におけるモダリティ論

　モダリティの概念を明確に記述するためには、4 つの指標—①適用する言語分析モデル全体の中での概念の位置づけ、②概念定義、③概念が作用する対象(命題)、④概念を具現する表現様式の射程—にもとづき、概念化を進めなければならないと考える。特に、最後の指標(④)に関する方向性が明確でない場合、モダリティ領域の設定基準自体が他の言語体系との関係性を欠いたものになり、体系的な言語分析を遂行するための理論的適応性を失うことになる。

　本書では、「事実未定あるいは非現実性」による意味範疇をモダリティの中心的領域と捉えたが、その対象(作用領域)と表現様式については、具体的

---

[44] 本書の作業定義を選択することで射程外となった概念でも、対人機能的な意味資源として機能的に作用する場合、意味体系の中で総体的に体系化しなければ(ここでは、対人機能的意味資源の総体の中で)、言語分析モデルの包括性と体系性の点から、その枠組みの大きな欠陥となる。したがって、広義のモダリティ概念の中で含まれていて本書の定義に包括されない機能的な意味でも対人機能的意味体系の中でその機能は体系的に扱う必要がある。

な議論をまだ行っていないため[45]、ここではより精緻化した分析と検討が必要となる。厳密には、モダリティの記述体系は、指標①〜④の設定方法により、それぞれ異なるモダリティの記述体系が提示されることになる。

　ここでは、先に、SFLにおけるモダリティの考え方を指標①〜④をもとに提示する。

　まず、4.1.3 では、定性要素におけるモダリティの所在について確認したが、SFLにおけるモダリティ体系の全体的な位置づけ（指標①）と定義（指標②）は、「節の交換機能にかかわる2つの基幹的発話機能（命題と提言）が具現される際に選択される「不確定領域の選択可能な意味機能を担う意味体系」（本書では、「肯否中間不確定領域」と呼ぶ）」と定義することができる（Halliday 1970b, 1985, 1994）。また、命題と提言とは、下記のとおり定義される（Halliday 1994, ハリデー 2001）。

　　i.「命題[46] proposition」
　　　（情報（「陳述」と「質問」）の交換における節の意味機能）
　　　→モダライゼイション（「蓋然性」と「通常性」）
　　ii.「提言 proposal」
　　　（品物／行為（「提供」と「命令」）の交換における節の意味機能）
　　　→モデュレイション（「義務性」と「志向性」）

命題とは本来、情報の交換に用いられる発話機能を指し、情報は交換される際に、肯定されたり、否定されたりするものである。また、提言とは、交換されるものは情報ではなく、品物や行為となる。Halliday (1994) によれば、われわれは、幼児期には、情報（より高度に情報化されたものなど）よりは物や行為の交換を先に経験する。言語活動もそのための手段となるが、たとえ

45　各先行研究で扱われた表現様式の選考基準については、ここまで厳密な分析は行っていない。より詳細な分析は第4章と第5章を参照されたい。

46　「命題」に関する定義は多岐にわたるが、ここでは発話機能に対して命名された用語となる。したがって、表象的 (representational) な内容ではない点に留意されたい。また、間接的ではあるが、SFLにおける「意味」という用語には、従来の「意味論と語用論レベルの意味」の両方が包括されている点についてもここで補足しておく。

ば、質問における文法構造は文法的に疑問文として構造的に体系化されているが、品物の交換を文法化した文のタイプは存在しにくいと指摘する。そのような交換の場面で言語が使用されることは確かではあるが、物や行為は言語とは別次元のところで実在するため、情報が言語化される次元とは異なることになる。このような理由から Halliday は、命題の節の交換機能と品物や行為を交換する際の発話機能としての言語使用を差別化するために、後者に対して命題という用語を使用することは避け、提言という用語を採用している。以上の点をまとめると、モダリティとは、4.1 で述べた SFL の接近法の中で体系化された対人機能的意味部門において、節の交換機能（ここでは対人的機能を担う）を具現する 2 つの発話機能である命題と提言が具現される際に選択される「不確定領域の意味機能を担う意味体系」といえる。

　SFL によるモダリティの詳細記述は、第 3 章に委ねることとするが、ここでモダリティの分類として提示されている「モダライゼイション（「蓋然性」と「通常性」）」と「モデュレイション（「義務性」と「志向性」）」は概ね、Palmer (2001) の Propositional modality（命題的）→ Epistemic modality（認識的）と Event modality（事象的）→ Deontic modality（束縛的）/Dynamic modality（力動的）に対応する[47]。

　ここで重要な点は、多くの先行研究では、モダリティ概念の意味分類、命題・事態への作用、聞き手と話し手の関係性からモダリティの意味領域を概念化しようとしているが、SFL の概念化の前提が、このような内向的な分類の視点ではなく、節の交換機能を基点とした意味機能の体系性の中でモダリティの概念を規定しているということである。したがって、本節で設定したモダリティの定義「肯否中間不確定領域」を具現する意味体系とその語彙文法的具現手段の総体が本書のモダリティ分析の対象となる。また、形式的な表現様式からテクスト分析に必要な派生的表現様式の双方を体系化するための理論的枠組も SFL では提供されている（4.2.2 参照）[48]。

---

[47]　Palmer (2001) の類型論的分類はさらに下位分類が可能となる。澤田（編）(2014) は英語における分類を提示しているが、個別言語への適用の可能性については、今後の研究に委ねることとする。

[48]　文法化された閉じられた類に属するモダリティの専用形式と語彙文法的手段によって複合的に生み出された開かれた類に属する表現形式が存在するが、テクスト分析には双

次に、指標③「モダリティ概念の作用する対象（命題）」についてであるが、4.1.3（表10-12含む）で示したように、モダリティは、基本的には、節レベルに作用する概念である。また、対人機能的意味体系として他の叙法体系とともに、命題・事態が特定された段階でそれらに対して「肯否中間不確定領域」にかかわる意味選択を可能にする。SFLでは、定性要素によって具体化される内容（命題[49]・事態）は、経験が解釈構成される節要素を記述する「過程構成（transitivity）」という語彙文法体系によって具現される（表12参照）。Teruya (2007: 147) はまたモダリティの具現にかかわる表現タイプとして、モーダル付加詞（叙法付加詞、コメント付加詞）にも言及しているが、叙法付加詞（「おそらく」など）は「肯否中間不確定領域」にかかわる意味具現に貢献する点で、命題や提言における不確定領域と関係する。また、「ときどき」などの頻度も叙法付加詞として扱われているが、SFLではこの通常性（モダライゼイション）も、不確定な要因を含意するモダリティの意味具現要素として扱われている[50]。

最後に、指標④の表現様式について考察する。SFLでは、上記定義の「肯否中間不確定領域」を対人機能的に具現する表現様式を包括的に取り入れている。同時に、経験的およびテクスト形成部門に属する意味資源は基本的には対人機能的意味資源としてはみなされていない[51]。表13は、Teruya (2007) をもとに、モダリティのタイプと表現様式をまとめたものである。表の様式は、説明のために筆者がHalliday (1994) を参照の上、作成した。また、用語等の日本語部分はハリデー (2001: 134) を参照した。

方の言語資源による体系的な分析が必要となる。渡邊 (2004: 69) は、前者を文法マーカー、後者を表現マーカーと呼ぶ。SFLでは、その体系化のための有効な概念として、文法的メタファーの考え方を適用している（Halliday 1998）。

49　命題としてのproposition、事態としてのeventをここでは指す（Palmer 2001）。

50　英語における叙法付加詞以外の対人機能的意味具現手段についてはMatthiessen (1995) およびButler (2003a: 495) を参照。

51　このように、メタ機能的には理論上の仕分けが行われているが、すべての表現形式が明確な意味の境界を形成し、機能的に配列されるというわけではなく、機能上有効な体系化を可能にする理論構築が行われている。機能的な相互作用を可能とする概念の一つが、上述した文法的メタファー（grammatical metaphor）となる（4.2.2参照）。

表13　モダライゼイションとモデュレイション[52]

変換されるもの	発話機能		中間のタイプ		典型的な表現
情報	命題	陳述	モダライゼイション[53]	能力性	能力（主語含む）	することができる
		質問		通常性		することがある
				蓋然性		するかもしれない
品物／行為	提言	命令	モデュレイション	必要性		しなければならない 必要がある（経験構成的解釈構築）
				義務性	良識性	すべきだ
				許可性	受容	してもいい
				期待性	推奨、期待	すればいい
		提供		志向性	志向、意志	するつもりだ

　3.1でも言及したように、英語は、法助動詞のようなモーダル・システムが発達した言語であるため、表現様式の文法的区分が容易であるのに対し、日本は、助動詞以外の様々な複合形式によるモダリティの具現化が可能である（表13参照）。先行研究で扱われている表現様式も異なるが、複合形式の表現構造については、語彙文法的にどのような意味機能を付与するための表現かという点から意味機能分析の細密化が可能となる（第4章、第5章参照）。また、これらの諸相はすべてテクスト内での機能的な意味具現に反映される。問題は、表現様式間の違いやテクスト分析を視野に入れた表現様式の分類を機能的にどのように体系化するかという点である。次節では、文法的メタファー（grammatical metaphor）の概念を適用したSFLの分析を紹介し、表現様式の分類について整理する。

---

[52] 本表は、モダリティ領域に限定したものとなる。また、本書のモダリティ定義の射程外となった意味体系（他の先行研究では、モダリティとして扱われているもの（説明モダリティなど））については、叙法体系全体を示す対人機能的意味資源の中で記述し網羅する必要がある。この点については、4.3および第3章において、Teruya（2007）の先駆的研究をもとに、その体系化を試みる。

[53] Teruya（2007）は証拠性をモダリティ範疇では扱わず、独立した範疇としている。

4.2.2　SFL におけるモダリティの表現様式分析：
　　　　文法的メタファー（grammatical metaphor）の視点から

　英語における法助動詞および疑似モダリティの表現形式の範疇を拡大・発展させた萌芽的研究はいくつかあるが[54]、これらの研究の体系化に有効な概念—文法的メタファー—を提案した研究が Halliday (1985, 1994, 1998)、Martin (1993)、Halliday and Matthiessen (2004, 2014)、である。

　言語使用者は、ある事象に対して意味を与える際にある形式を選択する。また、ある事象を捉えた言語メッセージに対して、さらなる視点を加えるために言語選択を行う。その際に、情報のたたみ込みや新たな視点から対象となる現象や情報を特定の方法でテクストの中で具現する必要が出てくる。Halliday (1998) の例を挙げると、(13a) と (13b) では、「貧困が広がっている」という点では同じ事象を対象としているが、(13a) の方は出来事（何が起きているのか）として発生している貧困の側面を描写している。その結果、「何が」に対して「貧困 poverty」という名詞、「起きている」に対し「広がっている is increasing」という動詞を使用している。一方、(13b) は、出来事全体を動詞を使用せず名詞句の中にたたみ込んでいる。つまり、品詞的には、物には名詞、動作には動詞という一致した（congruent）選択と一致しない（incongruent）選択があるが、ここでは選択された表現と品詞が異なると Halliday は分析する[55]。一致しない選択、言い換えれば、文法的メタファーを使用した結果、動詞が名詞へと品詞転換されたことになる。(14) においては、(14a) の接続詞 (*so*) が、(14b) では動詞 (*result from*) によって表現されている。ある出来事の関係性やつながりを示す品詞は接続詞がより自然な選択となるが、ここでも文法的比喩化がおきている。このように、(13b) と (14b) では、文法的メタファー表現が使われている。さらに、(14c) においては名詞 (*result*) が結果を示している。

　　(13) a.　　poverty is increasing

54　Perkins (1983)、Stubbs (1986) を参照。
55　安井 (2013) は、整合形 (congruent form) と文法的メタファー (grammatical metaphor) と呼ぶ。

b. the increase in poverty
(14) a. A happened so Z happened
   b. happening Z resulted from happening A
   c. the result of (happening A)
(15) a. Mary'll know.　（主観的：暗示的）
   b. Mary probably knows.　（客観的：暗示的）
   c. I think Mary knows.　（主観的：明示的）
   d. It's likely that Mary knows.　（客観的：明示的）

また、(15) の *will*（法助動詞）と *probably*（叙法付加詞）は、叙法要素であるが、*I think, it is likely* は、本来叙法要素を果たす表現様式ではない。しかしながら、叙法要素を使用した場合に単なる命題への作用的機能しか有しない表現様式に代えてより経験構成的な表現（*I think, it is likely*）を用いることで、「メアリーが知っている」という命題に対して、主観的または客観的装いを加えている（ハリデー 2001: 570）。また、Halliday (1985, 1994, Halliday and Matthiessen 2004, 2014) は、下記のような蓋然性（*I believe* を意味する）の比喩的表現を挙げているが、「信じる」という意味が様々な表現様式によって具現されていることがわかる。法助動詞などの専用形式以外を使用しなければならない理由がテクストの中で生じた結果、このような多様な表現様式の使用が必要となる。このような側面はテクスト分析において重要な要因であり、表現を拡張する場合に体系的にそのメカニズムを整理する理論的概念が文法的メタファーとなる（Tavernniers and Ravelli 2003）。

it is obvious that ...　　　　（…ということは明白である）
everyone admits that ...　　（だれもが…ということを認めている）
it stands to reason that ...　（…ということは理にかなっている）
it would be foolish to deny that ...
　（…ということを否定するのは馬鹿げたことであろう）
the conclusion can hardly be avoided that ...
　（…という結論は避けられない）　　　　（ハリデー 2001: 560–561）

日本語の表現様式に視点を移すと、本来モダリティ表現として専用形式化された表現（文法マーカー）と慣用的に先行研究で細目化された表現で専用形式度が体系的に検証されていない表現[56]が多く存在する。

　ここでは、Teruya (2007: 210) の手法をもとに、文法的メタファーの視点から、表14・15（48–49ページ）中の表現手段の分類を試みた。Teruyaは、日本語モダリティの表現様式の分析を下記のように示す[57]。

(i) 　downranking（階層下降）：
　　a) clause to group/phrase（節から群／句へ）：
　　[[clause]]^kotoこと (grammatical item) + "can do"
　　することができる
　　b) clause complex to group/phrase（節複合から群／句へ）
　　[condition]（条件）|| verbal/adjectival（動詞／形容詞）
　　しなければならない／してもいい
(ii) 　embedding（埋め込み）：[[an embedded clause（埋め込み節）]] + a noun
　　する　そう／みたい／はず／ため／せいだ

(i)は階層下降構造を持つ。aは、節の内容が「こと」と連結節が階層下降を起こす。[[ ]] は、階層下降が生じた埋め込み節を示し、^は、表現の連結順序を示す。そして、その内容（命題）ができる（可能）となる（「あることができる」という節構造を示している）。本節では「こと」の名詞として「場合、可能性」など、より明示的な意味特徴を含む名詞も表現形式に含める。bは、条件の節末表現（れば、ても）と連結し動詞または形容詞表現で受け完結する表現様式である。|| は、埋め込まれていない節を指す。慣用的には、

56　広義のモダリティ定義をする先行研究（仁田・益岡1989、仁田2009、日本語記述文法研究会2003）では多様な表現形式を扱っている。たとえば、専用形式化された文法マーカーには「べきだ」などが入るが、その他複合形式として様々な表現様式が提示されている。また飛田 (2007) では、複合助動詞として表現マーカーが挙げられている。さらには、助動詞という用語自体も日本語体系に完全に適合するものではないため、専用形式の整理も今後必要となる。

57　日本語表現部分（たとえば、「することができる」）の英語による説明はここでは表示していない。また、英語部分の日本語訳は筆者による。

「〜しなければならない」のように表現様式として使用されているが、構造的には節複合の現象が生まれている。(ii) は、埋め込み節に対して後続する名詞表現が、見かけ、様子、推定、理由などの意味を付与する。

　この方法によって、先行研究から収集した代表的な表現をまとめると表14・15のようになる。表14・15にあるような表現様式をもとに他の表現も整理しながら、モダリティの意味機能との関係を今後精査する必要性がある。たとえば、「〜ということを認めている」「〜ということは理にかなっている」「〜という結論は避けられない」などの表現（45ページの日本語訳）は、明示的なモダリティ表現としてテクスト展開の中でより専用形式度の高い表現「してもいい」「すればいい」「〜にちがいない」などの代用表現として選択される可能性もあり、文法的メタファーの考え方を適用すればモダリティをより体系的にテクスト分析の中で記述説明することが可能となる。また、SFL はこのような体系的な分析を可能にする枠組みを、他の先行研究に先んじて有している。このようなより開かれた表現マーカーは多岐にわたるが、表14・15に体系化される表現群はその一部となる。

　本節の指標④についてまとめると、表現様式は概ね「肯否中間不確定領域」にかかわる意味機能を具現しているが、専用形式化の度合い及び表現様式の拡大と体系化の方法については、今後の研究に委ねなければならないと考える。今後このような表現内の構造を明らかにすることで、表現間の意味機能の違いを整備するための有益な研究となろう[58]。なお、本節のリストには、叙法付加詞などは含まれていない。

58　Teruya (2007: 211) は、「〜する必要がある」という表現を「存在過程：[[命題]] 必要が＋ある［過程中核部］」と分析している。このように存在過程の選択により客観的な意味が付与されると考えられるが、今後さらなる検証が必要である。

表14　モダリティ表現分析（モダライゼイション）

モダライゼイション		複合形式			文法的比喩化表現（より開かれた表現マーカー）
		(i)-a downranking clause to group/phrase （節から群／句へ）	(i)-b downranking clause complex to group/phrase （節複合から群／句へ）	(ii) embedding [[an embedded clause（埋め込み節）]] + a noun	
能力性		ことができる			
通常性		ことがある			
		こともある			
		ことはない			
		こともない			
		しないわけでもない			
		ばあいがある			
蓋然性	だろう	にちがいない	かもしれない		
		に相違ない	かもわからない		
		に決まっている	かもしれぬ		
		可能性がある			
		恐れがある			
		とはかぎらない			
		と思う			
		と思っている			
				伝聞 そうだ	
				という	
				って	
				だって	
				んだって	
				とのことだ	
				ということだ	
				様態 らしい	
				ようだ	
				みたいだ	
				そうだ	
				そうにない	
				そうもない	
				そう	
				推定 はずだ	
				からだ	
				わけだ	
				わけではない	
				わけにはいかない	
				わけがない	
				ためだ	
				ものだ	

表15　モダリティ表現分析（モデュレイション）

モデュレイション		複合形式			
		(i)-a downranking clause to group/phrase（節から群／句へ）	(i)-b downranking clause complex to group/phrase（節複合から群／句へ）	(ii) embedding [[an embedded clause（埋め込み節）]] + a noun	文法的比喩化表現（より開かれた表現マーカー）
必要性		必要がある	なければならない		
		ことが必要だ	なくてはいけない		
		ことが不可欠だ	なくてはならない		
		ことが当たり前だ	なくてはだめだ		
		ことが当然だ	てはいけない		
		方がいい	てはならない		
			ないといけない		
			といい		
			ばいい		
			たらいい		
			なくてもいい		
義務性	べきだ	義務がある			
		ことが義務だ			
許可性		方がいい	てもいい		
		ほうがましだ	なくてもいい		
		てはだめだ	でもいい		
			ちゃいけない		
			といい		
			ばいい		
			たらいい		
			でかまわない		
			なくてもかまわない		
期待性			すればいい		
			たらいい		
			するといい		
			なければいい		
			なかったらいい		
			ないといい		
			がいい		
志向性				つもりだ	
				つもりではない	
				気でいる	
				気ではない	

　以上、本節と4.2.1で、4つの指標（①～④）に沿って、SFLによるモダリティの枠組みを概述した（表12を参照）。Teruya（2007）はモダリティに証拠性を含めないが、本書の枠組みには含まれる（4.3.2参照）。また、表14の分類には証拠性の表現も分析例として挙げられている。Teruyaの枠組みの詳細は第3章を参照していただきたい。

4.2.3　ナロックの定義と先行研究における定義の再解釈

　SFL のモダリティ定義を要約すると、下記のとおりである。

> 節の交換機能にかかわる 2 つの基幹的発話機能(「命題」と「提言」)が遂行される際に選択される不確定領域の意味機能を担う意味体系

また、ナロックのモダリティの定義規定を示すと下記のとおりである。

> 事実性(現実性、有効性)の概念を軸としたモダリティの捉え方は、従来の論理学的概念を土台とし、それに自然言語において重要な役割を果たす意志性や証拠性、あるいはその他、明確には可能性と必然性には属さないが、事態の事実性を未定とする言語カテゴリーを加えて成り立っている。その範囲は論理学的な捉え方より広く、「話し手態度・主観性」の捉え方よりは狭いが、後者より範囲が明確に限定でき、定義としての機能も果たしており、モダリティの中核も適格に捉えている。なおその際、定義の中に話し手の主観あるいは態度をわざわざ持ち込む必要はない。なぜならば、カントも述べたように、事実性判断に話し手の主観が関わるのが当然であるからである。いうまでもなく、話し手の主観が関わるのは事実性判断あるいはモダリティだけではなく、認識に関するあらゆるカテゴリーにおいてである。
> 　　　　　　　　　　　　　　　　　　　　　　　　（ナロック 2014: 16）

2 つの定義によって特定される意味領域の共有部分は多くみられるが、潜在的な分析の方向性も含め、いくつかの違いがみられる。
　まず第一に、ナロックの示す「事実未定、または非現実性」の領域がどのような客観的または体系的な指標で規定され、どのような言語分析の枠組みにおいてモダリティの所在を捉えているのかという点において、その規定方法が SFL と異なる。これは、分析の範疇をどこに定めて分析を行うかという分析者の目的と結びつく点である。ナロックの定義説明には、概念の規定領域に関する相対的な記述はあるが、その方向性がどのような言語分析モデルの諸相と体系的に結びついているかまた結びつく可能性があるかという点

にはあまり言及されていない。たとえば、機能的接近法による定義の働きとなるのか、認知的な接近法での働きなのかという点で、定義の適応性も変わることになる。しかしながら、ナロックの研究の射程が機能的側面を重視した接近法であるのか、またテクスト分析を射程に入れているのかについては言及されていない。この点、SFLでは、機能的接近法によるテクスト分析を前提とした概念化が行われている。モダリティが体系として機能するための仕組み（仕掛け）が体系化されており、たとえば、「かもしれない」によって具現される「蓋然性」は、「命題機能」の「陳述」や「質問」にかかわる「肯否中間不確定領域」の意味機能の具現と関係性を持つという分析経路が機能的に設定されているということである。また、肯否極性という語彙文法体系として客観的に適応できる指標を用い、「である世界」と「ではない世界」、そして「中間の世界」という世界を言語的に切り出しモダリティ領域を規定している。つまり、概念自体の説明に加え、概念が組み込まれる機能的な経路を示している点で明示的な定義であると考える。ただし、これはナロックの定義づけに対する批判ではなく、体系性の中でモダリティを規定するための言語モデルの想定がナロックの定義の背景として言及されていない状況から生じる差異としてみるべきである。

　次に、ナロックは、「話し手の態度・主観性」の領域について言及している。この点は、澤田（1995, 2006）、澤田（編）（2014）をはじめとする先行研究（時枝1950, 金田一1953, 渡辺1953, 芳賀1954, 林1960, Halliday 1970b, Lyons 1977, 中右1979, 益岡1991, 2007, 仁田1999, 2009, 黒滝2005）でも論じられているように、話者による心的態度、主観性を認める立場、客観性もモダリティに認める立場などが見受けられる。話者の心的態度については、命題・事態の捉え方を規定し判断などにもかかわるわけだが、モダリティの概念化のための中心的な規定因子として主観性のみを援用すると、モダリティによる客観的な述べ方が排除されてしまうことになる。心的態度または主観性（＝話者の心的領域）を認めることには問題はないと考えるが、モダリティ領域で重要なことは、肯否中間領域において客観的な述べ方がその体系の中に含まれるのかということである。SFLでは、客観的なモダリティ概念も認める立場をとるが、これは、言語による構造的操作により話者の立場

を主観的、客観的に解釈構築できるように言語資源を選択する体系が言語には備わっているという考え方に基づく（4.2.2 の文法的メタファーの考え方を参照）。本書の採用する構造機能主義では、このような文法体系の役割も重視される。話し手の態度・主観性はモダリティを定義するための概念としては、ナロックの指摘するように、広範囲で観念的な定義に陥る可能性が高い。しかしながら、主観的・客観的モダリティ領域については、モダリティ領域を記述する一特性として本書では使用する。

　最後に、本書でも議論の余地を残す概念領域がナロックの分析には含まれている。それらは、「証拠性」と「疑問としての事実未定」のモダリティである。

　先行研究では、(16) は、疑似モダリティ（仁田 2009）、疑似（二次）モダリティ（益岡 1991）、真偽判断のモダリティにおける証拠性判断（益岡 2007）、(17) は、真正モダリティ（仁田 2009）、表現類型のモダリティ（益岡 1991）、発話類型のモダリティ（益岡 2007）と分類されている。

(16)　孝雄がお土産を買ったそうだ。（証拠性）
(17)　孝雄はお土産を買ったか。（疑問による事実未定）

まず、「証拠性」については、分析対象言語（フランス語）は異なるが、渡邊（2004）の知見が有益な理論の基点となると考える。渡邊（2004: 64–65）は、証拠性とモダリティとの関係について下記のような捉え方に言及している。

(i)　　証拠性がモダリティに含まれる
(ii)　 モダリティが証拠性に含まれる
(iii)　証拠性とモダリティは別個のカテゴリーである
(iii)'　証拠性とモダリティは異なるカテゴリーではあるが、発話の階層構造の中で機能する作用域として証拠性の作用域が、（認識的、拘束的）モダリティの作用域を包摂する

渡邊は、下記の理由から、(iii) の立場をとる。

モダリティは発話行為、発話文やその内容を直接対象とするのに対して、証拠性は、発話やその内容を直接対象とするのではなく、発話内容の根拠や、更にはその根拠と発話との関係を対象とする、ということである。発話から、外的なもの（との関係）へと対象が移行しているという点において、証拠性の方が「広く」、「外側」から作用するカテゴリーであるということもできる。　　　　　　　　　　　　　　　　　　　（渡邊 2004: 65）

以下、渡邊のモダリティの定義と証拠性の定義を示す。

証拠性の定義
証拠性とは、
(i) 発話文の内容を支える根拠の存在（の領域）を確定し、
(ii) その根拠と発話文との関係を質的に限定することにより、
(iii) 発話文に談話・会話における適切な地位を付与する。
（渡邊 2004: 57）

モダリティの定義
モダリティとは、発話文の内容、または発話行為全体（ここに発話行為とは、発話文と、それを言語外世界において実現する「発話行為」との総体をいう）に関して、発話者によって与えられるあらゆる判断（蓋然性の査定、善悪の評価など）のことを言う。　　　　　　（渡邊 2004: 60）

つまり、両概念の違いは、証拠性は、内容に対する根拠の存在領域の確定（言い換えれば、まず根拠があることを内容に印付けまたはその位置づけを行う）が目的であるのに対し、モダリティは、内容に対して直接判断を行うという違いがある。

　本書のモダリティ定義に当てはめて考えると、「孝雄がお土産を買った／買うそうだ」は伝聞になるが、この段階では、あくまでも、伝聞という証拠付けの確定を内容に対して付与している。これをモダリティの領域内に包摂するかについては、議論の余地を残す。
　また、Functional Grammar (Dik 1997a, b, Nuyts 1993) は、証拠性を Level 3

の階層の中のモダリティ（subjective modalities と evidential modalities）として認めている。証拠性のモダリティは、話者の内容に対する質的な評価を証拠性との関係から述べるものとされる。主観的モダリティは、話者が直接内容の真偽判断や蓋然性などについて判断を行うという意味で、両者の特徴が分かれる。また、日本語における先行研究では、寺村（1984）が、「概言」を二次ムードとして証拠性の表現を分類している。用語使用上の概念的な問題とするかどうかは別として、証拠性の概念とモダリティの概念にはやはり段階性があると考えられる。しかしながら、モダリティ領域との関係性と、表現様式の使用レベルで両概念がどのように具現されるかということについて、今後日本語を対象にさらに検証が必要と考える。フランス語の *il semble que* では、証拠性マーカーとモダリティ表現を兼ねるという分析がなされている（渡邊 2004: 99）。本書では、Palmer（2001）の立場に従い証拠性をモダリティの下位区分として扱う立場をとる。

次に、「疑問による事実未定」の扱い方に移る。Palmer（1986, 2001）では、周知のように、日本語の終助詞「か」についての言及がある。この用法は、本書では、疑問文を形成するための終助詞として扱うことにする。英語では、モーダル操作詞が機能するが、日本語では、複数の要素が節・文の機能を決定することになる。仁田（2009）でも、表現類型（情報系）のモダリティとして扱われているが、本書では、ムードタイプを決定する標識と見なし、肯否中間領域へ直接作用するものではなく、あくまで肯定か否定のどちらかの極性に対する疑問であり、文機能を常に決定するための専用形式と考える。

最後に、先行研究においてモダリティに含まれていた概念で、本書のモダリティ定義の射程に含まれない概念について付記する。これらの扱いについては、第 3 章の日本語叙法体系の中でのムードとの扱いにおいて検証が行われる。

1　説明のモダリティ（仁田 2009）／価値判断のモダリティ（益岡 2007）
2　発話類型のモダリティ（益岡 2007）
3　丁寧さのモダリティ（益岡 2007）

4　対話態度のモダリティ（益岡 2007）
　　5　表現類型のモダリティ（仁田 2009）
　　　　・情報系（叙述（平叙文、表出的な文、疑問））
　　　　・行為系（勧誘、行為要求、感嘆）

　次節では、以上の検証内容を踏まえ、日本語叙法体系の中の対人機能的意味資源の総体の中で、モダリティの所在について言及する。また、日本語叙法体系の選択体系網を提示し、体系的な分析方法と記述的手法を提示する。

4.3　日本語叙法体系におけるモダリティの所在と選択体系網

　本節では、SFLで理論的に構築された「選択体系網 (system network)」について、その理論的背景と（節を中心とした）語彙－文法的および意味的分析（モダリティ分析を中心とする）のための説明を付記する。

　本書で提示される選択体系網は、節を中心としたメタ機能の対人的部門のみを記述するものである。節の分析過程では常に他の2部門—経験構成的およびテクスト形成的部門—の選択体系網が同時に分析層を形成することになるが、本書では、対人的部門のみの選択体系網の提示（巻末参照）に留めることを先に述べておく。

　本書で提示される日本語叙法構造の選択体系網 (The system network of MOOD in Japanese) は、そのほとんどの領域がTeruya (2007) で構築された個々の選択体系網によって占められている。本書では、個々に作成された体系網を全体的な体系網の中に体系的に配置するためにHalliday and Matthiessen (2004, 2014) の全体的な叙法構造の選択体系網（英語）を参考にした。また、日本語の体系を把握するために、龍城 (1998, 2004, 2013) の日本語学における先行研究を参考にし、最終的な選択体系網として構築した。また、用語に対する日本語部分は、ハリデー (2001) を参照しながら、本書で検討された用語を使用した。したがって、本書の選択体系網は先行研究による知見に大きく依存したものである。しかしながら、本書の枠組みから生じる理論的な不備については本書の筆者の負うところであることを述べておきたい。

I. 選択体系網（system network）の理論的考え方
- SFLでは、言語体系の中に内在する選択可能な機能的意味体系を選択体系（system）と呼ぶ。その選択肢は、意味、語彙文法、音韻レベルのものがある。

- 選択体系は、潜在的な意味の系列的関係（paradigmatic relation）の中で、同じ類に属する選択体系ごとに体系化され選択体系網（system network）を形成する。選択体系網は、「言語を作りだす（meaning making）のための資源として理論化」されたものである（ハリデー 2001: li）。選択体系網の中のそれぞれの選択肢は、選択素性（systemic feature）として、選択された機能的意味を特徴づけるものとして解釈される。

- 選択体系は、関連する選択体系網から選択され、ある連立的関係（syntagmatic relation）の中である構造を具現するために選択される。選択体系の連立体（syntagm）は、語結合（wording）として具現され、意味との有機的な関係と意味具現の仕組みを提示する。

- 選択体系は、（1）「入力条件（entry condition）」、（2）「可能な選択肢の集合」、そして（3）「具現操作（realization）」によって構成される。「入力条件（entry condition）」とは、選択体系が適用される言語単位などの条件をさす。「具現操作」は、選択された選択肢が構造的にどのような位置を占めるのかという操作情報のことである。例を挙げれば、名詞群の「可算」クラスを入力条件とした場合、可能な選択肢の集合は、単数か複数となる。具現操作として複数を選択した場合、複数標識 -s を付加せよという選択が行われる（ハリデー 2001: li）。

- 選択体系網は、対象言語の有する選択体系の選択パターンと連立的構造パターンを網羅的に生成する（generate）ための理論的仕組みを持つ。また、選択体系は選択素性（systemic feature）により特徴付けがなされ、選択される意味素性が語結合の中でどのように具現されるかという具現

操作に関する表記体系（realization statement）を持つ。

- 言語体系の総体を体系化した選択体系網は、もっとも一般的なレベル（the most general）からより細密化された（more delicate）レベルへとその体系をなす。また、選択体系を構成する選択素性もより細密度の高い具体的な素性が配置され、連立的関係をなした構造が具現される。本書で提示された選択体系網は、第一次レベルのものであるため、さらなる細密化が必要となる。

選択体系網の具体的な体系の仕組みをまとめると図5のようになる。使用した選択体系網（英語）は、龍城（2006: 57）からの抜粋となる。また、個々の箇所の名称の提示方法はMatthiessen et al.（2010）の様式をもとに追記説明を本書で施した。

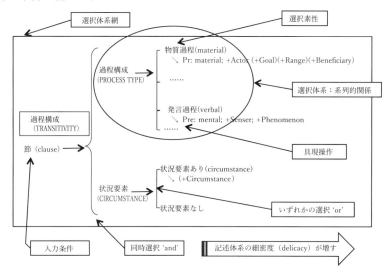

図5　選択体系網の図式説明（過程構成選択体系網の例）

II.　日本語叙法体系選択体系網（The system network of MOOD in Japanese）
　ここでは、(1)「入力条件（entry condition）」、(2)「可能な選択肢の集合」、そして(3)「具現操作（realization）」の点から、モダリティ領域を含む

日本語叙法体系の選択体系網(巻末参照)の全体的な構成について概述し、先行研究においてモダリティとされてきた意味領域が、叙法体系全体の中でどこに配置され、どのように具現されるかを示す。また、対人機能的意味資源が節要素にどのように対応するかについて、構造的な基軸を示し、その上で選択体系網の構成分布の概述を行う。

まず、選択体系網の入力条件は節となるが、節の状態(STATUS)として大節(major)と小節(minor)に分類できる。モダリティ要素が具現される環境は言うまでもなく大節の要素となる。また、呼称(VOCATIVE)は、対人的な関係性を具現する要素として選択体系網に含まれる。

大節の構成要素について確認すると、単文および節複合において独立節として働くものがある(益岡2000)。また、後者においてはさらに依存節(定的および非定的)としてかかわる節に分類できる。定的依存節はさらに、論理的な意味関係を表す接続詞などによって独立節との関係性が付与され、節複合が構成される。節を構成する基本的な要素は、主語(Subject)、述部(Predicator)、補語(Complement)、付加詞(Adjunct)、交渉詞(Negotiator)となる。さらに、上記の呼称(VOCATIVE)が周辺的要素として加わる。

主語(Subject)に関する選択肢は下記のとおりである。本書では、主語を節の主体成分(ガ格などで表される)と捉える。

- 主語の推定(SUBJECT PRESUMPTION)
  節において主語が明示される場合と明示されない場合がある。日本語においては主語が明示されないほうが無標の選択となる。

- 主語の人称(SUBJECT PERSON)
  人称と対人的な意味機能とは、密接な関係がある。たとえば、依頼文であれば2人称主語が選択されることになる。ここでは、節の交換機能との関係性から選択体系の選択肢が体系化されている。

述語部分は、命題を明示化するための定性要素を中心とする対人機能的意味との関係性をもとに体系化されている。

- ムードタイプ（MOOD TYPE）

    叙実法（indicative）と非叙実法（non-indicative）から選択体系の体系化が進み、前者は、命令法と願望法、後者は、疑問法と叙述法へと具体的な選択が広がる。叙実法においては、さらに、説明ムードの選択体系が選択要素として加わる。Teruya（2007）の推量ムードは本書ではモダリティ領域で扱っている。

- 定性要素

    定性要素（finite elements）として、時制（TENSE）、モダリティ（MODALITY）、肯否極性（POLARITY）が選択群として加わる。なお、肯否極性は、非叙実法、独立節、依存節における定的・非定的依存節内でも選択関係が発生するため、独立節と依存節の双方に対応する選択肢として外側に配置されている。また、本枠組みにおける定性（finite）とは、英語における概念とは異なることを付記しておく。本書では、龍城（1998）の命題定型に関する要素を支持する。

- モダリティ（MODALITY）

    選択体系に関する詳細説明は第3章で行われる。本書では、モダリティを「節の交換機能にかかわる2つの基幹的発話機能（「命題」と「提言」）が遂行される際に選択される不確定領域の選択可能な意味機能を担う意味体系」と定義するが、その意味領域は選択素性により統合的に記述される。選択体系網では、モダリティのタイプ、価（判断などの程度）、指向（主観的か客観的か）、マニフェステイション（明示的か暗示的）などの変項パターンに基づき機能的な意味記述が行われる。Teruya（2007）との違いは、本書では推量と証拠性をモダリティ領域に含めた点である。

- 各種付加詞

    付加詞には、ムード・アセスメント（MOOD ASSESSMENT）およびコメント（COMMENT）にかかわるものに分けられる。これらは、

モーダル付加詞（Modal Adjunct）と呼ばれ、モダリティを含む話者のメッセージに対する判断や評価を示す。前者は、叙法を構成する要素である肯否極性、モダリティ、時間性（temporality）、強意性（intensity）等に関する付加詞を指し、後者は、叙法の働きそのものとの結びつきは弱く、命題全体に対する話し手の心的態度を示すもの（ハリデー 2001: 122）として分類される。

- 交渉（NEGOTIATION）

文末に現れる終助詞の用法は対人的意味機能、特に対話者とのメッセージの交換においてその方向性を決定する際に重要となる。Teruya (2007) は、このような意味機能を持つ機能語として Negotiator と呼ぶ。本書では、交渉詞という用語を使用する。Teruya (2007) は、述語と交渉詞を分節単位として区分する。なお、交渉詞どうしの承接関係についてはさらに体系化する必要がある。また、Teruya (2007) では NEGOTIATION という用語は使用されていない。

- 敬語法（HONORIFICATION）

Teruya (2007) においても敬語法について言及されている。節を入力条件とする本書の選択体系網においては、述語部分との関係性において選択体系を考えることになるが、主語および人称との関係性が敬語法の選択にもかかわるため、選択体系網は、主語と人称の下に配置した。今後これらの選択パターンを示すための選択網の提示が必要となる。

- 丁寧性（POLITENESS）

丁寧性については、です・ます体との選択体系を示すために、敬語法とは別の選択体系として配置した。同時に、敬語法とは直接的な関係性が弱い美化語や改まり語を選択関係で区分した（菊地 1997/2015）。

- 呼称（VOCATIVE）

呼称は対人関係とその位置づけを顕著に示すことができる。呼称は、

叙法構造の周辺部に位置する。間投詞（expletive）も周辺部に属するが、本選択体系網では表出していない。

- 小節（minor clause）
益岡・田窪（1992）では未分化文とも称されているが、基本的には、小発話機能（minor speech function）が具現される。選択体系網では、感嘆、呼びかけ、挨拶、警報などが選択素性として挙げられている（Halliday 1994）。

最後に、本体系網による対人機能的意味機能の記述方法とモダリティ部分がどのように記述されるかという点を例示するために分析例を示す。

(18) でもあす彼は本当にその事件について話さなければならないのだろうか。
(19) でもあす彼は本当にその事件について話す必要があるのだろうか。

表16（次ページ）は、例（18）、（19）に対して節を中心とするメタ機能的な分析を示したものである。対人的部門内の意味機能と共に、経験構成的部門およびテクスト形成的部門での意味機能が提示されている。

叙法構造にかかわる部分（例の下線部分）は、主語、付加詞、述語（肯否極性、時制、モダリティなどの定性要素部分を含む）、交渉に分節されている。また、敬語法、丁寧性、節のムードタイプについても選択素性により分析結果が提示されている。

表 16　日本語叙法構造選択体系網（モダリティ含む）による分析

		でも	あす	彼は	ほんとうに	その事件について	話さなければならないのだろう／話す必要があるのだろう	か
節[大節] 独立節[小節]	経験的 構成的		時 Time	行為者 Actor		事柄 Matter	発言過程 Verbal	
			状況要素 Circumstance	参与要素 Participant		状況要素 Circumstance	過程中核部 Process	
			付加詞	主語	ムード付加詞	付加詞	定性要素／述語	交渉詞
	対人的 選択体系網における選択素性パタン			主語の推定／主語の人称	ムード・アセスメント		ムードタイプ：疑問推量ムード (interrogative suppositive mood) 述語＾交渉詞「か」	
							肯否極性	時制	モダリティ1 [叙実法]	モダリティ2	敬語法／丁寧性	交渉
				[明示的]／[敘交換者]	[＋ムード・アセスメント] [叙述]		[肯定]	[非過去]	[叙述] [＋説明] なければならない／必要がある 表17参照 (のだ)	[叙述] だろう 表17参照	[-敬語] [-丁寧]	[＋交渉] [質問]
テクスト 形成的		主題 Theme					題述 Rheme	
		接続的 Conj	状況的 Cir.	話題的 Topical				

表 16 のモダリティに焦点を当てると、表 17 のように分析できる。

表 17　選択体系網における選択素性を用いたモダリティの意味機能分析

	モダリティ 1		モダリティ 2
	なければならない	必要がある	だろう
モダリティタイプ	モデュレイション	モデュレイション	モダライゼイション
下位タイプ	必要性	必要性	蓋然性
価	高位	高位	中位
指向	主観的	客観的	主観的
マニフェステイション	暗示的	明示的	暗示的

　モダリティ 1 の中の「必要がある」という表現をより客観的な指標上で捉えた理由は、Teruya（2007: 210–211）が示唆しているように、モダリティの下位タイプを明示的に示すための名詞が使用されていることが挙げられる。必要性を意味する類語は多く存在するがここでは「必要」という名詞が明示的に選択され、さらに、あるものが「ある／存在する」という存在過程の文法構造の中で「必要(性)」という意味が、文法的メタファーによって存在者／物（Existence）という実在的でより明示的な意味を付与されたことになる。また例に挙げられた 2 つの表現 (18), (19) の差異は相対的なものであり、かつ使用される言語形式と意味機能との関係は、言語コンテクスト内での確率的な（probabilistic）使用に基づくものである。

　たとえば、新聞の社説の結論部分など客観的で社会的な判断や論説者の結論を示すコンテクストなどでは「必要がある」という表現が多く見受けられるが、より主観的で感情的な場面などでは、主観的で暗示的（必要、必然などの語義が明示化されない）な表現である「なければならない」や「なければいけない」などの表現が多く使用される傾向があるといえるかもしれない。この問題については、テクストとコンテクスト分析を中心とした実証的な研究による検証が必要となる。次の例は、話者個人の意気込みと取るべき行動について述べた発言内容が記事の見出しに使用されたものである。記事の本文（http://www.footballchannel.jp/）にも同じ表現が使用されている（下線は筆者による）。

(20)　（見出し）川島、正 GK 奪取へ意気込む「チャンスを生かさ<u>なければい</u>
　　　<u>けない</u>」
　　　（中略）
　　　現時点で、ロシア W 杯アジア最終予選の正守護神は決まっていない
　　　ようだが、川島は「チャンスをもらうことができれば、それを生かさ
　　　<u>なければいけない</u>」と常に準備しておく構えだ。

　表 17 のモダリティ 2 にあるように、本書では「だろう」をモダリティとして扱う。表 11（37 ページ）の Teruya（2007）ではムードとして分析されているが、本書の理論的な立場については第 3 章を確認されたい。
　言語様式の形成過程および複合的な語の選択過程を、上記のような構造的な分析と文法的メタファーのプロセスを加味した見方でコンテクストと関連させながら分析と検証を重ねることで、より包括的な言語使用に関する知見を得ることができると考える。また、選択体系網はこのような体系的で精緻化された分析をテクストレベルで可能にする有効な分析アプローチであるといえよう。

5. おわりに

　本章では、モダリティの概念化をめぐる問題について考察し、本書の目指す機能文法の枠組みによる日本語モダリティ分析の理論的立場―構造機能主義アプローチ―を明らかにした。本章で試みたことは、本書のタイトルである「機能文法による日本語モダリティ研究」に含意される意味を明示的に説明し、広義の対人機能的意味資源の中で、中核的・始原的なモダリティの所在を再検証し、先行研究において広義・狭義に定義された種々のモダリティの概念について整理し、本書の目的とするモダリティ分析に対する作業定義を提示することであった。また、本書の選択した定義の射程外となった概念（先行研究ではモダリティとして扱われてきた言語資源）についても、対人機能的意味体系の中で記述するための日本語叙法体系を提示した。このような目的を可能にするための接近法として、選択体系機能言語学（SFL）による理論的枠組を適用した。本接近法は、機能的接近法の中でも、言語体系とコン

テクスト間の機能的な結びつきをより体系的にまた明示的に理論化した枠組みで、テクストを意味単位としたマクロ的な分析アプローチを構築している。

　後続する章では、陳述論を中心とした日本語モダリティ論の系譜（第 2 章）、SFL の枠組みに対する詳細説明（第 3 章）、モダリティ概念と表現様式の検証（第 4 章）、コーパスデータを利用したモダリティの下位区分と表現様式の検証分析（第 5 章）、最後に、テクスト・ベース型のモダリティ分析の応用的実践（第 6 章）など多岐にわたりモダリティへの考察が行われている。本章の内容は、各章で扱われる内容との関連性において、議論の参考および分析の方向性を確認するものとして参照されたい。

第2章

陳述論の系譜とモダリティ

1. はじめに

　本章の目的は日本語のモダリティを国語学・日本語学の観点から概観することを目標とする。主要な文献を簡単に紹介し、第3章以降の機能文法による分析に対する前提になるものにしたい。モダリティとの関係で、陳述論を縦糸にして述べていくわけだが、まず、20世紀初頭の山田孝雄や時枝誠記の学説に触れた後、金田一と渡辺といった助動詞にかかわる重要な文献を参照し、1970年代の北原や南の業績を要約して、1990年代以降の仁田・益岡らの研究を概観した上で、尾上・野村・ナロックといった、モダリティを現実世界との関係という観点から考えた人たちの学説を見た後、両者の観点を含んだ森山、モダリティをより広く捉えている工藤へと、論を進める[1,2]。

2. 山田孝雄の「統覚作用」

　周知のように山田文法においては、文（あるいは句）のことを「句」という。これは単に複数の語が並列して意味を成していればよいのではなく（その場合は連語といい、「遙かに高し」「わが隣に住む」など、複数の観念（実在するものとその属性）の組み合わせではあるが、「完全なる思想」を表していない）、1つの思想として完結していなければならない、という。(1)にあるように、この組み合わせの作用は、人間の思想の根本の要素であると言われる。

---

[1] 本章を執筆するにあたり、特にNarrog (2009b) の優れた学説史や2015年8月に神戸で行われた文法学研究会第7回集中講義で重要な知見を得られた。記して感謝したい。

[2] 「モダリティ」という語を日本語について初めて用いたのは中右 (1979) だとされている。

(1) 抑（そもそ）もかの実在と思惟するものとそれが有する属性と思惟するものとを結合して、これを統一して思想に上（のぼら）すことはこれ実に人の精神の貴重なる作用にして思想の根本たる要素なり。…実在の観念と属性の観念とありとても吾人の思想のこれを統一することなくば、唯片々たる観念の累々たるのみにして一の思想を組織すること能（あた）はざるべし。　　　　　　　　　　　　　　　（山田 1936: 94）

　そして、観念が一点の結合することを「統覚作用」といい、文という形式は統覚作用によって統合された思想を表したものであるとした。これとは別に陳述とは 1 つの完結した思想を表現することで、述体の句（主格述格が備わった句）のみに存在するものである[3]。

(2) 吾人のいう用途は思想の運用の義にして用言とは人の思想の運営によりて生ずと認められるる統覚作用の寓せられたる語の義なり。…ここに於いて用言の用言たるべき特徴は統覚の作用即ち語をかへていはば、陳述の力の寓せられてある点にあり。　　　（山田 1936: 95）

　また、主述の結合をもって統覚作用とは考えず、統覚作用のただ一回の活動によって思想が統括されることであるという（山田 1936: 917–918）。したがって、「みかさの山に出でし月かも」のような体言を中心とする喚体の句（山田 1950 [2009: 149]）や「水」のような一語文であっても、統覚作用によって統合された思想を表現する限りにおいては文である[4]。

3. 時枝誠記の「陳述」

　思想は統覚作用を経た文によって表現されると考えた山田に対して、時枝 (1950) は、「構成的」な言語観に反対し、人間が行う行為の 1 つとしての言

3　詳細についてはナロック（2010: 223ff）を参照のこと。
4　たとえば「水」という語が文として用いられた場合（それが「水だ」と是認したものか、「水がほしい」と希望したものか、はここでは問わない。尾上 (2012) を参照）、主述関係は同定できない。

語活動という言語過程説の立場から、語が「思想内容の一回過程によって成立する言語表現である」(時枝 1950: 43)と考える。たとえば「静かだ」を「形容動詞」として一語と認定することに反対し、「静か」という概念に続いて「だ」という陳述の表現が加わっているとしている。思想内容を「一旦客体化し、概念化した上で」表現するものを「詞」とし、そうした客体化・概念化を経なかった「心の直接的な表現」を「辞」とする。「辞」には助詞、助動詞、接続詞、感動詞が含まれ、言語主体の立場に属するものを表現するのに対して、「詞」には客観的な世界に属するものを表現するもの(名詞や動詞)が含まれる(時枝 1950: 51–55)。

時枝にとって、文は「具体的な思想の表現」であり、これは「客体的なものと主体的なものとの結合した表現」であるから、たとえば、「犬だ。」のような表現では、客体的な「犬」と主体的な「だ」が結合して文となる。そして、「だ」は「概念と同時に陳述を表現する」のである。「水！」のような一語文でも「主客の合一した具体的な思想を表現」しているとする(時枝 1950: 199)。

(3) a. 裏の小川がさらさら流れる□。　(零記号)
　　 b. 今日は波の音も静か<u>だ</u>。　(助動詞)　　　　(時枝 1950: 201–203)

(3a)において、動詞の終止形「流れる」に付される主体的な零記号が陳述を表し、それが客体的な「裏の小川がさらさら流れる」全体を包み込むようにして主客を統一する。(3b)において陳述を表す助動詞「だ」も同様の働きをし、「今日は波の音も静か」という客体の表現全体と結合して文としての統一を与えるのであって、「だ」を「でない」「だった」「らしい」などに置き換えても統一を与える点は同じである、と言う(時枝 1941: 242ff; 時枝 1950: 202)[5]。

したがって、時枝にとってモダリティとは陳述を担う助動詞の役割(の1つ)であることになる。

---

[5] なお、「山は雪か」の「か」は用言に後続しておらず、したがって陳述ではないが、「山は雪」までを統一し、「山は雪である」ことについての詠嘆を表している。

4. 金田一春彦の反論

　時枝の陳述論に対する反論の初期のものとして、金田一（1953［2004］）がある。金田一（1953［2004: 309］）の疑問は、彼が不変化助動詞と呼ぶ「《意志・推量を表す「う」「よう」「まい」「だろう」や想起・命令を表す「た」、注意を促す「だ」、誘いかけに用いる「ない」は、なぜ終止形だけしかないのか》」である。時枝（1941）の「感動助詞」（「よ」「わ」「さ」など）も文尾におかれる付属語であることから、これらの助動詞も、感動助詞と同じように、「《話者のその時の心理内容を主観的に表示する》」（金田一 1953［2004: 310］）ものであると考え、こうした終止形しか持たない助動詞は主観的表現であるが、それ以外の助動詞は客観的表現であるとする。たとえば意志を表す助動詞「う」をとりあげると、同様の意をもつ「つもりだ」との比較 (4) において、(5) や (6) のような対比が生じる。

(4) a. 富士山へ登ろう
　　 b. 富士山に登るつもりだ
(5) a. *私は富士山に登ろうだった
　　 b. 私は富士山に登るつもりだった
(6) a. *彼は富士山に登ろう
　　 b. 彼は富士山に登るつもりだ（ったのだが）

　　　　　　　　　　　　　（金田一 1953［2004: 314–315］（一部改変））

(5) のように、「う」は過去の意志を表すことができないが、「つもりだ」はできる。また、(6) のように、「う」は話し手以外の者の意志を表現することができないが、「つもりだ」はできる。「つもりだ」は「う」と同じ意味を客観的に表現したもの、ということになる。このように、金田一は助動詞、動詞、形容詞を主観的表現と客観的表現とに分け、次のように結論する。

(7) a. 主観的表現：終止形だけしかない「う」「よう」「まい」「だろう」や想起・命令を表す「た」、注意を促す「だ」、誘いかけに用いる「ない」
　　 b. 客観的表現：動詞、形容詞、および「ない」「らしい」「ます」「です」

やふつうの「た」「だ」など多様な活用を許容する助動詞
c. 主観的表現は文末のみ、客観的表現は文中の多様な位置に現れうる

そして、他の表現にも主観・客観の区別を拡張し、以下のような分類を提案している。

(8) 金田一（1953 [2004: 339–340]）の主観・客観の別

	主観的表現	客観的表現
意志	（し）よう	（する）つもりだ
意志	（し）よう	（する）つもりだ
推量	（あろ）う （し）よう （ある）だろう	（ある）らしい （ある）ようだ （ある）ように見える （あり）そうだ
否定の推量	（し）まい （し）ないだろう	（し）ないらしい （し）ないようだ （し）ないそうだ
義務・命令	（せ）よ、（し）ろ	（し）なければならない
禁止	（する）な	（し）てはいけない
許可	（せ）よ、（し）ろ	（し）てもよい
可能性	（ある）かしら	（ある）かもしれない
疑問	（ある）か	ナイ
否定	（する）ものか	（し）ない
過去・追想	（だっ）け （だっ）た	（だっ）た
希望	（せ）ばや［文語のみ］	（し）たい
注文	（あり）なん［文語のみ］	（あっ）てほしい

このようにして、助動詞や終助詞をすべて「辞」として主体的表現であるとしていた時枝（1941, 1950）に異議を唱えたわけである。
さて、金田一（1953 [2004]）は「判断」を主観的表現と同様に考えていると思われる。(9)において、（イ）は「ぼく」の属性として「日本人」を帰属させる用法で、（ウ）は「人間」を「万物の霊長」と同定する用法であるという。

(9) (イ) ぼくは日本人だ。
　　(ウ) 人間は万物の霊長だ。
　　などの「だ」がこれである。まず(イ)のような「だ」は、「…ニ属スル」というような意をもつ。論理学でいうと、これはヴントのいわゆる「包摂判断」を言葉に表した形である。が、だからと言って、けっして「だ」が判断を表すと考えてはいけないと思う。「ぼくは日本人だ」の「日本人だ」の部分の意義は、「ぼく」という人間の国籍が何であるかを客観的に述べているにすぎない。　　　　　　（金田一 1953［2004: 328］）

　ここで「客観的」を「主観的」に対して相補的な表現だと考えると、「判断」は主観的であると考えていると思われる。判断が陳述の前提であり、(8)で主観的とされる助動詞のみが判断を担うとすると、助動詞があっても陳述されない場合があることになってしまう。というのも、時枝のように、文を主体的なものと客体的なものとの合一と考えている限りにおいては、客観的な助動詞で終止している叙述形式を陳述であるとはいえないからである。

5. 渡辺実の叙述と統叙

　こうした陳述論の流れを精緻化したのが、先の金田一とほぼ同時期に出た渡辺 (1953) の論考であり、時枝の詞と辞の区別を精査している。純粋な意味で客体的な概念を表すのは名詞のみであるとし「詞」として認定する。時枝では同様に「詞」である動詞は、確かに客体的な概念を表現するが、同時に、思想内容を記述する話し手の操作である「叙述」も含むとして、「叙述詞」として区別している。また「辞」については主体性を表すものとし、時枝で「辞」である格助詞は、思想内容の一部として叙述に資するものであるから「叙述辞」とする。しかし、「か」や「ね」といった終助詞は、聞き手に対する働きかけや話し手自身の感情表出であり、叙述内容そのものとは関係ないので、純粋な「辞」とする、という (渡辺 1953: 22–23)。たとえば、(10a) では、「明日から煙草をやめる」が 1 つの思想内容を表す叙述であり、

それを受けて終助詞「よ」によって陳述として完成するのである[6]。

たとえば「*煙草をの」では、1つのまとまった思想内容を表現してないので準体助詞「の」を後続できないが、(10b)にあるように「明日から煙草をやめる」は1つの思想内容を表現するので「の」が後続できる。

(10) a. 明日から煙草を<u>やめるよ</u>
　　 b. 明日から煙草を<u>やめるの</u>は身体のためばかりではないのです
　　 c. 自発的に煙草を<u>やめる患者</u>が次第に増えてきて居ります
　　 d. もう煙草を<u>やめるから</u>もらったら誰かに上げてしまいなさい

(渡辺 1953: 20–24)

このようにして同定した叙述（思想内容を描写したもの）は、(10b)のように終助詞以外のものによって後続されることがあるが、渡辺 (1953) によると、「やめる」という述語の連体形と終止形は一種の連続体を成していて、(10c)のように明確に動詞の連体形が被修飾語「患者」に依存している場合から、(10d)のように被修飾語の地位が曖昧で「やめる」のほうにより重点がある場合まで存在し、(10d)は既に連体形というよりは終止形であると考えることができるという。連体形が叙述を総合している (10c) から、既に叙述を総合する必要が希薄な (10d) を経て、(10a) のように終助詞を後続させて陳述として独立した文を成すようになるのである。このように、叙述は、その述語が連体形であろうと終止形であろうと、あくまで思想内容を対象として発せられるものである。しかし、終助詞は異なるという。

(11) a. 去年の今頃がなつかしい<u>ねえ</u>（同意を期待）
　　 b. 明日から煙草をやめる<u>よ</u>（決意の表明）
　　 c. あいつは数学の天才だ<u>わい</u>（羨望の念）
　　 d. これがご自慢の香炉です<u>かい</u>（皮肉な問いかけ）　　（渡辺 1953: 25）

---

6 「やめる」が述語であるとすると、「やめるよ」のように終助詞を含めたものを述語文節という。

渡辺は (11a) から (11d) までの終助詞を検討しているが、終助詞に先行する述語などの叙述のための表現が思想内容を描き出すための「内容めあて」のものであるのに対して、終助詞は「聞手又は話手に対して向けられた言語者めあての言葉」であるという (渡辺 1953: 25–26)。たとえば「ねえ」は聞き手に同意を促すものであり、「よ」は話し手が自分の決意を聞き手に向かって表明するものであり、「わい」は他者の業績に対する羨望を自分に向かって表明するものであり、「かい」は皮肉な気持ちをもって聞き手に対して問いかけるものである[7]。

　ここまで、1つの思想のまとまりとしての叙述と、それを素材として文を終止させる陳述との区別について述べてきたが、では、助動詞が入る場合はどうであろうか、というのが、次の考察になる。「助動詞は述語と終助詞との間に現れて、述語文節の構造の一部となって叙述と陳述の間をとりもつもの」(渡辺 1953: 28) であり、本書の観点からいえば、モダリティと最もかかわる部分であるからである。渡辺は助動詞を次のように分類している。破線はとなりあったもの同士が相互承接することができることを示している。

(12)　渡辺による助動詞の分類 (渡辺 1953: 29; 1971: 113)

種類	第1類				第2類		第3類
甲種	だ(である)				らしい		だろう
乙種	せる(させる)	れる(られる)	たい	そうだ	ない(ぬ)	た	う(よう)
			まい				

(12) に見られるように、甲種において、「だ」「らしい」「だろう」はそれぞれ指定、推定、推測という固有の意味を持つが、乙種は「せる」「れる」の使役・受身、「たい」の希望、「そうだ」の様態、「ない」の否定、「まい」の否定的推測、「た」の過去、「う (よう)」の推量、のような固有の意味をも

7　もちろん終助詞なしで文を終えることもできる。たとえば「明日から煙草をやめる」ということによっても決意の表明は可能である。この場合は、渡辺は、時枝にならって、零記号を終助詞として認めるという処理をしている。

つ。甲種は認識的モダリティ（epistemic modality）に近いものかもしれない。

　さて、渡辺（1953）の説明を続けると、乙種が直接後続するのは用言（動詞と形容詞）のみであるが、甲種が直接後続するのは体言（体言）である。ただし、甲種の第 2 類、第 3 類は用言にも後続することが可能である。たとえば、甲種第 2 類「らしい」は、実例（13）において下線部の動詞「いる」の部分に後続しているが、厳密にはその外側に存在している。

(13) 「実はなー」
　　　相馬がさらに声を潜める。「どうやら密告者が<u>いる</u>らしい」
　　　　　　　　　　　　　　　　　　　　　（池井戸潤『不祥事』p. 102）

　つまり、渡辺（1953: 30）によれば、乙種第 1 類は助動詞と言えども述語の一部分を成していると言え、甲種第 1 類の「だ（である）」は体言を述語化するための語であるから、用言にはつかないのであり、第 1 類は叙述の内部にあると考えられる。それに対して、甲種・乙種の第 2 類は（13）のように既に述語の外部にある。しかし、たとえば、「どうやら密告者がいるらしい<u>の</u>で会議は中止する」のように、準体助詞「の」で体言化できるので、まだ述語の一部である、と言うことになる。それが第 3 類になると、「の」で体言化することもできず、それゆえ思想内容をまとめた叙述を超えて、終助詞に近づいていく、という。また第 1 類・第 2 類の助動詞は活用があるが、第 3 類助動詞「う（よう）」「まい」「だろう」については活用がない（金田一（1953）の「不変化助動詞」）。これは叙述の内部にある第 1 類・第 2 類の助動詞は様々な役割を果たす可能性があるのに対して、第 3 類助動詞は文を完結させる、つまり陳述の役割を負うことと軌を一にしていて、その点でも活用のない終助詞と似ている、ともいえる。再び同じ小説からの実例（14）では、用言「免れる」に乙種第 2 類助動詞「ない」と甲種第 3 類助動詞「だろう」が続くが、ここまでが叙述の部分であり、さらに終助詞「な」が後続することで文が閉じ、陳述が完成している。

(14) 「もし、そうなれば当行は引当金を積み増さなきゃならなくなる。二千億

円もの巨額融資先ともなると、業績悪化は免れないだろうな。…」

(池井戸潤『不祥事』p. 113)

　渡辺の「陳述」の概念を検討した芳賀 (1954) に触れておく。(11)(14) でみたように、終助詞は様々な意味を持ちつつ文を完結させる陳述機能を持つが、(11) に関連して述べたような、告知・反応要求・誘い・命令・呼びかけ・応答を表す「言語者めあて」の終助詞による陳述 (伝達的陳述) 以外にも、ある客体的な事態について断定・推量・疑い・決意・感動・詠嘆などの話し手の態度を表明する終助詞を陳述の表現として認めるべきであるとした。つまり、渡辺 (1953) が主張していたような、客体的な思想内容は叙述によってまとめられ、そこに後続して主体的表現による陳述が生じるという立場では、後者のような客体的な事態をめあてとする終助詞を用いて陳述とすることはできないことになりそうだが、実際には、たとえば「雨が降る□。」のような断定による統括も陳述であるはずである。それを芳賀 (1954) は述定的陳述と呼んで区別した。これを受けて、渡辺 (1968) では、(15) のような「陳述の意義的内容」を設定し、「述定的陳述」を「判定」として受け入れる立場をとり、また、助動詞によって実現される意味であることを明示した。

(15) a. 判定 (芳賀氏の述定) ―用言 (助動詞) の終止形
　　　b. 訴え　　　　　　　｝(主として終助詞、
　　　c. 表出　　　　　　　　イントネーション)　(渡辺 1968: 128)

(16) にあるように、渡辺 (1971) では (15a) の「判定」をさらに 3 種にわけ、「断定の陳述」「疑問の陳述」「感動の陳述」とし、また、それぞれに主述があり叙述内容が整えられている (「統叙」) ものと、一語文などをはじめとした主述の整わないもの (「無統叙」) について、それぞれの陳述の種類について例証している[8]。また、(15b, c) についてもそれぞれ「訴え」(これは同じだ

---

[8] 渡辺によると、統叙のある文は山田文法における「述体の句」、統叙のない文は「喚体の句」にそれぞれ対応する。また、山田の「統覚作用」は渡辺のみるところ「統叙」と

が)「呼びかけ」として陳述の種類としている。

(16)　陳述の種類（渡辺 1971: 106）

	断定	疑問	感動	訴え	呼びかけ
無統叙	桜。	桜？	桜！	桜よ！	オーイ！
統叙	桜の花が咲く。	桜の花が咲く？	桜の花が咲く！	咲け！	
（いわゆる）	平叙文	疑問文	感動文	命令文	呼びかけ応答文

(16)において、統叙のある平叙文、疑問文、感動文、命令文という4種類は、通常の意味での文のムード（declarative, interrogative, exclamative, imperative）に対応している点で、陳述とは文のムードを内包すると考えることができる。

6. 北原保雄の承接順序

　前節の渡辺（1953, 1968, 1971）を受けて、(12)に掲げた渡辺による助動詞の分類を承接順序という観点から見直した研究が北原（1970, 1981）である。北原は文の中の要素（「格」）と文末の叙述の要素（助動詞）を対応させて考えており、結論的には(17)のような格の順序と助動詞の承接順序を論証して、もって日本語の文の基本構造としている（北原の原文では縦書きである。なお、矢印による表記は尺を必要とするので、以下では、たとえば、［対格｜他動詞］のように表す）。

(17)　北原（1970: 32, 1981: 509）

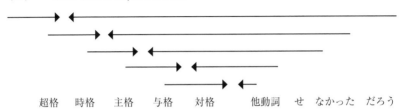

「陳述」を混同してしまった概念だという（渡辺 1971: 104）。

(17)の文構造の根拠である承接順序は、(18)のようにまとめられている。(17)の後半部分に該当する。これらの動詞・助動詞に対して(17)の前半部分の「格」が対応する。

(18) ［動詞］—｛せる／させる｝—｛れる／られる｝—［たい］—｛そうだ(様態)／ない／らしい(属性概念)｝(相互に入れ替え可)—［た］—｛う・よう／だろう／そうだ(伝聞)／らしい(推量判断)／ようだ｝

(北原1970: 36)

　この配列を、「たい」より後の主格に対応する部分から右側へ、北原の例を交えて説明する[9]。たとえば、(19a)のように、様態の「そうだ」は「たい」に後接し、この関係は(19b)のように使役を含んでも変わらない。

(19) a. ［太郎は｜［水が｜飲みた］そうだ］
　　 b. ［太郎は｜［水が｜［次郎に｜飲ませ］た］そうだ］　(北原1970: 46)

　そして、この「そうだ」と承接順序を交替することができるのが「ない」である。また属性概念を叙述する「らしい」と「ない」も交替することができる。

(20) a.　あまり喜んでいないらしいので…
　　 b.　あまり喜んでいるらしくないので…　　　(北原1970: 47)
(21) a.　行かなそうだ。／b. 行きそうでない。　　(北原1970: 47)

9　ここで「たい」より後の助動詞に限定する理由は、次のようなものである。「たい」は、北原(1970: 44)によると「私は水を飲みたい」は「私は水がほしい」と同様の機能を果たしていて、ほぼ形容詞と同じようなものと考えることができるという。他方、日本語記述文法研究会(2003)によれば、様態の「そうだ」は、「ようだ」など末尾に現れる助動詞と同様に、認識のモダリティのなかの証拠性を表すものと一括されている。したがって、動詞・形容詞・形容動詞・名詞といった述語に後接する助動詞を対象にする場合、形容詞に近いものは除くという判断は可能だと考えたからである。

こうしたことから、「ない」も、「そうだ」「らしい」と同様、主格の句と関係するという点で共通した機能を担っており、それゆえ (18) の承接順序でこれらの 3 者は同じ位置を与えられ、入れ替え可能とされているのである。また、「らしい」「そうだ」は「た」とも承接順序の入れ替えが可能であるが（「だっ<u>た</u>らしい」「らしかっ<u>た</u>」、あるいは、「だっ<u>た</u>そうだ」「そうだっ<u>た</u>」はすべて容認可である）、「ない」は「た」に前置する順序しか容認しない（「*だったない」は不可だが「なかった」は可）。ここで北原 (1970: 50) は「時格」（つまり時を表す副詞句）に対応するものとして「た」を想定する。そして、時格、つまり時の副詞は、自然な位置が主語（主格）の前であるから、主格、与格、対格を「つつみこむ」（北原 1970）要素として想定することができる。(22) のとおりである。

(22) ［あの時｜［海は｜静かでなかっ］た］　　　　　　　（北原 1970: 50）

(22) でも時格の「あの時」が「た」と対応しており、その間の「海は静かでなかっ」まで包含されている。そして、(23) にあるように、「た」に下接するものとして、「う・よう」「だろう」があるが、じつは「そうだ」「らしい」も下接することがある。「う・よう」「だろう」は言語主体の判断の表現であるから、叙述の外で働く助動詞であり、これに関与する格は「超格」ということになるが、ここに現れるのは「たぶん」「きっと」といった陳述副詞であり、これが一番外側の層を成している。(24) をみると「そうだ」「らしい」も「う・よう」「だろう」と同じ構造上の位置に出現していると考えられる。

(23) a.　［たぶん｜［あの時｜［海は｜静かだっ］たろ］う］
　　 b.　［きっと｜［昔｜［太郎は｜［次郎に｜［本を｜読ま］せ］なかっ］た］だろう］
(24) a.　［聞くところによると｜［あの時｜［海は｜静かだっ］た］そうだ］
　　 b.　［どうも｜［昔｜［太郎は｜［次郎に｜［本を｜読ま］せ］なかっ］た］らしい］
　　　　　　　　　　　　　　　　　　　　　　　　　　　（北原 1970: 50–51）

(24a) では伝聞の「そうだ」が「聞くところによると」という超格とともに現れる。(24b) では推量判断の「らしい」が「どうも」という超格とともに現れる。また、これらの用法と、(20)(21) で触れた「らしい」の属性概念を表す用法および「そうだ」の様態を表す用法との区別も、(20)(21) に対応する用法は主格にかかわり、(24) に見られる用法は超格にかかわるとすることで、次のような場合も (25)(26) のように分析できるという。

(25) a.　［あの男は｜とても学生<u>らしい</u>］
　　 b.　［どうも｜［向こうから来る男は｜学生］<u>らしい</u>］（北原 1970: 51–52）
(26) a.　［あの男は｜行き<u>そうだ</u>］
　　 b.　［［あの男は｜行く］<u>そうだ</u>］　　　　　（北原 1970: 51–52）

(25a) の「学生らしい」は主格「あの男は」にかかわり、属性概念を表すが、(25b) の「らしい」は推量判断であり、それは「どうも」という超格（陳述副詞）によって支持される。同様に、(26a) の「行きそうだ」は「あの男」の様態を表すが、(26b) の「そうだ」は伝聞を表す。この違いは連用形「行き」と様態の「そうだ」の接続、終止形の「行く」と伝聞の「そうだ」の接続によって明示されている。活用の違いが文の構造の中での位置の違いを示している。

「う・よう」「だろう」「らしい」「そうだ」、また、ここでは触れなかったが「ようだ」に対して、さらに下接するのが終助詞「よ」「か」などであるが、これらについては叙述の外で働く「陳述の辞」(北原 1970: 54) としている。

このように見てくると、(17) に示したように、文における言表構造は動詞に前置される様々な「格」とともに一定の階層を成していることが了解される。こうした考え方が次の南 (1974) のような日本語の文構造の階層的分析につながっていく。

7. 南不二男の「文の階層的分析」

南 (1974) は、文に 2 つの側面を認め、「表現される客観的なことがら（素材）に対応する側面」（「ディクトゥム dictum の世界」）と「それについての言

語主体の態度に対応する側面」(「モドゥス modus の世界」) とを区別する。(27) の文のそれぞれ (a) と (b) とに対応する。また、述語以外の部分でもモドゥス的側面を認める。

(27)　　伊藤さんは今日ここへ来るだろうね
　　a.　伊藤さんが今日ここへ来る (ということ)
　　b.　だろう (推量) ね (相手に対する念押し)　　　(南 1974: 109)

　ここまでは金田一 (1953) を受け継いだものと考えてよいが、南の主張の眼目は、じつは、渡辺 (1953, 1971) と同様に、このディクトゥム的 (ことがら的) 側面とモドゥス的 (陳述的) 側面との間にいくつかの段階を設けるところにある。そして、南の独創は、この段階を、文末の (渡辺の言うところの) 述語文節に局在させるのではなく、従属節や述語部分、名詞の構造や連体修飾節にまで広げて認定しているところにある。

　南 (1974: 115f.) では、まず、従属句 (たとえば、「手を振りながら (走って行った)」の「〜ながら」に導かれたもの) の構造に注目することによって、A, B, C, D の 4 つの段階を区別する。そのうち最初の 3 つについては、(28a–c) に見られるように「〜ながら (継続)」「〜ので」「〜が」という接続助詞に導かれる従属節の内部構造の違いに基づいて決定している。(28) では南の例文を改変して、また南の指摘を例文の一部として組み込んでいる。

(28) a.　珈琲を |のみ／*のまない／*のんだ／*のみまし／*のもう／*のむまい／*のむだろう| ながら お喋りしている 〈A 類〉
　　b.　珈琲を |のむ／のまない／のんだ／のみます／*のもう／*のむまい／*のむだろう| ので 目が冴えてしまう 〈B 類〉
　　c.　珈琲は |のむ／のまない／のんだ／のみます／のもう／のむまい／のむだろう| が 眠れないことはないらしい 〈C 類〉

(南 1974: 115–116 (一部変更))[10]

10　南ではタバコとがんの関係についての例になっているが、ここでは名詞と動詞をそれぞれ適切に入れ替えてある。また、適格性の判断は、例文が変更になっているが、南の

(28a) では、否定 (ない)、過去 (だ)、丁寧 (ます)、意志 (う)、否定の意志 (まい)、推量 (だろう) を表す助詞・助動詞はいずれも生起することはできないが、(28b) では、否定、過去、丁寧の表現は生起することができ、(28c) では、それに加えて意志、否定の意志、推量を表す助詞・助動詞まで生起することができる。述語文節以外の部分では、たとえば (28a) では、従属節の内部にあると判断できる主語や、「きのう」のような時の表現や「駅前で」のような場所の表現は生起できず、また、否定が生起できないため「決して」「ちっとも」「到底」などの陳述副詞も生起でない。(28b) では、主語 (「〜が」) や時・場所の表現が生起でき、また (否定も生起できるため) 否定極性をもつ表現も生起できる[11]。(28c) では、提示の意味の主語 (「〜は」) や (28b) で生起できる表現は生起でき、さらに (「だろう」「(よ) う」「まい」が生起できるために)「たぶん」「まさか」のような陳述副詞も生起できる。

また、南 (1974) によると、(28) に示されたものと同じような働きをするものに (29) のようなものがある。

(29) a. 〈A類〉「〜ながら」、「〜て」、「〜つつ」、動詞の繰り返し (「原稿を書き書き」)、一部の形容動詞の連体形 (「足音も高く」)[12]
   b. 〈B類〉「〜ので」、「〜たら」、「〜ても」、「〜と」、「〜なら」、「〜のに」、「〜ば」など条件を表すもの
   理由・原因を表す「〜て」、逆接を表す「〜ながら」「〜つつ」、継起・並列的な動作・状態を表す「〜て」、打消しを表す「〜ずに」「〜ないで」
   c. 〈C類〉「〜が」、「〜から」、「〜けれど」、「〜し」、「〜て」や連用形で終わるもの

上段の分布から、(28a) の「〜ながら」節は、文のことがら的側面をその内部にもち、(28c) の「〜が」節は、文の陳述的側面をその内部にもち、

ものと同じである。
11 日本語の否定極性項目については吉村 (2000) などを参照のこと。
12 「足音も高く」では例外的に主語 (足音) が出現している。

(28b) の「～ので」はその中間であることが理解される。たとえば、陳述副詞の生起をみても、(28a) では生起できないものが、(28b) では述語文節での否定の生起にともなって「決して」のような否定極性をもつものが生起するが、(28c) ではそれに加えて「たぶん」のような蓋然性を表すものも生起するようになる。これは「ことがら的世界から陳述的世界への間の段階を示している」(南 1974: 133)。

(30) a. (荷物が) 横浜につく 〈A段階〉
b. きのう荷物が横浜についた 〈B段階〉
c. 荷物はたぶんきのう横浜についただろう 〈C段階〉

(南 1974: 133 (原文カタカナ))

ここでさらに (30d) のような例を説明するために、(31) のような「述語的部分」が必要となるという。

(30) d. <u>そうだな</u>、荷物はたぶんきのう横浜についただろう<u>よ</u> 〈D段階〉

(南 1974: 134)

(31) 述語的部分。命令 (肯定または否定＝禁止) の形、その他、断定や疑問などの意味を持った終助詞やいろいろの間投助詞のついた形など。

(南 1974: 134)

(30d) では、「そうだな」のような間投助詞や「よ」のような終助詞が生起しているが、これらはA〜Cの段階では収まらないものである。したがって、第4番目の段階として 〈D段階〉 が必要になる、ということである。

A〜Cの段階での副詞のような述語以外の要素の共起制限については、南自身によるまとめ (南 1993: 42) がある。(32) である。たとえば、(32b) から、「～ながら」で導かれる節では主題を表す「～は」は生起できない。「太郎は、勉強しながらテレビを見る」という場合、「太郎は」は「～ながら」の節の主題ではなく、文全体の主題を成しているとみるべきである。それに対して「太郎は第二試合に出場するから、第一試合では次郎を起用した」と

いう場合の「太郎は」は「〜から」で導かれる従属節の主題である。また、(32c) から、「明日東京で話し合うなら、前の日に電話をくれよ」は容認可能だが、「?明日東京で話し合いながら、ワインでも飲もう」はそうではないから、時の副詞「明日」が生起できるのは「〜なら」のほうであり、「〜ながら」では生起できない。

(32) 従属句の内部構造（南 1993: 42）

	述語以外の成分								述部						
	(a)陳述副詞	(b)〜は(主題)	(c)時の修飾語	(d)場所の修飾語	(e)〜が(主格)	(f)〜に	(g)〜を	(h)状態副詞	(i)動詞	(j)(さ)せる	(k)(ら)れる	(l)ない	(m)た・だ	(n)う・よう	(o)だろう	(p)まい
〜ながら	−	−	−	+	(−)	+	+	+	+	+	−	−	−	−	−
〜なら	−	−	+	+	+	+	+	+	+	+	+	+	−	−	−
〜から	+	+	+	+	+	+	+	+	+	+	+	+	+	+	+

また、(32o) から、推量の助動詞「だろう」の現れることができるのは「〜から」などのC段階のものに導かれる節に限られているが、これは実例 (33a) のように「たぶん」「まさか」のような陳述副詞が生起する環境でもある。(33b) も実例で、「〜し」もC段階にはいるものだが、「多分」と共起している。主文も「だろう」で終止しているので、これに対しても「多分」が修飾している可能性もある。

(33) a. たぶん大村さんはこの書類を見ていないだろうから（今日中にみてもらっておきなさい）　　　　（南 1993: 40 (原文はカタカナ)）
　　 b. 口ではイヤだとかムリだとか言いながらも、光太郎との生活は不思議とすんなり想像することができた。多分、俺は光太郎のやたらタフなところに少し疲れるんだろうし、光太郎は光太郎で俺の心配性なところにちょっとイライラするんだろう。
　　　　　　　　　　　　　　　　　　　　　（朝井リョウ『何物』p. 26）

ここで疑いの終助詞「か」をつけることもできる。

(34) 　しかしここで興味深いのは、子供向け番組のモデルを成人向けのドラマに求めるという手続きのほうではない<u>だろうか</u>。
　　　　　　　　　　　　　　　　（齋藤環『戦闘美少女の精神分析』p. 176）

(31) の定義からも明らかなように、(34) の「か」は疑問の意味を表しているので、D 段階に属している。

　文に存在するこうした構造の A, B, C, D 段階という区別は南（1974）で提案され、南（1993）でも引き継がれていたが、これに対応するものとして、南（1993）の新しい分析では「描叙」「判断」「提出」「表出」という段階を設け、区別することになる。これらは、南も述べているように、林（1960）の用語である。林は、文を実際に発話する直前の段階で行われる語句の選択の前に、話し手の思想を言語化するときに「一応のまとまりをつけるために、支えとして採用される、語の並びの社会的慣習」（林 1960 [2013: 28]）として、つまり、思想に言語的な形を与えるものとして文型を捉え、それを、発話の時系列にそって、文の言い始めの時（「起し文型」）、言い終わりまでの見通し（「運び文型」）、言い終わる時（「結び文型」）の 3 つの文型に区別する。このうち、結び文型が陳述部にあたるところであり、「文の表現意図に関する文型」（林 1960 [2013: 29]）であるという[13]。この結び文型を 4 つの段階に分けたものが「描叙」「判断」「表出」「伝達」の各段階であり、他の文型の関係とともに示すと、(35) のようになる。

---

[13] 「表現意図」も本来は国立国語研究所の『話しことばの文型 (1)―対話資料による研究』（1960）による。「相手に対して、あらたに何かを表現しようとする意図」「相手のことばに対して、何かを表現しようとする意図」の 2 種類で、前者が、詠嘆表現、判叙表現、要求表現に、後者が応答表現に対応するとされる。この前者の 3 種類の表現を 4 種類に組み直したのが、林の言う結び文型における 4 つの段階であるともいえる。

(35) 林による言表の構造（林 1960 [2013: 30]）

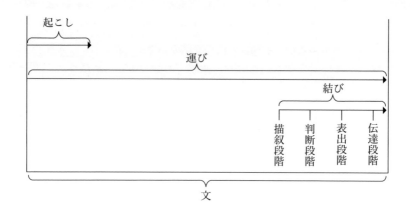

ここでは最後の二段階が「表出」「伝達」となっているが、南（1993）では「提出」「表出」となっている。林は(36)を例に説明している。

(36) [伝達 もしもし、お願いがあるんですが、[表出 実は、あのー、[判断 何とか、ひとつ、[描叙 その品物をっていただく] ことはできない] もの] でしょうか]。　　　　　　　　（林 1960 [2013: 95]；記号等加筆）

「描叙」とは、表現内容を言語化する働きであり、(36) の例で言うなら「その品物をゆずっていただく」というようなものである。態や相はここで決定される。「判断」とは、極性、可能、過去認定、推量、疑いといったものであり、(36) でいえば、「ことはできない」にあたる部分である。可能の「できる」、否定の「ない」などがそれにあたる。「表出」は意思や情動にかかわる言語表現の型で、感動、期待、願望、恨み、懸念・恐れ、意志・決意を表現する。(36) では「もの」にあたる部分で、感動の表出とされている「ものか」にあたる[14]。最後の「伝達」は、命令、要求、質問など、聞き手に対して発した発話について話し手がもつ意図を示す部分である。(36) の

14　ただし、(36) をもとに作成された林 (1965 [2009: 95]) の図では「願望」となっている。

「でしょうか」にあたる部分で、推量の「でしょう」、疑問の「か」であるが、「でしょう」は「だろう」の丁寧な言い方であるから、敬意を表すという意図があるという。それに対してたとえば (34) に現れる「だろう」はそうではないのだから、「でしょうか」はポライトネスを表現すると筆者は考えている。林の「伝達段階」は南の C, D の両方が含まれており、ほぼ助動詞までが C、その後の終助詞が D としている部分の両方が伝達段階に含まれることからそれと了解される。

南の研究に話を戻す。たとえば動詞述語文について、(37) のような構造があるとしており、(32) で検討したような従属節の内部構造を述語文一般にも適用したものである。ここで、南 (1993) の (31) の定義では D 段階とされた終助詞の一部が C 段階に相当する「提出」段階で現れるとされている。

(37) 動詞述語文の構造（南 1993: 54）[15]

述部以外										述部										
呼びかけその他	陳述副詞（一部）	～は	時修飾語	場所修飾語	～が	～から	～に・～と	～を	ようす・程度・量	動詞	（さ）せる	（ら）れる	ない	た・だ	う・よう／だろう	わか の	よ	な ね		
													まい				ぞ ぜ			

（表出）（提出）（判断）（描叙）の階層がネストされた枠で示されている。

これとほぼ同じ文の階層的構造が、教科書として執筆された佐治 (1989) の中にも見られる。ここに現れる A, B, C, D は、佐治 (1989: 175–176) で述べるように、南の研究をもとにして、発展させたものである。

---

15 南 (1993) の論述では陳述副詞は提出のカテゴリーであるが、南 (1993: 54) の図では表出のカテゴリにされていた。同書の他の図や本文に合わせて修正した。

(38) 佐治 (1989: 181) の文の階層構造

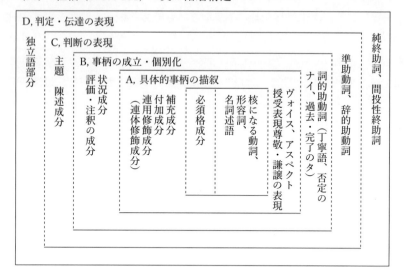

　したがって、1990年代前半には、文の階層性という形で、日本語の陳述論は1つの完成形を見たといってもいいと考えられる。
　さて、ここで、「かもしれない」「にちがいない」などの英語の may, can, must にあたるような明確にモダリティ的な表現についてはどこに位置づけられるだろうか。佐治 (1989: 155) では、先の図 (38) の C を 2 つにわけ、より文末寄りの Cii に不変化助動詞（「う・よう」「だろう」「まい」）を配置し、その前の Ci に「ことだ」「ものだ」「わけだ」「はずだ」「ようだ」「らしい」「のだ」「そうだ」を配置し、この Ci のなかに準助動詞として「かもしれない」「にちがいない」を配置している[16]。しかし、まず、これらの準助動詞には（既に「ない」で終わっているので）「ない」は前接はするが後接せず、それから、過去・完了を表す「た」が前接も後接もするので、上に (18) として挙げた北原 (1970) に従えば、「そうだ（様態）／ない／らしい（属性概念）」と「う・よう／だろう／そうだ（伝聞）／らしい（推量判断）／ようだ」のどちらにも位置することになる。南 (1993) はこれらの表現は考察対象から外

---

[16] それより前に形態論的な立場から、佐治 (1989: 142) は「〜するにちがいない」などは「複合助動詞」としている。

しているが、従属接続詞のつながり具合を考えると、「*〜かもしれないながら」とは言えないのでA段階には入らず、B段階あるいはC段階に入ると考えられる（「〜かもしれないなら」「〜かもしれないから」は容認可能であり、「〜にちがいない」についてもほぼ同様の判断である）。そして、筆者の直観では、「[今日は遅刻しそう]かもしれない／にちがいない」はやや容認度は落ちるが、「[紺のスーツのほうが学生らしい]かもしれない／にちがいない」は容認可能であり、また、「明日は雨⁉かもしれない／にちがいない|だろう」は冗長ではあるが容認でき、それに対して「*明日は雨だろう|かもしれない／にちがいない|」は容認可能ではないため、「かもしれない」と「にちがいない」についてはやはり佐治（1989）の指摘するように「う・よう」や「だろう」の前で「ない」の後に位置づけることができそうである。

8. 言表事態めあてのモダリティ：仁田義雄[17]

仁田（1999）では、日本語文の基本構造として、(39) のような「大きく質的に異なった2つの層から成り立っている」ものを想定している。

(39) | 言表事態 | 言表態度 |

（仁田 1999: 17）

言表事態とは、話し手による世界の把握の仕方のうち、客観的な出来事を表している部分であり、命題核、ヴォイス、アスペクト、認め方、テンスまで含まれるという。言表態度はモダリティと丁寧さであるという（仁田 1999: 18）。次いで、モダリティについて暫定的に (40) のように定義している。

(40) 〈モダリティ〉とは、現実とのかかわりにおける、発話時の話し手の立場からした、言表事態の把握のし方、および、それらについての話し手の発話・伝達的態度のあり方の表し分けに関わる文法的表現である。

（仁田 1999: 18）

17　8節、9節、13節は五十嵐（2015）の先行研究の概説を使用している。

そして、モダリティを「言表事態めあてのモダリティ」と「発話・伝達のモダリティ」とに2分した後で、これらの2種類のモダリティの関係について、「彼も来るだろうね」のような例を引きながら、「言表事態めあてのモダリティのあり方は、その文の発話・伝達のモダリティのあり方によって規定されている」という。「だろう」という言表事態めあてのモダリティの外側に「ね」という発話・伝達のモダリティが配置されることが1つの根拠になるという（仁田 1999: 19）。また、発話・伝達のモダリティ（「ね」「しろ」）は従属節に現れることはないが、言表事態めあてのモダリティ（「だろう」）は従属節内でも現れる。

(41) a. 明日は雨になるだろうが、遠足は行われるだろう。
  b. *明日は雨になるだろうねが、遠足は行われるだろう。
  c. *静かにしろが、なかなか静かにならない。 （仁田 1999: 20）

したがって、仁田によれば、文の成立は発話・伝達めあてのモダリティに依存しているのであり、これが先の2種類のモダリティの相互の依存関係に反映されている。このように、発話・伝達のモダリティが言表事態のモダリティを規定していることを、(42) のように表現している。

(42) 仁田 (1999) のモダリティの体系[18]

発話・伝達のモダリティ	（言表事態めあてのモダリティ）待ち望み系	働きかけ（聞き手あり）	命令（こちらへ来い）
			誘いかけ（一緒に食べましょう）
		表出（聞き手なし）	意志・希望（今年こそ頑張ろう／水が飲みたい）
			願望（明日天気になあれ）
	（言表事態めあてのモダリティ）判断系	述べ立て（聞き手なし）	現象描写文（子どもが運動場で遊んでいる）
			判断文（彼は評議員に選ばれた）
		問いかけ（聞き手あり）	判断の問いかけ（彼は大学生ですか）
			情意・意向の問いかけ（水が飲みたいの／こちらから電話しましょうか）

---

18 仁田 (1999: 22–23)。本文の内容を表の形にして示した。

2つ以上のモダリティ表現が共起することもある。たとえば、述べ立ては「話し手の捉えた世界や話し手の解説・判断を、取り立てて聞き手への伝達を意図することなく描き出して述べる」ものであるが、このカテゴリに属するモダリティの表現「だろう」と「か」が共起することがある。

(43) …古代の人々は、ひらひらと飛び回り、青白くはかなく点滅する蛍の光に神秘性を覚え、それを魂の光と感じたのではない<u>だろうか</u>。
(山田雄司『怨霊とは何か』p. 12)

「か」は話し手が根拠不足を理由に判断を放棄する表現とされているが、仁田は「だろうか」全体を1つの「疑いの文」というモダリティの要素を担う形式と考えているようである(仁田1999: 44)。(43)のような主張を行う文では特定の相手は想定されていないが、疑いの文は問いかけのモダリティの要素とも形式を共有するので、容易に問いかけにもなりうる[19]。

仁田の分析ではモダリティを話し手と聞き手を想定した発話・伝達のモダリティとして想定されているため、「だろう」が、話し手の発話における言表事態めあてのモダリティの述べ立ての判断文の中で用いられ、〈推し量り〉を表すとすることは分類としては正しいと思われるが、仁田 (1999) では〈推し量り〉の内容について十分に述べられていない。のちの仁田 (2000) では「推量」は、「確信」と対をなすものとして分析され、「事態の成立・存在の不確かさを有するもの・確かさに欠けるものとして捉えて」(仁田 2000: 116)いて、その不確かさを「想像・思考・推論の中に捉えたことを表しているのであって、固有の確からしさの度合いを指し示しているわけではない」(仁田 2000: 121) という。それに対して、「〜かもしれない」「〜にちがいない」などは蓋然性判断とされ、「命題内容をなしている事態が、どれくらいの確からしさをもって成り立っているかを捉えたもの」(仁田 2000: 95)とされる。これらの表

---

[19] 三宅 (1999: 65–57) では、「だろうか」を「不定推量」とし、聞き手に対する「質問性は全くない」ために、質問することの必要条件だけを述べていることになるとしている。森山 (1999) も、こうした「だろうか」を、イントネーションの観点から、相手に対する情報の依存がない (つまり、相手から情報を得ようとしているわけではない) と分析している。

現と「だろう」は、ある条件下で事態が成立することを判断することが共通しているが、「のだ」が後接できるか否かについて異なり、また、これらの表現に「だろう」が後接することはできるが、その逆はできないという（仁田 2000: 136–138）。つまり、「かもしれない」「にちがいない」は、ある事態がどれくらい確かかを表すのであり、「だろう」は、事態の成立が不確かであると捉えていることを表すという。仁田のモダリティ論はこうした意味論的な概念（「確からしさ」「不確かさ」）などに依存しており、話し手による事態の把握を重視している点で、従来の陳述論より抽象的であると言える。

9. 意味的階層：益岡隆志

ここで益岡（2007）のモダリティ論から「だろう」について考察してみたい。まず、益岡の考える文の意味的階層は次のように成っている。

(44) 意味的階層（益岡 2007: 21）

階層	文法要素		
	主要部	補足部	付加部
一般事態	用言の語幹 ヴォイス	格成分(補足語)	様態・程度・量など
個別事態	アスペクト テンス		アスペクト 時・場所など
判断の モダリティ	真偽判断 価値判断		「たぶん」類 「むろん」類 「あいにく」類
発話の モダリティ	発話類型 丁寧さ 対話態度		「どうか」類 「実は」類

本章ではこれまで陳述論を追いかけてきたが、ここでは判断のモダリティ、特に先の仁田でも観察した「だろう」を中心に考えていきたい。判断のモダリティとは、当該の事態（命題）に対する話し手（表現者）の判断を表すモダリティであり、真偽判断のモダリティとは「断定−非断定」の対立があるものを指し、価値判断のモダリティとは「現実像−理想像」の対立があ

るものを指す。そして、真偽判断のモダリティには次のような体系があると
されている。これは田野村（1990）での判断に関する指摘を受け入れ、益岡
（1991）とは異なるものになっている。

(45) 真偽判断のモダリティの体系（益岡 2007: 144ff）

無標形式による断定[20]		
有標形式による未断定	定断定（何らかの判断は下せている）	断定保留：だろう、たろう、（よ）う、まい
		蓋然性判断：かもしれない、ちがいない
		証拠性判断：ようだ（みたいだ）、らしい、そうだ、という
		当然性判断：はずだ
	不定断定（真偽判断が下せないでいる）：かな、かしら、か	

　断定保留の「だろう」は多義的とされ、次のような意味があるとされる。
そして、この多義性を説明するため、益岡は「だろう」を推量の助動詞とは
しないのである。

(46) 益岡（2007）での「だろう」の意味の分類
　　a. 推量：
　　　 この小説は東京の六本木、青山、原宿といったごくローカル色の強
　　　 い風俗を扱っているから、韓国の読者にはそう面白くない<u>だろう</u>。
　　　　　　　　　　　　　　　　　　（加藤典洋「アメリカの影」）
　　b. 確認要求：
　　　 きみはその仕事で、おれたちの体験を避けてはとおれない<u>だろう</u>？
　　　　　　　　　　　　　　　　　　（大江健三郎「チェインジリング」）
　　c. 注意喚起：
　　　 ほら、あそこに高い木がある<u>だろう</u>。

---

[20] 無標形式による断定とは、田野村（1990）における「推量判断実践文」（「（あの風体からすると）あの男はヤクザだ」）と「知識表明文」（「（君は知らないだろうが）あの男はヤクザだ」）の区別があるが、判断を行っているのは前者だけである。中島（2000）ではこれらをそれぞれ「判断行為」、「知識伝達行為」と行為として捉え、前者について主観・客観の別に基いた分類を提案している。

d. 断定の緩和：
日本の特殊性を解明するためにも、今回のシンポジウムを日本語で開く意味がある<u>だろう</u>。　　　　　　　　（神戸新聞 2001.4.8）
e. 状況設定：
漫画を見る<u>でしょう</u>。そうすると、漫画を見た瞬間に図柄がぽんぽんと脳の中で次々に映っていく。（養老猛司・楳図かずお「やさしい『唯脳論』」）　　　　　　　　　　　　（益岡 2007: 180–182）

益岡は、これらを大別して、(47) のように、(i)「話し手の認識状態が定まっていない」というものと、(ii)「話し手の認識状態は定まっていても、聞き手との関係で断定を保留する」ものとに分けられるとする。

(47) a. 話し手の認識状態が定まっていない
b. 話し手の認識状態は定まっていても、聞き手との関係で断定を保留する　　　　　　　　　　　　　　　（益岡 2007: 183）

しかし、認識状態が定まっていない (47a) とはいえ、判断のモダリティである以上、何らかの判断は下せているとした先の (45) の分類と矛盾していないのだろうか。また、既述の仁田 (2000: 136) では触れられている一定の条件が成り立っている場合に導かれる推論を表す「だろう」について、益岡には特に指摘がないのも疑問である。(48) ではそのような例が示されている。ここではそもそも推論であることが明示されており、また、「もしそうであるなら」で仮定であることが明示されているので、最後の「だろう」は必ずしも必要ではない。このことから、この意味の「だろう」も一種の断定を行っていると言える。

(48) われわれがアニメや漫画に容易に没入し、きわめて高速にそれを消費できるという事実から、次のように<u>推論</u>することができる。すなわち、われわれは文字を読むようにしてアニメや漫画を「読む」のではないか。もしそうであるなら、われわれは日本語表記に関する一つの

仮説を得ることが出来る｜だろう／φ｜。

（斎藤環『戦闘美少女の精神分析』p. 282）

（49）は同様の例であるが、ここでは「あなたが日本人なら」という条件を設定した上で、「だろう」「かもしれない」「ありうる」などのモダリティ表現で文章を継続している。これらはすべて最初に設定された条件の作用域にあると考えていいだろう。

(49) 『リボンの騎士』『じゃりン子チエ』『風の谷のナウシカ』『セーラームーン』……。あなたが日本人なら、もちろん彼女たちをよく知っているだろう。あるいは彼女たちの幾人かには、格別の思い入れがあるかもしれない。あるいはあなたは、ものごころついて以来、彼女たちとともに育ってきたということもありうる。もしそうであったとしても、それはいささかも奇妙なことではないだろう。

（斎藤環『戦闘美少女の精神分析』p. 8）

このように特定の条件が成り立っている場合に、いくつもの不確定を表すモダリティ表現が用いられ、しかも単一の条件が複数の文について作用を及ぼす場合もあることが（49）の例からもわかる。条件が成り立っている限りこれらの文で表される事態は成り立つと考えられるので、（46a）のように認識の状態が定まっていないとまでは言えないし、（46b）のように読み手を意識して断定を避けている解釈することも可能だが、この場合は「条件」が効いていることをどのように表現するのだろうか[21]。

10. 非現実を表す形式としての叙法論1：尾上圭介

前節まで紹介してきた考え方を時枝誠記以来の「陳述論」の系譜における「B説モダリティ論」として一括し、それに対して「A説モダリティ論」を

21　この点についてはさらに仁田（2006）を参照。

唱えているのが尾上(2001, 2012)である[22]。尾上によれば、A説モダリティ論は、山田孝雄の文法観から端を発するものとされ、「モダリティ形式とは非現実領域に位置する事態を語るときに必要とされる専用の文法形式であり、モダリティ形式によって文にもたらされる意味がすべてモダリティである」という(尾上 2012: 14)。それに対してB説モダリティ論では「文法形式によって表現された話者の主観がモダリティであるとされ、言表内容を包む話者の言表態度、聞き手を含む言語場に対する話者の態度がモダリティであるとされる」としている(尾上 2012: 14)。確かに、前節までで述べてきたことは、言表内容(南(1993)のA(描叙)段階にあたると思われる)に対して、(承接順序に基づくものであれ、意味的なものであれ)階層的に形式とそれに付随した意味をつけ加えていく、言表内容を包み込む要素の研究であったと総括することも可能であるかもしれない。

そこで、尾上(2015)は、上記で見てきたモダリティ論に対して、次のような疑問を呈している。すなわち、(i)「そうだ」のように1つの形態が複数の意味を表すのはなぜか；(ii) 内容に対する態度表明が、なぜ、否定・完了・推量・意志に限られるのか；(iii) 述語で表される文法的意味が過去・現在など時間にかかわるもの、話者の主観にかかわるもの、否定・可能性・必然性・妥当性など特殊なものの3種類に限られるのはなぜか；(iv) 助動詞「ない」「ず」が動詞だけに付いて形容詞につかないのはなぜか；(v) 述語が表す時間的意味は確定の方向のみであるのはなぜか；(vi) 述語を持たない文については否定・完了・推量・意志に限られないのはなぜか、である(尾上 2015: 4)。尾上は、不変化助動詞を中心とした叙法(ムード)の捉え方からモダリティを考えているので、言表事態あてのモダリティの中の表出のモダリティとして(仁田 1999)、あるいは、判断のモダリティの中の真偽判断のモダリティとして(益岡 2007)、不変化助動詞(「う・よう」「だろう」「まい」)と他の形式(「にちがいない」「かもしれない」)とを同様に扱うことに違和感があったものだと推察される。また、渡辺(1953, 1971)の陳述論に対しても、不変化助動詞(渡辺が第3類と呼んだもの)が、なぜ渡辺のいう第1類・第2

---

22 こうした分類は原田(2000)にも「叙法論としてのモダリティ論」「階層的モダリティ論」としてある。

類の助動詞のように叙述（統叙）に収まるものとは区別されるのか、説明されておらず、また、第1類から第3類へと移行していくと、助動詞の意味が徐々に主観的なものになっていく（逆に、文末から遠い助動詞ほど叙述に近い、客観的なものになっていく）とした点についても、「ようだ」「そうだ」「らしい」が第1類ないしは第2類であるのに陳述にかかわることや、古代語の過去を表す「き」「けり」が承接順序では最後尾になることなどを挙げて、批判している。

では、なぜ不変化助動詞はこのような限定的な意味になるのであろうか。尾上 (2012) は、それは推量や意志といった主観的とされている意味が不変化助動詞自体が持っている語彙的な意味ではないと主張する。まず、動詞の叙法形式を、動詞の表す運動や状態を現実領域（既に現実となっているものの領域）あるいは非現実領域（それ以外の、「未実現の領域と話者にとって未確認の領域、および推理推論上の世界や仮定世界などの観念世界」（尾上 2012: 10））に位置づけるものとして捉え、「う・よう」を動詞で表された事態を非現実領域に位置づける「非現実事態仮構」の叙法形式としている（尾上 2012: 10）。そして、この非現実事態の仮構としては、あるものがいつかどこかであることを述べる「存在承認」と、あることを実現させたいということを述べる「希求」の2つがあるという。この2つのどちらの意味になるかは「う・よう」の形式自体では決定できない。その形式がある言語的な表現伝達の場で用いられる場合において、「存在承認」と「希求」がそれぞれ推量と意志・命令の意味に「う」「よう」を割り振ることになる、という。

(50) 非現実領域に位置するものとして仮構された運動・状態が〈存在承認〉の側で発話されれば〈推量〉となり、〈希求〉の側で発話されれば〈意志〉〈命令〉などの意味になる。　　　　　　　　　　　（尾上 2012: 10–11）

このように、話し手の発話とは切り離せない形で意味が決定していくので、推量・命令・意志のような行為的な意味になり、その意味で主観的意味になるという。また、「ようだ」「らしい」「かもしれない」といった形式に「か」が後接できないのは、これらがもともと語彙的に推量の意味であって、

推量しつつ疑問を呈することはできないからであるとするが、これに対して、「う」「よう」はもともと推量の意味を持っているのではなく、「単に未実現、あるいは話者にとって「分からない」ということの印として働く」のであるから、疑問を呈することはできるのであり、また、「だろう」も「分からないことの印」として働いているだけなので「だろうか」が可能であるとする（尾上 2012: 11-12）。そして、非現実事態仮構の「う」「よう」に対して、非現実事態を単に仮構するだけでなく認定するところまで述べる非現実事態承認の述語外接形式として「ようだ」「そうだ」「らしい」「だろう」「はずだ」「にちがいない」「かもしれない」を設定する。

　尾上の論はこのように、言語による表現伝達行為のなかに、ものごとの在り方の言語化という視点から、現実領域と非現実領域、存在承認と希求という概念を措定し、また、動詞の活用形としての「う」「よう」と、あくまで文末に外接するものとして「だろう」以下の推量の形式とを別々に規定することによって、先に挙げた (i) - (iv) までの論点をクリアしたものであると言える[23]。

11. 非現実を表す形式としての叙法論 2：野村剛史

　尾上と同様に、野村（2003）は、「モダリティ」を「文内容と現実との関わり」であると規定している。つまり、現実外のことを言い表す形式がモダリティということになる。「文内容に対する把握の仕方・心的態度」と考える仁田・益岡に対しては、(i) 用語が曖昧であり、また、たとえば、益岡のいう「こと」に入れるかどうかでモダリティか否かを決めると、英語のように名詞節の中にモダリティ形式が現れる言語を説明できず、また、日本の古代語も説明できない；(ii) モダリティが「聞き手めあて」かどうかは問題にしなくてもよい（たとえば、命令文で、事態実現を望ましく思うという点でモダリティ形式ではあるけれど、聞き手めあてであることはモダリティの一部ではない。「のだ」も 2 つの事態の相互関係を述べているだけなので、現実

23　なお、仁田 (2009: 11) では命題内容が未現実事態として描かれているのか否かという点は、「事態の存在様態として、『対象的な内容』側において考察される」、つまり、(39) での命題の側に属するとしている。

外のことを言い表すわけではな（く、また心的態度でもな）いので、モダリティではない）；(iii) 主観性・客観性の区別は、あるものを今の話し手からの見え方に沿って視認することを「射映性」、どのような見え方になっても変化しないそのものの同一性を「超越的対象」と呼び、それぞれを先の区別と対応させる。

そして、「文の根幹は判断にあると考える」（野村 2003: 22）ので、文は否定・肯定のどちらかであるが、否定文は否定判断を肯定するため、けっきょく文とは「命題・肯」であり、「肯」の一部として、つまり、命題の認め方の1つとして主観的な射映的表現である助動詞的接辞（「う・よう」、「だろう」等）が位置づけられ、肯定の一部であるからこれらの助動詞的接辞は否定できない（「*だろうない」）という。それに対して、命題の一部である客観的な超越的対象は否定可能である。したがって、射映性と超越性の区別は否定に依存する（野村 2003: 23）。

野村（2003）は、こうした議論から、モダリティを現実とのかかわりという観点からみて、「実際に起こっていると認められる事態」を「実事性」と、反事実的な事態を「彼岸性」と呼ぶ。そして彼岸性に属する事態について、事態の真偽性にかかわる「真偽モダリティ」と、事態の望ましさにかかわる「価値モダリティ」を区別し、(35) のようなモダリティ形式の分類を得ている。なお、モダリティにかかわる意味を持っている表現であっても、「可能性がある」「〜ことが可能だ」「〜するのが望ましい」といった表現は、主述形式を成し、文内容の根幹を成しているため、モダリティ形式には含まない。

(51) 野村（2003: 24）：現代語のモダリティ形式の分類[24]

	超越的	射映的
真偽判断	ウル、カネナイ、ハズダ	ダロウ
価値判断	ベキダ、テモヨイ	ウ・ヨウ、命令形、ナ（禁止）

---

24 古代語の分類は省いた。

これらに含まれない「らしい」「かもしれない」「ようだ」「にちがいない」は、否定の「ない」、疑問の「か」との承接順序の点で問題になる。先ほど述べたように、射映的表現と超越的対象との区別は「ない」に依存しているので、「ない」を下接させてみると、「らしくない」「ようではない」は形式的には可能であるが、これらは内容的には射映的であるので、命題の承認にかかわるため本来は否定できないはずであり、また、「*かもしれなくない」「*にちがいなくない」は蓋然性の量が問題になっているので、それをさらに否定すると最終的に承認される蓋然性がわからなくなってしまうものである。また、疑問の「か」は命題の判断を不安定にするので、これを下接させて「?らしいか」とすると、「らしくない」という返答の可能性があり、これは先に述べたように本来は不可能な形式であるから、「か」の下接は避けられ、また、「*かもしれないか」も「－しれない－」の部分が自立語起源であるため「ない」の否定の対象となり、その結果形成された「*かもしれなくない」という形式が解釈困難であるために避けられるという [25,26]。

12. 非現実を表す形式としての叙法論 3：Heiko Narrog

　Narrog (2009a) では事実性 (factuality) に基づくモダリティの定義をもとに、日本語のモダリティ表現を研究している。まず、これまで行われてきたモダリティの研究を 3 つの考え方にまとめ上げている。それらは、(i) 必然性 (necessity) と可能性 (possibility) の表現についての様相論理学 (modal logic) におけるモダリティ；(ii) 言語における主観性 (「話し手の態度」) の表

25　ここで「ない」「か」が下接されると、「らしい」「かもしれない」「ようだ」「にちがいない」のような形式自体が否定・疑問の作用域に含まれるわけであり、「だろうか」のように「か」がそもそも「だろう」を疑問の作用域とせず（ただし「だろう」は射映的形式であるため「*だろうない」のように否定の作用域には入らない）、それに前接する命題を疑問の対象とするものであるから、射映性に正確に属する表現であり、話し手の今・ここでの肯定判断を示すものであると言える。それに対して、たとえば「らしい」は準射映的形式、「かもしれない」は準超越的形式と言える。

26　もっとも、ここで「らしくない」が可能だというのは、たとえば「学生らしくない」のように「らしい」が先に説明した北原 (1970, 1981) のいう属性概念を表される場合がほとんどであるように思われる。したがって、属性概念の「らしい」は超越的対象のほうに属すると考えることも可能であろう。

現としてのモダリティ；(iii) 相対化された事実性 (relativized factuality) あるいは現実・非現実 (realis/irrealis) の表現としてのモダリティ、である。その中で、(iii) の相対化された事実性の表現としてのモダリティが最も適切な考え方とするが、その理由は、(i) は自然言語で可能なモダリティのごく一部に過ぎないこと、(ii) は「話し手の心的態度」を表現する形式はいわゆるモダリティだけではなく、ヴォイス、アスペクト、テンス、発語内の力も含むことになり、あまりに広範過ぎることから、(i)(ii) が排除されるため、である (Narrog 2009a: 8)。このように、仁田 (1999) や益岡 (2007) のモダリティの定義である「話し手の心的態度」を採用せず、現実世界とのかかわりを中心としたモダリティの考え方が、上記の尾上 (2012) や野村 (2003) に類似しているのは言うまでもない。こうしたモダリティの考え方を、「意図の要素」(element of will) があるか否か (volitive/non-volitive)、および、話し手の介在のしかたの度合い (speaker-oriented/event-oriented)、という 2 つの観点から具体化したのが (52) のモダリティの下位分類の図である。

(52) Narrog (2009a: 20)

	Illocutionary modulation	
	Mood	
Speaker-oriented	Deontic, boulomaic	Epistemic/evidential
Event-oriented	(dynamic)	(dynamic)
	Volitive	Non-volitive

(52) は、先に紹介した野村 (2003) の (51) のモダリティ形式の分類によく対応する。たとえば Speaker-oriented は「射映的」に、Event-oriented は「超越的」に対応するし、Volitive は「価値判断」、Non-volitive は「真偽判断」に対応する。

Narrog (2009a) は、承接順序などを検討した結果として、上記 (52) の分類に合わせた法性を表す指標物 (modal marker) の表を提案している。動詞の活用形も分析的な形式も示し、かつ、南 (1974, 1993) の階層に対応するよ

うにしたものである。

(53) Narrog (2009a: 226) のモダリティのカテゴリ

Category	Marker	階層（南モデル）
Dynamic modality	-eru -(r)areru koto ga dekiru	B B B
Deontic modality	-(a)nakereba naranai -(r)eba ii beki	B B〜C B〜C
Boulomaic modality	-tai -te hosii	B B〜C
Epistemic modality	hazu ka mo sirenai daroo	B〜C B〜C C
Evidential modality	-soo (1) -yoo -rasii -soo (2)	B B〜C B〜C C
Mood (Speaker-oriented modality)	Hortative – (y)oo Imperative I (-e/i/ro) Imperative II (-tamae/nasai/ -te kure/-te kudasai)	C〜D D D

13. 非現実の表現と話者の態度の叙法論：森山卓郎

　これまで述べてきたところでは、叙法（あるいはモダリティ）を、話し手（や聞き手）の態度の表現とするのか、あるいは非現実を表現するのか、という2つの考え方が紹介されてきた。この節では、これらの考え方をうまく合わせた考え方を紹介する。森山 (2000) では、まず、命令形、意志形（「～しよう」）のように述語の活用に属するもの、それと「だろう」を、「文の終止に関して必ず選ばねばならない対立形式」（森山 2000: 8）として、基本叙法とする。他方、「かもしれない」などの述語部分に付加する形式も文の述べ方にかかわる形式として、価値判断的事態選択群（「しなければならない」など）と推量表示群（「かもしれない」など）とを、モーダルな付加形式としている（森山 2000: 28–29）。

(54)　森山 (2000: 28) による基本叙法の整理

基本叙法の種類			
有標叙法 (非現実を表すものであり、タ形の終止はない)	事態制御類	命令形 (聞き手主語)	事態制御文
		意志形 (話し手主語)	
	認識の「だろう」文		
無標叙法 (文を終止させるというだけの意味しか規定できない。非現実という認識はなく、タ形の終止があり得、現実を表すことも出来る)		(付加形式による終止も無標叙法に含まれる)	認識文になれるタイプ

　そして、(54) の基本叙法のうち、「だろう」と無標叙法には、付加形式が共起できる。付加形式を1つのカテゴリーとする根拠は、これらの形式が否定できないことであるという (森山 2000: 29)。否定できないことが重要なのは、「基本的に、否定とはある事態に対してその補集合となる事態をとりあげるという論理操作であるが、これらの形式が否定形式を承接させないということは、既に「事態」としてのあり方ではなくなっていることを示す。これらの形式は、述べられる内容の部分ではなく、「述べ方」ないし「捉え方」をもっぱら表す認識上のオペレータとなったために、「事態内容」としての否定操作を受けなくなっている」からである (森山 2000: 30)。つまり、付加形式で表されるモーダルな意味は、事態に対する捉え方・述べ方を表し、それ自体は否定することができない、ということなのである。

(55)　付加形式
　　　価値判断的事態選択群
　　　　しなければならない、してはいけない、せざるを得ない、
　　　　してもいい、しなくてもいい、するべきだ、する方がいい
　　　推量表示群
　　　　かもしれない、に違いない、にきまっている、はずだ、ようだ、
　　　　らしい、そうだ (伝聞)

　先の野村 (2003) の研究では、「らしい」は「らしくない」という、本来は

不可能なはずの否定の形が出現することが述べられていたが、これも森山(2000: 29)では、「彼は来るらしくない」が容認度が低いことから、やはり不確実なことを表す「らしい」は否定できないものと考えている。

　そして、文末の諸形式について、(56)のような段階を設けて整理している。「る／た」の選択については、たとえば、「彼は{*来る／*来た}なければならない」のように「なければならない」の前では選択できないものであり、「彼は{来る／来た}かもしれない」などは「る／た」の選択を許容するので、既に「未実現段階」ではなく「事態」の段階である。

(56) a.「未実現段階の事態概念」段階：事実概念だけであり、価値判断的事態選択付加形式群が付加する前のレベル。「る／た」の対立がない段階。
　　 b.「事態」段階：「る／た」の対立がある段階。価値判断的事態選択付加形式群が付加してもこのレベル。評価副詞（「幸い」など―著者追記）の評価内容になれる。
　　 c.「事情」（推量判断を付加した扱い）段階：評価副詞の評価内容に入れない。ただし、「のだ」の内部には入れる。
　　 d.「判断」段階：最終文末形態を含むレベル。　　（森山 2000: 34）

　この段階に従って、「認識文になれるタイプ」とされる文の文末形式の承接について、次のような分析を行っている。下が文末の方向である。広義終助詞類とは、「{ぞ／わ／とも／か}{よ／(さ)}{ね／なあ}」のことである。また、「+T」は「た」がつくことがあることを表す。

(57)　森山（2000: 36–37）

事態概念（コトの中核）
―「未実現段階の事態概念」の段階―
価値判断的事態選択付加形式群（未実現事態レベル） 「なければならない」など〈＋T：た・φ〉
―「事態」扱いのできる段階―
「の」などの形式名詞（だ＋T） 推量付加形式群（実現事態レベル：推量表示形式群） 「かもしれない」など（＋T）
―「事情」扱いができる段階―
「の」などの形式名詞（だ＋T） 基本叙法（終止形（無形式）／ダロウ）
―「判断」扱いができる段階―
広義終助詞群（疑問文の標識である「か」もここに位置づけられる）

これらの段階をすべて含む文として、森山の例を少し変更して、以下のようなものになるだろう。

(58)

彼は来	なければならない	の＋かもしれない	だろう	ね
未実現段階の事態概念	事態	事情	判断	

（森山 2000: 37）

このように、「だろう」や命令形・意志形を非現実の表現形式とし、「判断」の段階にそれを配置しているが、ある出来事そのものを事態と捉えた段階は未実現段階とするなど、概念規定をもう少し整理する必要があると思われるが、叙法を現実との関係で捉えている。それと同時に、有標叙法は「話し手の心的態度だけを表す」としている（森山 2000: 8）。また、林（1960）、北原（1970, 1981）、南（1974, 1993）といった研究と同様に、述部の階層構造も想定

している。このように、尾上のいうB説モダリティ論とA説モダリティ論の両方の部分を併せ持つ研究であると言える（なお、田野村(2004)にも同様の指摘がある）。

14.「叙法性」としてのモダリティ：工藤浩

　工藤（2005）は「叙法性」という概念でモダリティを捉えている。叙法性は「陳述性の下位類をなすものであり、形式的に言えば、動詞の形態論的範疇としての〈叙法(mood)〉に対応してたてられる構文論的範疇である」（工藤 2005: 5）。その上で、次のような形式を叙法性形式としている。形態的には様々な文法化の度合いを認め、それらをあくまで叙法性形式ととして一連のものと見るところに、工藤の考え方の独自性がある。

(59) a.　書く（叙述法）　書け（命令法）　書こう（勧誘法）
　　 b.　（膠着による合成体）

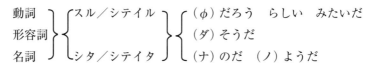

　　 c.　（語形成による派生体）
　　　　 書か-ない
　　　　 書き-そうだ　-たい　-たがる　-ます
　　　　 なり-やすい　-にくい　／　-がちだ　-がたい
　　 d.　（分析的な形式）
　　　　 と　　思う（思われる）　見える（見られる）
　　　　　　　言う（言われる）　聞く
　　　　 に　　ちがいない　きまっている　すぎない　ほかならない
　　　　 かも　しれない　わからない　／　か知らん［→かしら］
　　　　 しても　いい　しては　いけない　しなければ　ならない
　　　　　　はずだ　わけだ　ことだ　ものだ　つもりだ　／　様子だ　気だ　etc.
　　　　 ことが　できる　ことに　する　ことが　ある
　　　　　　必要が　ある　おそれが　ある　可能性が　ある　節が　ある

公算が 大きい　見込みは 小さい　／　ことは必至だ　etc.

（工藤 2005: 5–6）

　さて、工藤のいう叙法性は「話し手の立場から定められる、文のことがら的な内容と、場面（現実および聞き手）とのかかわり合い（関係表示・関連づけ）についての文法的な表現形式」としている（工藤 2005: 7）。この定義に従って、叙法性とは「〈客体面と主体面の相即〉」であるとされ、(59) のように具体化し、それぞれの叙法性表現には客体面と主体面の両方が含まれ、一方が表面化した場合、他方が潜在的に共存するものと考えている。

(60)　客体面 = 文の〈ありかた〉　存在の「様式 mode 〜 mood」
　　　主体面 = 文の〈語りかた〉　話者の「態度〜気分 mood」

（工藤 2005: 8）

　たとえば「ようだ」には主体的な「推定」と客体的な「様態」の意味があるが、「どうやら間違ったようだ」のように主体的な推定性が前面に出るのに対して、「副詞はまるでハキダメのようだ」のように客体的な様態性が前面に出ることもあり、また、「だいぶ疲れているようだ」のように推定性と様態性が拮抗する場合もあるという（工藤 2005: 8）。これらに合わせて、(61) のような叙法性形式の分類を行っている。A はテンス対立を持つもの、B は持たないものである。

(61)　工藤 (2005: 11) の叙法形式一覧
　　A 基本的（主体的）叙法性―「叙述の様式」
　　　a. 捉えかた―認識のしかた
　　　　　　　断定⇔推量　：　する φ ⇔ するだろう
　　　　　　　　伝聞　：　そうだ／という（話）（んだ）って
　　　　　　　　推論　：　はずだ／ということになる
　　　a'. たしかさ―確信度　：　にちがいない　かもしれない　かしら
　　　a''. 見なしかた―推定　：　らしい／と見える

　　　　　　様態：ようだ　みたいだ
　　b. 説きかた―説明のしかた
　　　　　　記述⇔説明：するφ⇔するのだ
　　　　　　解説：わけだ
　B 副次的（客体的）叙法性―「出来事の諸相」
　　c. ありかた―出来事の存在のしかた（Sein）
　　　　　　兆候：しそうだ
　　　　　　傾向：しがちだ　しかねない　なりやすい
　　　　　　　　　しないともかぎらない　することもある
　　　　　　可能：することができる　しうる　－られる
　　　　　　必然：するφ　（デ）なければならない
　　d. あるべかしさ―行為の当為 Sollen（規範）的なありかた
　　　　　　許容：しても　いい　しても　かまわない
　　　　　　不許容：しては　ならない　しては・たら　いけない
　　　　　　不適切：するといけない　したら・てはいけない
　　　　　　適切：すればいい　したらいい　するといい
　　　　　　適当：した・する方がいい／するがいい
　　　　　　必要：しなければならない　しなくてはいけない
　　　　　　　　　せざるをえない　しないわけにはいかない
　　　　　　当然：す（る）べきだ／するものだ　することだ
　　e. のぞみかた―上位（感情と意志）のありかた
　　　　　　願望：したい　したがる
　　　　　　希求：してほしい　してもらいたい
　　　　　　意図：するつもりだ　する気だ
　　　　　　企図：してみる　してみせる　しておく

　工藤の分析は多数の形式を並列的に扱っており、基本的叙法性をみても、捉えかたとして、推量、伝聞、推論が一括され、また、「にちがいない」「かもしれない」は確信度を表すものとしてまとめられている。

15. おわりに

　本章では、20世紀初頭から約100年間の叙法性研究の流れを、陳述論の系譜（とそれに対する異議申し立て）の中で位置づけてきた。

　まず、文を構成する様々な観念が1つのまとまりを作る、これを山田が「統覚作用」と呼んだことから始め、時枝の「辞」と「陳述」との関係から、助動詞をすべて辞としたことに反対した金田一の論をみて、渡辺が動詞の活用語尾から助動詞をへて終助詞までを統叙の観点から整理して、それを北原が文の構造にまで反映させた。南は文の階層性と文末表現の関係を整理し、仁田と益岡が意味の面から文の階層性を考察した。これに対して、叙法とは世界と文の関係であるする尾上や野村、ナロックの論を要約した。両面を併せ持つ森山の分析を経て、最後の工藤は、叙法性という形で広くモダリティを捉えようとした論文であった。

　叙述と陳述の間にある助動詞に体現されるものとしての叙法は、モダリティとして、言表態度の表現と呼ばれるようになり、外接形式あるいは付加形式とよばれるものや分析的叙法性表現まで、モダリティの表現と認められるようになった。第14節で概観した工藤の研究にも見られるように、日本語の叙法(性)表現は多様であり、本章では触れることができなかった陳述副詞など叙法性が明らかな副詞類の振る舞いも含めれば、さらに広範な観察と記述が必要である。

　本書の枠組みである機能文法との関係で付言するとすれば、Halliday (2014: 162)において、叙法(mood)のシステムネットワークとの関係であろうか。機能文法ではmood typeはimperativeとindicativeであり、後者の一部としてmodal deixisが指定され、そこからmodalityが導かれる。そこには以下の2つの分類に4つの概念が整理されている。

(62)　Halliday (2014: 162)

Modality type	Modalization	Probability
		Usuality
	Modulation	Obligation
		Inclination

これが英語をもとにした分類であることは明らかだが、ここまで見てきた陳述論の系譜から、modalization や modulation に対応する概念を探すとすれば、それは野村 (2003) のいう「真偽判断」と「価値判断」かもしれない。Probability や usuality は、日本語でもそのまま、蓋然性や通常性であり、それぞれ possibly/probably/certainly や sometimes/usually/always で表されるというが、前者の副詞は陳述副詞と類似している。通常性に対応すると思われるのは、工藤の (61c) にも出来事に対する客体的叙法性の「傾向」の中で挙げられている「しがちだ」「しかねない」「することもある」である。これらは野村の「真偽判断」のモダリティ形式における「だろう」(probability) や「うる」「かねない」「はずだ」(usuality) に対応する。それに対して、obligation や inclination は、それぞれ、allowed to/supposed to/required to や willing to/anxious to/determined to で表されるという。これらは工藤の「あるべかしさ」と「のぞみかた」にそれぞれ対応すると考えられるが、野村の「価値判断」の「べきだ」「てもよい」は許可や義務の表現であり、obligation にかかわり、同じところの「う・よう」「するな」と命令形は、後者はともかく、「う・よう」は意志を表すので inclination に対応する。

　しかし、尾上やその他の多くの研究者が指摘するように、「う・よう」の形式は多義的であり、「だろう」と類似した意味を持つこともある。少し古い文体であるかもしれないが、以下のような例がある。

(63)　俺はまったくダメな狸だった。役に立たないどころか、取り返しのつかない害をなしてしまった。哀しんでいる皆にそんなことが言え<u>よう</u><u>か</u>。　　　　　　　（森見登美彦『有頂天家族』p. 238）

　ここでは「よう」に「か」が付加され、不確実であることが明示されている。したがって、「う・よう」をある特定の意味のモダリティ形式として特定することはできない。日本語の文末表現のなかでも「う・よう」は、このように、容易な分類を許さないようだ。叙法の中核とも言うべきこれらの語について、Teruya (2007: 171) での叙法体系では「だろう」は直説型 (indicative type) の陳述 (declarative) であり、かつ仮設 (suppositive) であるとされてい

る。しかし「う・よう」について言及はない[27]。このように、機能文法の立場からは、日本語の複語尾や助動詞で表される叙法的・モダリティ的な表現の分類はまだ不十分な段階であり、上記の Halliday の分類をどのように日本語学の分類とすり合せていけるかは興味深い問題である。本章ではそこまで踏み込むことはできなかったが、今後の課題としたい[28]。

27　それぞれの用語の訳は角岡（2015）を参考にしたが、suppositive は「仮設」とした。
28　なお、加藤（2015: 141）には飯村の提案をもとにしたシステムネットワークが掲載されている。

第3章

機能文法での
叙法体系・モダリティの定義

1. はじめに

　第1章では、言語類型論的研究および日本語における先行研究の考察がなされ、日本語モダリティ概念の所在について、機能的接近法の枠組みの中で検討された。その結果、モダリティの中心概念は、基本的には、認識的モダリティと義務的モダリティ（別名、束縛的モダリティあるいは根源的モダリティ）であるものの、対人機能的意味資源を具現する主要な意味体系として捉えるならば、肯否中間領域を具現する狭義的な意味概念として定義できることが示唆された。

　第2章ではモダリティに関する日本語学の研究史がさらに広範囲に考察されている。そこでは、命題部分を取り囲む要素をすべてモダリティとする考え方があり、どの文要素が話者の主観を表し、どの要素が客観的な命題内容を表すかという点に焦点をあてた研究についても、いくつか概観した。

　本章では、M.A.K. ハリデー（M.A.K. Halliday）によって創始された選択体系機能言語学（Systemic Functional Linguistics: 以下 SFL）におけるムード（Mood）とモダリティ（Modality）の概念を検討する。

　2節では SFL の理論的枠組を概観する。とりわけ3つのメタ機能（meta-function）についてその内容を紹介し、ムードとモダリティが言語という壮大な有機的構造体のどの辺りに位置しているのかを大まかに展望できるようにする。

　3節で、SFL におけるムードの概念を明らかにする。SFL のムードは言語的「交換（exchange）」としての話し手の発話役割（speech role）と基本的

発話機能 (primary speech function) に立脚していることを見る。

4節で、SFL におけるモダリティの定義をとりあげ、ムード概念とモダリティ概念の区別と相互関係を論じる。SFL のモダリティ論の中核を占める「肯否中間領域」にかかわる意味構築という考え方について詳述する。

5節においては、SFL に基づく日本語のムードとモダリティのタイプと分類法を提示する。SFL の枠組みを日本語のムードとモダリティに応用する上で、Teruya (2007) を参照した。Teruya (2007) は SFL に基づく包括的な日本語文法研究として英語で発表された先駆的著作である。第5節の内容は多くの点で Teruya (2007) に負うところが大きい。同時に、本書独自の立場から Teruya (2007) とは異なるいくつかの論点を提出している。

6節では、本章の議論の要点をまとめ、次章における SFL の叙法体系網 (MOOD System Network) の提示とモダリティ・システムのより明示的かつ体系的な位置づけへとつなげたい。

2. 選択体系機能言語学について
2.1 言語と層

機能主義的言語学について、山口 (1988) は次のように述べている。

> 言語研究における機能主義とは、概略「言語の構造のありようはそれが果たす特定の機能によって決定されている」という言語観である。
>
> (山口 1988: 66)

言語現象に対して機能主義的説明を部分的に取り入れる研究もあれば、大幅に取り入れる研究もある。その度合いは様々である。その中で、SFL は最も徹底した機能主義的言語学であり、独自の体系性を有している。SFL の全体像を概観するには龍城（編）(2006) が簡潔かつ包括的にまとめられているので参照されたい。

SFL で言う機能 (function) は意味 (meaning) を言語化する上での基盤である。その点で意味機能という用語の使用が適切な場合も多い。すなわち SFL は機能から見た意味の理論である。意味がどのように発生し、どのよ

うに具現 (realize) されるのかについての SFL の考え方は次のような層的関係図で表示される。この図は後続の章でも必要に応じて表示法に変更を加えて使用されることがある。

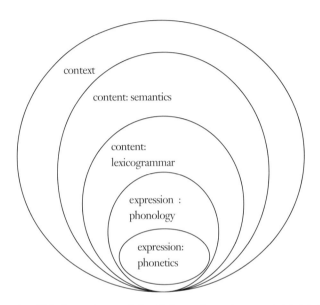

図1　言語の層化 (stratification) (Halliday and Matthiessen 2004: 25, 2014: 26)

図1に見るように SFL においてはコンテクストが最も外側の、つまり上位の層 (stratum) である。また Halliday and Hasan (1985: 44–49) に見られるように、SFL のコンテクスト概念は文化のコンテクスト (context of culture)、状況のコンテクスト (context of situation)、言語的コンテクスト (intratextual context および intertextual context) のすべてを包含している[1]。ただし、この図には、コンテクストとしてのテクストの位置づけは示されていない。それはこの図がテクストとして実例化 (instantiate) される前段階までのシステムとしての言語の層的表示だからであろう。

1　SFL のコンテクストからテクストへの実例化 (instantiation) については龍城(編)(2006: 34) や Halliday and Matthiessen (2014: 28–31) を参照。また、コンテクスト概念をめぐる SFL と他の理論との比較については福田 (2013: 29) を参照。

文化のコンテクストは、社会文化的な様式のすべてにかかわるコンテクストである。文化的コンテクストの違いは、話し手の心に生じる意味（ここではsemantics）に影響を与え、その意味を具現する語彙 – 文法（lexico-grammar）の選択に影響を与えるはずである。一方、状況のコンテクストは文化のコンテクストに比して、より一層、コミュニケーションの現場に直結したコンテクストである。Halliday and Hasan (1985) 他によれば、状況のコンテクストを構成する要因は、活動領域（field）と役割関係（tenor）と伝達様式（mode）の3つである。活動領域は話し手が言語を通してなにを行っているのか（特に、述べられている言語事象）にかかわり、役割関係は話し手と聞き手の社会的関係のことであり、伝達様式は伝達手段の種別や書き言葉と話し言葉、敬体と常体の区別などにかかわる要因である。これらは個々の具体的なコミュニケーション場面の条件として、話し手が意味を形成し、その意味の具現のための語彙 – 文法的選択を行う上で影響を与えることになる。

　図1からSFLにおける「意味」の位置づけがわかる。その表示法を見ると、まず文化のコンテクストと状況のコンテクストにおける言語主体の経験から意志や感情などのもろもろの抽象的な意味が発生し、その意味を具現するための語彙 – 文法が選択され、その選択された言語的形式によって担われる言語的意味が生成されることがわかる。このように話し手とコンテクストとの関係から話し手の内部に言語形式以前の意味が生じるとする捉え方、すなわち言語形式に対する意味の優先性がSFLの特徴であり、SFLがとりわけ意味を重視する理論であることを示すものとなっている。

　図1に示された言語の4つの層の間の関係は次のようにも言える。それは言語の具現過程である。私たちを取り巻く外的世界（environment）から、意味が生み出され、次に、その意味から言語化（wording）へと進む語彙 – 文法（lexico-grammar）の次元、その言語化から音韻的構成（composing）という表現層へと進む"phonology"の次元、その構成から発音（sounding）へと進む"phonetics"の次元があるとされるのである（Halliday and Matthiessen 2014: 26）。

　言語の具現のありようを連続する層として捉える立場は、コンテクスト、語彙 – 文法、音韻、音声を別々の部門（component）と捉える立場とは異な

る。では、意味の生成は言語のどのような機能と結びついているのだろうか。次にSFLが提案する3つの機能を見ることにする。

2.2　3つのメタ機能

　SFLの言う言語のメタ機能（metafunction）は単に言語の果たす種々雑多な役割的機能や実用的効率性を指す概念ではない。それは言語の様々な機能を統括するための最大限絞り込まれた基本的な機能である。たとえば赤ん坊の言語発達を支えるものは対人的相互作用である。最初に、赤ん坊の発する「あーうー」や「ばー」などの音声も様々な対人的欲求に結びつく表現である。図1との関連で言えば、意味が他の層を飛び越えて直接的に音声層と結合している段階である。

　そのうち、赤ん坊は「〜したい」や相手に「〜してほしい」という自らの欲求をみたすための対人作用的機能を果たすためのさらに発達した言語形式を使い始める。やがて「〜が〜だ」「〜が〜する」といった事態のありかたを表すための思索的な機能を有する言語を発達させる。この対人作用的機能と思索的機能の2つは、大人の言語に至るまでの赤ちゃん独特の原型的言語（proto-language）において、既に様々な言語機能をまとめ上げたマクロ的機能なのである。これら2つのマクロ的機能は大人の言語を身につける段階への過渡的な機能である。

　SFLにおいて、大人の言語における基本的機能は、次の3つのメタ機能だと考えられている。

　　観念構成的メタ機能（ideational metafunction）
　　対人的メタ機能（interpersonal metafunction）
　　テクスト形成的メタ機能（textural metafunction）

観念構成的メタ機能は経験的メタ機能（experiential metafunction）と論理的メタ機能（logical metafunction）に下位区分される。

　ここで、注意しておきたいことが2点ある。1つは、この3つのメタ機能は、既に状況のコンテクストとしての言語使用域（register）の中に潜在し、

意味層において機能し、語彙－文法層、音韻層、音声層に至るまで一貫して機能し続けるということである。2つ目は、これら3つのメタ機能は私たちが使用する生きた言語において、常に同時複合的に具現化するとされている点である。以下、それぞれのメタ機能別に説明を加える。

2.3 観念構成的メタ機能：表示としての節

　観念構成的メタ機能は、経験的メタ機能（experiential metafunction）と論理構成的メタ機能（logical metafunction）からなる。経験的メタ機能は、話し手が外的世界あるいは自らの内的世界における事象と向き合うことによって経験的に生み出す意味を、どのような視点から言語化し、どのような過程構成（transitivity）で表示（represent）するかということにかかわる機能である。さらに、経験的に捉えられた事象相互の論理関係の言語化にかかわる機能がある。それは論理構成的メタ機能と呼ばれる。前者の経験的メタ機能の言語化は節（clause）の形をとる。SFLでは節は述語動詞に相当する過程中核部（process）、主語や補語に相当する参与要素（participant）、さらに時や場所や様態の副詞に相当する状況要素（circumstantial elements）からなるとされる。そしてそれらの要素から作られる節の構成の種類のことを過程構成と言う。英語における過程構成の種類（process type）は主要なもの3種と2次的なもの3種の計6種類が提案されている（Halliday 1994, その日本語版のハリデー 2001 他参照）。ハリデー（2001: 160）で挙げられている過程構成の円環図を見ると、コンテクストとの関係で生じる主な経験的意味領域は、関係にかかわる「〜である」、物理的領域にかかわる「〜をする」、そして意識の領域としての「〜を感覚する」の3つの領域である。それらはそれぞれ関係過程（relational process）、物質過程（material process）、そして心理過程（mental process）と呼ばれる。下に典型的な例を示す。SFLの用語に従って、各例の後に各要素の意味機能の名称をつけた。下線部は過程中核部を示す。

(1) a. John <u>is</u> a teacher. 　（関係過程）〈体現者＋過程中核部＋属性〉
 b. John <u>broke</u> the vase. 　（物質過程）〈行為者＋過程中核部＋対象〉
 c. John <u>likes</u> her. 　（心理過程）〈感覚者＋過程中核部＋現象〉

これら3つの主要な過程構成それぞれの中間に現れるものとして、存在過程（existential process）と行動過程（behavioural process）と発言過程（verbal process）の3種がある。典型例を示す。

(2) a. There is a boy named John in this village.（存在過程）
〈過程中核部＋存在者＋状況要素〉
　 b. John behaved very well at the party.（行動過程）
〈行動者＋過程中核部＋状況要素〉
　 c. John said that he would leave for Kyoto soon.（発言過程）
〈発言者＋過程中核部＋報告内容〉

以上6種類の過程型は全体として円環を形成する。ここではその円環を簡略にして以下に示す（太字強調部は主要な過程型）。

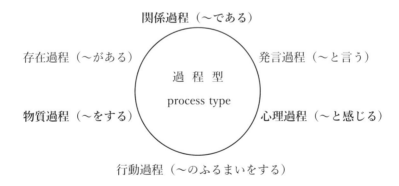

図2　過程型（process type）の種類

SFLにおける過程構成と過程型は観念構成的メタ機能の中の経験的メタ機能に直接関係する。話し手をとりまく現実世界、話し手の心的世界、あるいはテクストとしての表象的世界のいずれとの関係においても、話し手はみずからの内部に生じた意味の世界を言語化しようとする。それは関係の世界か、存在の世界か、物質に与えられる力と変化の世界か、行動・振る舞いの世界か、感覚・現象の世界か、それとも発言と発言内容の世界かに分けられ

る。それらを区別するのは世界と事象に対する話し手の認識のありかたである。SFL の観念構成的メタ機能は、現代の認知言語学が扱っている領域とかかわりの深い領域でもある。話し手は自らの認識の仕方にそって語彙－文法的資源を選択するのである。話し手の内部のいまだ抽象的であった意味の領域が選択された言語形式を通してより明示的な意味として表示されるわけである。

　図2で示した6つの過程型は、あくまでも話し手の世界認識と言語化にかかわる類型を示したものであり、それぞれが離散的な型なのではない。図2の円環内の過程型は、互いに両隣りの過程型と境界を接していることに注目されたい。ハリデーが随所で指摘するように、言語の意味の世界を説明する文法概念相互の間には分類困難なファジーな領域が必ずあるものである。ここではボーダーラインケースの詳細は省く。

　一方、観念構成的メタ機能の中の論理構成的メタ機能の典型例として節複合 (clause complex) がある。等位接続詞を使った並立結合 (parataxis)、従位接続詞を使った従属結合 (hypotaxis)、関係詞節の埋め込み構造 (embedding)、心理動詞や発言動詞に導かれる投射節 (projected clause) などの節構造の選択がある。本書のテーマのモダリティとの関連で言えば、(a) "He must be a teacher." を選ぶか、(b) "I am certain that he is a teacher." を選ぶか、それとも (c) "It is certain that he is a teacher." を選ぶかによって、同じような確定的推量であってもニュアンスが異なってくるのである。後ほど、モダリティを扱う節で再びこのことに触れる。

2.4　対人的メタ機能：交換としての節

　ここでは対人的メタ機能 (interpersonal metafunction) をとりあげる。先ほど見た観念構成的メタ機能は、コンテクスト層における経験を通して話し手の内部に生じる意味をどのような言語的過程構成として具現するかにかかわる機能であった。それは節を「表象」の形式として選択することである。この点で、肯定か否定かを示す極性 (polarity) や時制 (tense) や相 (aspect) は SFL においては観念構成的メタ機能の領域に属する文法概念である。ただし、これらはこれから述べる対人的メタ機能においても無視できない役割を

果たす。

　一方、対人的メタ機能は話し手と聞き手の間の交換（exchange）としての節にかかわるメタ機能である。既に触れたように、人間の言語は個体発生的にもそしておそらく系統発生的にも、自分の思いを聞き手に伝えるという対人的な相互作用としての機能が第一義的であると考えられる。

　では、一体、話し手は対人的メタ機能を果たす上で、なにを聞き手と交換しているのであろうか。SFLはそれを情報（information）および品物／行為（goods & services）の交換であるとする。これは最も基本的な形で対人的な言語行為をまとめ上げた概念である。Halliday and Matthiessen (2004) は次のような表を挙げている。

表1　Giving or demanding, goods-&-services or information
（Halliday and Matthiessen 2004: 107）

role in exchange	commodity exchange	
	(a) goods-&-services	(b) information
(1) giving	'offer' would you like this teapot?	'statement' he's giving her the teapot
(2) demanding	'command' give me that teapot!	'question' what is he giving her?

　表1における「交換の役割」とは話し手が「与える」発話役割を担うか、それとも「要求する」発話役割を担うか、そのどちらかであるということを示している。そして、与えられるか、要求されるかする中身は「品物／行為」の場合と「情報」の場合に分かれる。この2種の発話役割と2種の交換内容とから4種類の発話機能（speech function）が想定される。すなわち「品物／行為」の授与を自ら切り出す「申し出（offer）」の場合、聞き手にそれを求める「要求（demand）」の場合があり、さらに「情報」を相手に提供する「陳述（statement）」とそれを相手に求める「質問（question）」の場合がある。この「申し出」、「要求」、「陳述」、「質問」の4つをSFLでは基本的な発話機能（primary speech functions）と呼ぶ。この原初的な発話機能の概念がSFLの対人的メタ機能の根幹を支えていると言えるのである。この4種の発話機

能からもろもろの派生的発話機能の成立が想定され、SFL のムード概念もモダリティ概念もそのような基本的あるいは派生的な発話機能との関係を通して構築されているのである。この点が SFL の独自性であり、他の機能主義的言語学のアプローチや現代日本語学のモダリティ研究と大きく異なっているところである。ムードとモダリティの関係については後ほど詳しく検討することとし、ここではまず発話機能とムードの関係について述べる。

　一般に、ムードと聞けば、科学的伝統文法に基礎を置く学校英文法の知識から、直説法（indicative mood）と仮定法（subjunctive mood）を思い浮かべる人が多いと思われる。祈願法（optative mood）も想起されるかもしれない。直説法と仮定法の基本的な違いは、現実的（realis）か非現実的（irrealis）かで分けられる。祈願法は非現実に加えて「祈り」が加わっている。いずれも動詞の活用変化によって、これらのムードの違いを示すことができたラテン語文法を手本にした英文法の分類である。しかし現代の英語においてはこれらのムードを示す動詞自体の屈折変化はほとんどないと言ってよい。代わりに、動詞の原形、あるいは動詞の過去形や過去完了形、あるいは助動詞の過去形の後に原形不定詞や完了形不定詞を付加するといった手段を用いて仮定法や祈願法を表している。

　SFL の言うムードはこのような伝統的なムード分類とは異なる。SFL は英語のムードをまず大きく 2 つに分ける。すなわち叙実法（indicative mood）と非叙実法（non-indicative mood）である。SFL の indicative mood は直説法ではなく叙実法と訳されることが多い。重要なことは「叙実」の「実」は「実際、現実に生じたこと」という意味ではないということである。たとえば、"He is correct." と "Is he correct?" だけではなく "He could be correct." も "Could he be correct?" も叙実法なのである。つまり SFL の叙実法は「ある事態について聞き手に陳述するか質問するか」ということであり、それぞれ叙述法（declarative mood）または疑問法（interrogative mood）と呼ばれる。一方、非叙実法は命令法（imperative mood）のみである。それは「品物／行為」を聞き手に向かって「要求」するムードである。

　基本的発話機能として設定した「申し出」、「要求」、「陳述」、「質問」のうち、英語のムードに直接結びつくものは叙実ムードとしての「叙述」と「疑

問」、そして「命令ムード」としての「要求」であり、「申し出」は英語においては決まった表現形式が存在しないため、「申し出ムード」という概念は設定されない。この事実は偶然の欠落と言ってよい。英語においては、「申し出」の唯一的な叙法形式はないが、人間の言語の対人的な発話役割と直結する基本的な発話機能としては、「申し出」を設定することができる。その理由は、発話機能上のペアとして、「陳述」対「質問」に対応するものは「要求」対「申し出」であると考えられるためである。つまり「～せよ」に対して「～しよう」なのである。確かに英語には「申し出ムード」がないが、のちに触れるモダリティの概念の中に「申し出」に関係するものが見受けられる。SFLでは節の叙法構造を以下のように分析する（Halliday 1994）。ムード別に表で示す。

表2　英語のムードの構造

a. 叙実ムード（叙述）

the duke	has	given that teapot away
Subject	Finite	
Mood		Residue

（Halliday 1994: 74）

b. 叙実ムード（疑問）

has	the duke	given that teapot away
Finite	Subject	
Mood		Residue

（Halliday 1994: 74）

c. 命令ムード（命令）

come	into my parlour	won't	you
Predicator	Adjunct	Finite	Subject
Residue		Mood tag	

（Halliday 1994: 88）

表2のa, b, cはSFLが提案する3種類の英語基本ムードの例である。観念構成的メタ機能における過程構成を示す意味役割の名称とは異なり、対人的メタ機能の中心的役割を担うムードにおいては、主語（subject）、定性（finite）といったいわゆる文法的名称が用いられる。助動詞がある場合は、助

動詞が定性操作詞 (finite operator) であり本動詞が述語動詞 (predicator) となる。助動詞がない場合は本動詞が定性操作詞と述語動詞の両方を兼務する。

　SFL においては、対人的機能から見た主語は "modal responsibility" を担う存在であるとされる (Halliday and Matthiessen 2004: 117–120, 他)。主語と定性の語順こそ英語におけるムードを決める決定要因だと考えるのである。SFL のこの捉え方は、英語という言語がいかに明示的主語に依拠する言語であるかをよく示している。主語こそが、命題成立の成否を握っているのだという考え方である。つまり SFL は英語のムードの種類を動詞の語形変化の問題と考えるのではなく、主語と定動詞の先後関係によって規定しているのである。無標の叙述ムードは「主語→定性」であり、無標の疑問ムードは「定性→主語」なのである。

　ただし英語の無標の命令ムードはそれらとは異なっている。主語が非明示になり、表2のcにおいて、もし付加疑問の部分がなければ命令ムード "Come into my parlour." は残余部だけになってしまう。これは、一見、理論上問題がある。定義上、残余部だけではムードの種類を決定できないはずである。この問題を解決するには、無標の命令文 "Come into my parlour." における "come" を述語動詞と定性を兼務するものと捉えることであろう。

　命令の "come" は動詞の原形であるため、形態上は非定形動詞と解釈されるかもしれない。確かに時制 (tense) と数 (number) は持たない。しかし命令ムードの中で用いられる命令文の動詞 "come" は非明示の二人称主語との人称面の一致、そして節頭に動詞原形を配するという語順から生じる命令という発話機能を担う。そして、命令は「未来」の時制にかかわる。そのことから命令の "come" は述語動詞としての語彙的意味に加え、「二人称と時制」という非明示的定性を担っていると言えるのではないだろうか。つまり、「(二人称主語) + (定性)」が無標の命令文の叙法部である。ここでのパーレンは非明示を示す。その非明示の部分を明示化したものが、表2のcの付加疑問の部分である。このように考えることによって、英語の3種類のムードはすべて「主語＋定性」から定義できることになる[2]。

2　定性とは、荒木・安井 (編)(1992) の「non-finite form」の項で次のように述べられている。「文法上の主語の人称、数、時制、法により限定される形態を定形 (finite form) と

表2の分析を日本語に適用した場合の細部は省くが、次のようなことがわかる。すなわち、英語のムードは「主語」プラス「定性」から成り立っていることを見たが、日本語の3つのムードは次のような点で英語の場合と異なる。日本語の叙述ムードと疑問ムードは英語とは違って明示的主語の存在を常に必要とはしない。とりわけ、題目の「ハ」を伴う話題主語 (Topical Theme) は往々にして非明示となる。したがって、日本語の叙法形式の必須項目として顕在的主語を想定することはできない。日本語の叙法部の無標形式は「(主語) ＋定性」あるいは「定性」のみとしたほうがよいかもしれない[3]。

　また、日本語の叙述ムードを疑問ムードにするときは、英語と違って主語と定性の語順転換を必要としない。日本語の疑問ムードの無標形式は交渉詞「か」を付加することにより作られる[4]。このことから、「主語と定性の語順転換および現れ方」でムードの種類が決まるという英語ムードの特性と比較して、日本語の疑問ムードはまったく異なる仕方に依拠していると言うべきである。すなわち「か」という助詞1つで疑問を表すことができるのである。なお、実際の会話では、文法的無標形式だけではないことが知られている。英語でも "You understand ↗" のように叙述ムードの語順を転換せずに節末の上昇調イントネーションだけで質問を表すことも多いし、日本語も「わかる↗」のように「か」を省略することが多い。この音韻的疑問文では日英語に共通点が見られる。

　命令ムードの場合は、日本語も英語と同じく非明示の2人称を主語として想定するのが無標であるが、英語のような定性を伴う定型的付加疑問部はない。もし「ね」「さあ」「どう」「いいかい」などの表現を命令文の後につけ加えても英語の付加疑問部とはまったく違ったものになる。むしろ日本語の命令ムードは、「走れ」のように動詞の活用変化で示されるので、動詞原

呼ぶ…不定詞、分詞、動名詞は非定形と呼ばれる。」
[3] 日本語で、主語が非明示の場合、述語動詞あるいは助動詞が顕在すれば、そこに文法的に定性が存在することは明らかである。一方で、日本語の「私はビール」「彼は新幹線」のような表現では、「主題的主語＋題述」のみが表現されていて、動詞もその定性も表面上存在しない。しかし、これらの文は叙述ムードである。日本語が主語型言語であるとともに話題型言語でもあることを示す現象である。
[4] Teruya (2007) に従って、日本語終助詞を機能的に交渉詞 (negotiator) と呼ぶことにする。

形の位置等で表される英語の命令ムードに比して、定性部分が顕在的であり、命令ムードが明示されていると言える。

　叙述ムードや疑問ムードにおいて、日本語の主語が明示された場合、その主語が占める位置は様々である。たとえば、「彼はその本を大学生協で購入した」を始め、「その本を<u>彼は</u>大学生協で購入した」、あるいは「その本を大学生協で<u>彼は</u>購入した」、あるいは「その本を大学生協で購入した（んだ）、<u>彼は</u>」といった言い方が可能である。下線部は話題的な主語、いわゆる題目である。英語のムードのように「主語＋定性」でムード部を定義し、それ以外をムードと無関係な残余部とする表2の分析法をそのまま上例の日本語の分析に適用すると、ムードと残余部の関係がかなり複雑な表示になる。

　英語と日本語の叙法構造の比較から次のようなことが言える。つまり、日英語のムードはムードの種類を決めるための文法的手段がかなり異なる。英語は節の線形的順序の早い段階で、「叙述」「疑問」「命令」の区別が示される。一方、日本語は節の最後まで聞かないとそれらのムードの区別がわからないことが多い[5]。こうした違いがあるとしても、SFLのムード概念と日本語のムード概念が矛盾を生じることはない。その理由は、SFLのムード概念は「交換」としての言語の対人的機能における4種の基本的発話機能との対応関係の上に成立しているからである。言語形式の相違から出発しているのではなく、対人的意味としての基本的発話機能に基づいているため、言語的普遍性を有すると考えられる。もちろん言語によって、4種の発話機能すべてに対応する叙法形式を持っているとは限らない。英語の場合は3種である。一方、言語によっては、4種のムードあるいは、もっと細かいムードの区分が必要な場合もあるかもしれない。日本語のムードについては、5節を参照されたい。

2.5　テクスト形成的メタ機能：メッセージとしての節

　3つ目のメタ機能は "clause as message" としてのテクスト形成的メタ機能（textual metafunction）である。1つ目の観念構成的メタ機能の具現は過程構

---

[5] ただし、日本語の「いったい」「はたして」などの副詞が節頭でムードを合図することもある。

成 (transitivity) の過程型の選択を通じて達成されるものであった。それと同時に、第二のメタ機能を担う対人的意味の次元においてムードの種類が決まり、その下位概念であるモダリティが任意に付与され、基本的発話機能やそれからの派生的発話機能が決定されていく。さらに同時に、第一、第二のメタ機能と重なるように第三のメタ機能を担うテクスト形成的意味が生成されていく。このテクスト形成的メタ機能はふつう複数の節の展開の形で具現される[6]。

SFL のテクスト形成的メタ機能にかかわる主な文法概念と研究分野には、主題・題述構造 (Theme/Rheme Structure)、新旧情報構造 (Given/New Information Structure)、結束性 (Cohesion)、首尾一貫性 (Coherence)、会話分析 (Conversation Analysis)、修辞構造 (Rhetorical Structure)、ジャンル構造 (Genre Structure)、評価言語 (Appraisal)、批評的談話分析 (Critical Discourse Analysis)、マルチモーダル談話分析 (Multi-modal Discourse Analysis) などがある。もちろん他の2つのメタ機能もこれらの領域に関係する。

ここでは主題・題述構造と結束性・首尾一貫性を例にとりあげる。テクスト形成的メタ機能は、過程構成のような観念構成上の表示としての節の選択だけでなく、またムードやモダリティといった対人的な交換としての節の選択だけではなく、複数の節の連続から生成されるメッセージに関するメタ機能である。たとえば、主題・題述構造は節中の語順選択を示す構造であるが、より大きなテクストの形成に関係を持つ。SFL における主題 (Theme) は次のように定義されている。

> The Theme is the element which serves as the point of departure of the message, it is that <u>with which the clause is concerned</u>. The remainder of the message, the part in which the Theme is developed, is called in Prague school terminology the Rheme.　　　　　（Halliday 1994: 37、下線筆者）

この定義から、ハリデーは主題が節頭という位置において具現するテクス

6　ただし、"No smoking." だけでも、短いテクストであると言える。

ト形成的概念であると考えていることがわかる。主題は当該の節がなにに関する節であるかを示し、その節がまずなにを言おうとしているかを示す要素であるということである。ハリデーにおいては、主題と旧情報は別概念として区別される。この考え方は、Firbas (1964) や Kuno (1972) の主題概念、また、日本語学における「題目」の概念とも微妙に異なるものである（Fukuda 2003, 2006 参照）。

次の例を見てみよう。Th は Theme（主題）、Rh は Rheme（題述）、// は主題と題述の境界を示す。

(3) a. The man // appeared on the stage suddenly.
　　　　Th // Rh
　　　　　（その男は突然舞台に現れた or その男が突然舞台に現れた）
　 b. A man // appeared on the stage suddenly.
　　　　Th // Rh
　　　　　（ある男が突然舞台に現れた）
(4) a. He // is a criminal.（彼は犯人だ）
　　　　Th // Rh
　 b. He // is the criminal.（彼がその犯人だ）
　　　　Th // Rh

節頭の要素を常に主題とするため、(3a) と (3b) は主題・題述構造では同じであるとする。主題はあくまでも話し手自身が選ぶ開始点（point of departure）なのである。SFL のこの立場によれば、(3a) と (3b) に違いがあるとすれば主題要素である "the man" と "a man" の情報上のステイタスの違いである。(4a) と (4b) にもまったく同じことが言える。(3) と (4) に付した日本語訳では、下線で示したように「ハ」と「ガ」の区別が顕在化する。しかし SFL の主題概念は日本語の「ハ」と「ガ」の違いを説明するものではない。SFL では、「ハ」と「ガ」は、むしろテクスト内外のコンテクストにおける既知性・未知性の次元で説明されるべきだと考えているようである。下に示す 2014 年版の IFG4th の定義では上述のような SFL の主題の機能が

より詳しく述べられている[7]。特に下線部の表現の違いに注意して上掲のIFG 3rd の定義と比較されたい。

> The Theme is the element that serves as the point of departure of the message; it is that which locates and orients the clause within its context. The speaker chooses the Theme as his or her point of departure to guide the addressee in developing an interpretation of the message, by making part of the message prominent as Theme, the speaker enables the addressee to process the message. The remainder of the message, the part in which the Theme is developed, is called in Prague school terminology the Rheme. (Halliday and Matthiessen 2014: 89　下線筆者)

主題・題述構造が可能性として最も複雑な形になったものが IFG1st で示されている。以下のとおりである。

表3　ハリデーによる最大限拡張された多重主題（Multiple Theme）

Well	but	then	Ann	surely	wouldn't	the best idea	be to join the group
B1	B2	B3	C3	C1	C2	A	
Textual			Interpersonal			Ideational	
Theme							Rheme

（Halliday 1985: 55 を Fukuda 2006: 9 の脚注1において解説的に表示したもの）

以下は記号などの説明である。

　A は話題的主題（＝観念構成的主題）：主語、補語、状況的付加詞
　　　　　　　　　　　　　　（場所、時間、様態など）
　B はテクスト形成的主題
　　B1: 継続的主題（yes, no, well, oh など）
　　B2: 構造的主題（接続詞、関係詞）

7　Halliday の *An Introduction to Functional Grammar* の第1版から第4版までを短縮して IFG と略記する。以下同様。

B3: 接続的主題（接続的付加詞）
 C は対人的主題
  C1: モーダル主題
  C2: 定性
  C3: 呼称（生起位置は自由であり固定していない）

　表3に示されているように、多重主題(multiple theme)の主題部は話題的主題(Aで示されている要素)が現れる位置まで延び広がっている。この話題的主題が日本語学でいう「題目」に最も近い概念である。ハリデーは主題が示す「～について特性(aboutness feature)」を伝統的なアプローチと異なる概念として捉えている。すなわち、観念構成的主題は実体に関する「～について特性」を示すものとして、テクスト形成的主題は先行する節とこれから作ろうとする節との結合関係を真っ先に示すものとして、さらに対人的主題は、当該の節が聞き手との関係においてどのような機能を果たそうとするのかを真っ先に示すものと考えている。ハリデーは「～について」ということの内容を、既に本節で述べてきた3種のメタ機能に対応させる形で捉えているのである。

　本書のテーマとの関係で言えば、モダリティを示す対人的主題は節頭の"surely" "probably" "perhaps"などとして具現する。また、対人的主題として肯否疑問文の節頭の定性操作詞やWh疑問文の節頭に来る疑問詞は、まさに疑問ムードの構造と直結している。Halliday (1970)は叙述、疑問、命令といったムードを表す節の開始要素が対人的メタ機能における各ムードの種類を決める主題となっている点について詳述している。ムードという対人的機能概念と主題というテクスト形成的機能概念のかかわりを示す現象として興味深い。

　SFLは主題的卓立(thematic prominence)と題述的卓立(rhematic prominence)の2つを認め、両者を区別する。

2. 選択体系機能言語学について | 131

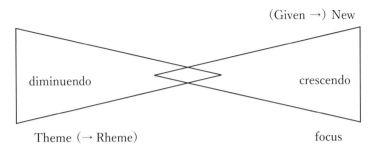

図3　2種類の卓立（Halliday 1985: 316 の Figure 9-6 より）

　図3では、題述的卓立は焦点的卓立と捉えられている。英語でも日本語でも焦点としての新情報は節末にくることが多い。主題的卓立は徐々に減退し、その代わりに題述的卓立は徐々に増大し焦点として頂点に達する。情報の流れは、旧情報（または既知情報）から新情報（または未知情報）へと流れるのがふつうである。

　図3は典型的な主題および題述の卓立と情報の流れについて述べたものであり、英語のみならず日本語にも当てはまる。ただし、日本語では既知情報を担う主題要素は非明示的であることが無標であるため、ハリデーの言う「主題的卓立」が当てはまるかどうか検討の余地がある。注意すべきは、ハリデーが主題に卓立性を認めるのは、いわゆる「既知性」に基づく「話題性」といった伝統的概念ではなく、新たに節を組み立てる上での開始点としての重要性に基づくからである。たとえば次の例を見てみよう。

(5) a.　I // am Taro Suzuki.
　　　 Th // Rh
　　b.　My name // is Taro Suzuki.
　　　　　Th // Rh
(6)　鈴木太郎です／でございます／と申します。
　　　Rh

　自己紹介のときの (5a, b) の英文は観念構成的には関係過程の同定節であ

り、対人的にはモダリティ不在の叙述ムードであり、自己紹介という派生的発話機能を担っている。テクスト形成的には主題・題述両方が明示され、情報の流れは Given → New である。SFL では、このような短い発話でも 3 つのメタ機能を同時的に具現している、あるいは具現するポテンシャルを常に有していると考えるのである。これらのことは、(6) の日本語の例にも当てはまる[8]。唯一の違いは既知性を持つ主題「私は」や「私の名前は」が非明示になっている点だけである。

　主題・題述構造と新旧情報構造は SFL では相対的に独自な概念と捉えられているが、上の図 3 にも見られるように、主題は旧情報を担うことが多いので両者は無関係ではありえない。どの要素を節の開始点にするか、あるいはどのように新・旧情報を配置するかといったことがテクスト全体の意味的首尾一貫性に決定的な影響を与えるのである。次の英文テクストを見てみよう。

(7) a. #Now comes the president here. It's the window he's stepping through to wave to the crowd. On his victory his opponent congratulates him. What they are shaking now is hands. A speech is going to be made by him.　　　（# 記号はテクストとして不自然であることを示す）

　　b. Now the president comes here. He's stepping through the window to wave to the crowd. He is congratulated by his opponent on his victory. They are shaking hands. He is going to make a speech.

　　　　　　　　　　　　（山口 1988: 69 より。例文の後半部省略）

(7a) は最初の文から順番に、倒置の出現文、It 分裂文（SFL では Predicated Theme）、前置詞句の前置き文、Wh 分裂文（SFL では Thematic Equative）となっている。それらがいずれも主題・題述構造や情報構造において文と文の意味的な連結に支障を引き起こしている。Halliday and Hasan (1976) は、テクストの結束性を生み出す文法的な装置として、指示 (reference)、省略・代用 (ellipsis/substitution)、接続 (conjunction)、語彙的結束性 (lexical cohe-

---

8　(6) はすべて丁寧表現であるが、本書は、「丁寧さ」をモダリティとは別の対人的システムと考える立場をとる。

sion) を提案したが、(7a) においてはこれらの使用・不使用には特に問題がないことにも注意したい。

　それぞれの文は形式文法の言う文法的適格性も満たしていて、結束性においても問題はない。にもかかわらず (7a) がテクスト性 (texture) を著しく欠いているのは主題や情報の構造的配置の不適切さによる首尾一貫性 (coherence) の欠如からきている。その点が補正された (7b) は十分なテクスト性を示している。

2.6　メタ機能の同時具現性

　選択体系機能言語学 (SFL) の特徴をつかむために、観念構成的メタ機能、対人的メタ機能、テクスト形成的メタ機能の3つのメタ機能を順番に解説した。注意すべきは、これらのメタ機能が言語表現の過程で時系列的に順次具現していくということではけっしてないと言う点である。これらのメタ機能は個々の表現の中に同時複合的に具現しているのである。

　既に、例文 (5) (6) の解説において示したように、あらゆる言語表現はこれら3つのメタ機能を果たすポテンシャルを持っているのである。ゆえに常に3つのメタ機能の観点から言語現象を眺める必要がある。たとえば次節以降に論じるムードやモダリティはまずなによりも対人的メタ機能の問題であるが、それらを表す節は観念構成的機能における過程構成として具現されるのであり、また同時にテクスト的実例化の過程でダイナミックに機能しているのである。

3. 選択体系機能理論におけるムード
3.1　SFL におけるムードの定義

　2.4 で、言語の対人的メタ機能について概略的に解説した。対人的メタ機能は話し手と聞き手の間の「交換」としての言語のありかたに関するメタ機能であること、また「交換」という概念について SFL はそれを情報 (information) および品物／行為 (goods & services) の交換であるとしていることを見た。本節ではモダリティについて考察するための前段階として再度ムードをとりあげ、より詳しく検討することにする。

まず、SFL のムードがどのように定義されているかを見てみよう。

> SFL によるムードの定義
> Mood structures express interactional meaning: what the clause is doing, as a verbal exchange between speaker / writer and audience.
> （叙法構造は相互作用的な意味を表す。すなわち、話し手あるいは書き手とその受け手との間での言語的交換として、当該の節がなにを行っているのかを表すのである。）
>
> （Halliday and Matthiessen 2004: 309、和訳筆者、以下同様）

　SFL のムード概念は伝統的なムード概念と微妙に異なり、機能的観点から定義されている。ムードは、本書のテーマであるモダリティと深くかかわる重要概念である。叙法構造は「主語＋定性」からなる叙法部（mood）と「補語や付加詞」からなる残余部から構成される。定義の中の「言語的交換」は情報の交換か、品物／行為の交換かのどちらかである。さらにそのような交換においては、「与える (giving)」のか「求める (demanding)」のかに分けられる。「交換」という観点から節が行っている (doing) ことは、次のようにまとめられる。

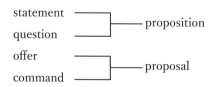

図4　「言語的交換」としての叙法構造が表す発話機能
（Halliday and Matthiessen 2004: 108 Fig.4-2 を部分的に修正したもの）

　図4の左上側の「陳述」と「疑問」は、情報の "giving" と "demanding" である。その下の「申し出」と「命令」は品物／行為の "giving" と "demanding" である。これらは最も原初的な人間の言語的相互作用として設定

されている。この考え方を土台にして、SFLのムード概念が規定され、続いて、そのムード概念を土台にしてモダリティ概念が規定されるのである。図4で情報のやりとりは命題（proposition）のやりとりだとされていること、一方で品物／行為のやりとりは提案（proposal）のやりとりだと考えられていることに注意したい。

　このようにSFLでは、私たちの言語的相互作用における交換を「情報」と「品物／行為」の2種に分け、それぞれに対して「授与」と「要求」に基づく発話行為として、「陳述」「質問」「申し出」「命令」の4種が設定されている。この4種は、「交換」の観点からの基本的発話行為のペアである。これがSFLにおけるムードの区分に直結している。

　前提となるべき事項として、英語のムードの区別は動詞自体の形態変化で決まるのではなく、前節でも触れたように、叙法部を構成する「主語＋定性」の語順や現れ方によって決まるのである[9]。したがって、1つの決まった言い方が存在しない限り、叙法構造とは呼べないわけである。決まった言い方とは使用上も安定していて頻度も高い形式である。たとえば英語には「申し出（offer）」の表現形式は複数考えられるが、頻度において他を圧倒する「申し出」の専用形式というものはない。

　その結果、SFLでは英語に次のような3種類のムードを認めている。

9　ムードに関して、安藤（2014: 201）は次のように述べている。「ムードは、文の意味内容に対する話し手の心的態度が動詞の形式に現れるものとして、モダリティ（modality）は、それが主に法助動詞によって表される言語研究の分野であった」。ムードとモダリティは、かたや動詞の形式、かたや法助動詞によって表されるという違いはあっても、「話し手の心的態度」という点では共通しているということである。本書はムードとモダリティの関係を明らかにし、両者が示す「話し手の心的態度」の中身の類似点と相違点を探ろうとするものである。

叙実ムード（indicative mood）：
　　　　叙述ムード（declarative mood）
　　　　疑問ムード（interrogative mood）

非叙実ムード（non-indicative mood）： 命令ムード（imperative mood）

図5　SFLにおけるムードの種類（Halliday and Matthiessen 2004: 135）

　indicative moodは叙実ムードと訳しているが、「事実を述べる」という意味ではなく、1つの事態について述べるというほどの意味である。上の図4で見たように、叙実ムードでやりとりされるものは「命題」である。そして叙実ムードは陳述の発話機能を担う叙述ムードと質問の発話機能を担う疑問ムードに分かれる。non-indicative mood（非叙実ムード）は聞き手に対して行為を指示するムードであり、命令ムードがそれに該当する[10]。この非叙実ムードの命令においてやりとりされるものは「提案」である。後述するモダリティと合わせて、SFLが「発話機能」「ムード」「モダリティ」の三概念をきわめて緊密に関係づけている点に注目しておきたい。

3.2　英語のムードと日本語のムードの節内表示領域

英語の3種類のムードとその和訳を比べてみる。

(8) a. <u>He</u>　<u>participates</u> in the competition every year.
　　　主語　述語動詞／定性

　　b. <u>Does</u>　<u>he</u>　participate in the competition every year?
　　　定性　主語

10　SFLのムードには、伝統文法で言う仮定法（subjunctive mood）は含まれない。SFLは「主語＋定性」によって叙法部を定義し、主語と定性の語順と現れ方によってムードの種類を区分しているからであろう。現代英語では、仮定法は法助動詞の過去形との関係が深いため、仮定法的な意味はモダリティの中の推量や陳述緩和的意味機能の一部として捉えられることになると思われる。

c. Participate in the competition every year.
　　　　述語動詞（定性）〈定性を非明示あるいは潜在と見る〉
(9) a. 彼は毎年その競技会に参加している。
　　　主語　　　　　　　　述語動詞／定性
　　b. 彼は毎年その競技会に参加しているか。
　　　主語　　　　　　　　述語動詞／定性
　　c. 毎年、その競技会に参加しろ。
　　　　　　　　　　述語動詞／定性〈定性は明示あるいは顕在している〉

　英語は重要なことを先に言う言語、日本語は重要なことを文末で言う言語だとよく言われるが、ムードの決定に関してもおおよそ当てはまる。英語の (8a, b, c) では、3つのムードそれぞれが節頭を聞いただけでわかる。それに対して、日本語の (9a, b, c) では最後まで聞かないとどのムードの発話なのかわからない。日本語の文末部（厳密には述語動詞の後）には様々な文法的要素が集まっている。それらは相、否定辞、時制、モダリティ、丁寧さ、ムード、交渉詞、等々、命題にかかわる要素や命題の外にあって命題に対する種々の態度を表す要素である。

　もちろん日本語においても、ムードの理解までにそれほど時間がかかるわけではない。むしろ瞬時のことであろう。さらに言えることは、会話の参加者としての発話役割、すなわち自分が話し手なのか、聞き手なのか、さらに陳述者か、質問者か、命令者かと言った役割に関係する理解は、日英両言語においてほぼ同じはずである。英語が日本語とよく似た現象を示すのは英語の (8a) の陳述を上昇イントネーションにして "He participates in the competition every year ↗" とし、日本語の (9b) の交渉詞「か」を削除しかつ上昇調イントネーションにしたときである。これは音韻的手段による疑問ムード相当 (interrogative mood equivalent) と呼んでおこう[11]。

---

11 「疑問ムード相当 (interrogative mood equivalent)」は、派生的発話機能としての「質問」の意味を持つということである。この名称は、「間接的質問」あるいは「疑似質問」と言い換えても差し支えない。

3.3 ムード名称と発話機能の関係

ムードは言語形式と結びついているが、同時に基本的発話機能に対応している。ムードの名称もその発話機能に関係する。ムード名称と発話機能の関係を考える前に、1つの原則を確認しておく。その原則とは、「1つの節は必ずムードを持つ必要があり、そのムードは1種類のムードでなければならない」ということである。もしも仮に1つの節が叙述ムードであり、同時に疑問ムードでもあるとか、あるいは叙述ムードであり、同時に命令ムードでもあるとかということであれば、言語理解は困難となり、ムード名称を設定することも不可能となる。

SFLによれば英語のムードは3種類である。一方で発話機能は多岐にわたる。人間が対人的メタ機能を果たすために依拠すべき発話機能は極めて多様であるにもかかわらず、言語の叙法形式は極めて限られている。これは一見矛盾である。このような言語における発話機能とムードの数の違いこそ、Searle (1975) の言う「間接発話行為 (indirect speech act)」の概念が語用論 (pragmatics) に導入された動機なのである。たとえば次の例を見てみよう。

(10) a.　Could you pass the salt?
　　 b.　Have a nice weekend!
　　 c.　I am quite busy this week.
　　 d.　You are always complaining about your life.

(10a) は疑問ムードで「要求」を示し、(10b) は命令ムードで「好意」を伝えている。(10c) は叙述ムードで「断り」を示すことができる。(10d) は叙述ムードで「批判」を表すことができる。いずれもムードの種類はコンテクストにかかわりなく決まっている。しかし会話の目的としての発話機能は、ムードと直結した基本的発話機能としての「質問」「陳述」「命令」ではなくなっている。SFLは、ムードの持つ基本的発話機能からコンテクストに依存して様々に広がる発話機能を派生的発話機能 (derived speech function) とみなしている。

ここで注意しておくべきことは、ムードの名称が状況のコンテクストにも

意味層にも内在する対人的メタ機能としての交換的概念を基礎にして決められているからと言って、様々な派生的発話機能ごとにムード名称を増やしていくようなことはないということである。たとえば (10a) を「要求ムード」、(10b) を「好意ムード」、(10c) を「断りムード」、(10d) を「批判ムード」と呼ぶようなことは賢明でない。そのようにムードの数を増やしていくことはムード概念そのものを無意味なものにしてしまうからである。

3.4 モダリティを付与されたムードについて

次節で考察するモダリティとムードの関係について一言しておきたい。SFL は独自のモダリティ論を提出しているが、ここでは「ちがいない」と「ねばならない」の意味を持つ法助動詞 "must" をとりあげてモダリティとムードの関係を考えてみる。

(11) a. That is true.
　　 b. Is that true?
　　 c. Sit down!
(12) a. That must be true.
　　 b. Must that be true?〈制約がある〉(Can that be true? がふつう)[12]
　　 c. You must sit down.

(11) はすべてモダリティ化されていない (non-modalized) ムードである[13]。叙述ムード、疑問ムード、命令ムードの順に並んでいる。では (12) はどう捉えればよいか。(12a) は「ちがいない」という "must" によってモダリ

12　(12b) の「ちがいない」という意味の "must" は、相手が「ちがいない」の "must" を使ったことに対するエコー的反問「えっ、なぜ本当にちがいないのですか (Why must it be true?)」のような場合を除いては、疑問文に使えない。ちなみにこの意味の "must" は否定文にも使えない (トムソン・マーティネット 1991: 213, 項目番号 156 を参照)。

13　"modalize" の元になる "modal" は曖昧性を含む。なぜなら "modal" は "modality" の元になる形容詞でもあり、同時に "mood" の形容詞形でもある。本書では、"modal" と "modalize" をモダリティとの関連で使用し、ムードの形容詞形はそのまま、"mood" とすることとする。

ティ化された叙述ムードである。つまり "modalized declarative mood" である。(12b) の意味の "must" はエコー的反問の時以外に使われない。ふつうの「はたしてそれは本当だろうか」の意味では "Can that be true?" のように言う。(12b) の 2 文は、用法や使用頻度は異なるが、どちらも「モダリティ化された疑問ムード (modalized interrogative mood)」である。

　(12c) は "must" のもう 1 つの意味である「ねばならない」の例である。(12c) はモダリティの "must" が加えられた命令ムードと呼んでよいだろうか。本書の立場では、(12c) は命令ムードの節そのものではない。命令ムードとは二人称に対する行為指示の「専用形式」であり、言語形式的には述語動詞原形を節頭要素とするムードである。(12c) の主語はここでは二人称であるが、実際にはあらゆる人称を主語にできる表現であることに注意されたい。すなわち (12c) は、命令ムードの節にモダリティ要素を追加した文ではないのである。「あなたは、〜しなければならない」の "must" の文は義務を表す「モダリティ化された叙述ムード (modalized declarative mood)」であり、主語に "you" が選ばれたときだけ、意味的に「命令ムード相当 (imperative mood equivalent)」の派生的発話機能を担うのである。

　以上のことから、命令ムードを除いて、ムードとモダリティは同一節内で共存することが可能であることがわかった。また類似の発話機能を担うことがあるからと言って、ムードとモダリティを混同すべきではないこともわかった。

3.5　日本語の命令ムードについて

　ムードが文法形式であり、それが示す対人的意味は「交換」であり、その発話機能は英語の場合、「叙述」「質問」「命令」であり、伝えられる内容の特性は「叙述」と「質問」が命題 (proposition)、「命令」が提案 (proposal) であることを既に確認した。ここで、これまでの議論を踏まえて、ムード概念の特性を定式的に述べておきたい。

(13)　叙法形式

　　　叙法形式（=ムード形式）とは対人的な言語交換としての基本的発話機

能を担うための高頻度かつ定型的な専用形式である。

　英語の命令ムードを示す命令文は、上述の条件を満たす専用形式として、まさにムードを担う。たとえば "Sit down!" "Stand up!" "Stop!" などである。しかし聞き手に対する「行為指示」としての発話機能は命令文だけではなく、様々な言語形式によって担われる。"You must ～" や "You are to do ～" である。しかしこうした表現は命令ムードではない。本章ではこれらを「モダリティ化された命令ムード相当」と呼んでいる。それらは「行為指示」の強弱はあっても「命令」と同類の発話機能を果たしているからである。

　では日本語の命令表現はどうだろうか。日本語の命令ムードは「座れ」「立て」「止まれ」などである。動詞の活用変化の命令形を用いる。これらは文法的にも意味的にも明瞭なムードである。一方、日本語では次のような行為指示表現がある。

(14) a.　夏休みの宿題は早目に<u>終えること</u>。
　　　b.　夏休みの宿題は早目に<u>終えるように</u>。
　　　c.　皆さんいいですか。夏休みの宿題は早目に<u>終えます</u>。

(14) の各文は夏休み前に学級担任によって生徒たちに発せられたものとする。これらはすべて、命令文の「夏休みの宿題は早目に終えろ」よりは柔らかである。このように日本語には様々なポライトネスの段階に応じた行為指示表現がある。この多様性のモチーフは主に対人的なものであり、語用論や社会言語学の興味ある研究対象となっている。しかし、ここでは、丁寧さのレベルからではなく、ムード概念に関して考察する。つまり (14a, b, c) は果たして命令ムードと言えるかということである。

　まず、(14a) は「～すること」という連体節を含む名詞群 (Noun Group: NG) である[14]。話し手が聞き手に向かってこの表現を用いると「行為指示」

14　名詞群は伝統的な名詞句と同じである。SFL では、名詞群、動詞群、形容詞群、副詞群はそれぞれ主要要素の品詞を拡張したものと捉えて群 (group) と呼び、一方で、節から句へと縮小したものと捉えられる前置詞句のみを句 (phrase) と呼ぶ。

の発話機能を果たすことが多い。しかし、この表現を節として復元しようとすると「重要なことは〜することだ」か「〜することが重要だ」のようになる。つまりムードで言えば叙述ムードなのである。叙述ムードの言いさし形で命令の発話機能を果たしているのである。

　しかしながら、「〜すること」を命令の専用形式と言うことはできない。たとえば、生徒どうしの会話で「夏休みに宿題は、早く終えること。それが一番難しいんだよね」という発話があったとしたら、そこには「行為指示」の発話機能がない。あるいは「まあ、なんとよく遊ぶこと」というような言い方もある。したがって、特定のコンテクストに限って「〜すること」が「命令ムード相当」で使われると捉えるべきなのである。

　(14b)の場合の「様態」あるいは「目的」の副詞群「〜するように」は「〜するようにしなさい」という命令ムードの文の「言いさし」だと考えられる。しかし"you must 〜 "に関して論じたように、「〜するように」は行為指示専用の形式ではない。行為の主語が二人称であれば「行為指示」の意味が生じる。しかし一人称や三人称の主語が明示されると「私たちが〜するように」や「彼らが〜するように」となり、「祈り」や「願い」の発話機能を持つことになる。したがって(14b)もまた、コンテクストに依存する「命令ムード相当」であると言うのが適当である。

　(14c)はコンテクストへの依存度がさらに高い表現である。「〜します」で「行為指示」を行っている。しかしムードに関する限り、(14c)はあくまでも叙述ムードである。したがって(14c)もまた、このコンテクストにおいては「命令ムード相当」として使用されているとするのが妥当である。

　(14a)と(14b)はこのコンテクストに関する限り命令専用に近い。しかし(14c)はこのコンテクストにおいても有標性の高い指示表現である。このように「命令ムード」そのものからの遠近の度合いによって「命令ムード相当」として使用される各種表現は、命令としての「行為指示性」の効力のスペクトラムを構成していると言うべきである。

4. 選択体系機能理論におけるモダリティ
4.1 SFL によるモダリティの定義

　これまで、SFL の全体的枠組と 3 つのメタ機能について述べ、SFL のムード概念を検討してきた。その際、SFL の叙法体系（MOOD System）の中で、モダリティはムードの下位分類であることに触れた。本節ではモダリティの概念についてより詳しい検討を加えたい。まず SFL におけるモダリティの定義を見てみよう。

> Polarity is thus a choice between yes and no. But these are not the only possibilities; there are intermediate degrees, various kinds of indeterminacy that fall in between like 'sometimes' or 'maybe'. These intermediate degrees, between the positive and negative poles, are known collectively as MODALITY. What the modality system does is to construe the region of uncertainty that lies between 'yes' and 'no'.
> （ゆえに、極性というのは、肯定と否定のどちらかの選択である。しかし、この選択だけが唯一可能な選択であるわけではない。すなわち中間段階というものがある。「時々」とか「たぶん」の間にあるような様々な種類の不確定性が存在する。このような肯定極と否定極の間の中間的諸段階の全体がモダリティとして知られているものなのである。モダリティのシステムの役目は、肯定と否定の間に存在する不確定領域の意味を解釈構築することである。）　　　　　　　　　　　（Halliday and Matthiessen 2014: 176）

　なお、SFL で MODALITY のように大文字で表記されている場合は、それが文法システムの名称であることを意味する。同じく SFL の、より簡潔な定義を見てみよう。

> Modality refers to the area of meaning that lies between yes and no – the intermediate ground between positive and negative polarity.
> （モダリティは肯定と否定の間に存在する意味の領域、すなわち肯定と否定の極性間の中間領域、を示すものである。）

(Halliday and Matthiessen 2014: 691)

　これらの定義から、SFL のモダリティは「肯否中間不確定領域（the region of uncertainty that lies between 'yes' and 'no'）」の意味を解釈構築（construe）するシステムであると解釈できる。以後「肯否中間不確定領域」を「肯否中間領域」と略記する。
　モダリティの特性と比較するためにムードの概念を再度思い起こしてみよう。対人的メタ機能の解説の箇所で挙げた第 2 節の表 2 における例文は次のようなものであった。

(15) a. The duke has given that teapot away.
　　 b. Has the duke given that teapot away?
　　 c. Come into my parlour.

(Halliday 1994: 74, 88, 部分的に修正したもの)

　(15a, b, c) はすべて肯否が明確であり、この場合はたまたま肯定になっている。これらを否定文にしてもムードの種類にはまったく変化がない。このことから、ムードというものはモダリティと違って必ず肯否が明確な場合の表現であると思いがちである。しかしそれは陥りやすい誤解である。既に第 3 節の 3.4 で示したように、ムードはモダリティ化（modalized）されたり、されなかったりするのである。特に叙実ムードの中の叙述ムードはモダリティが付与されることが多い。その場合はモダリティ化された叙述ムード（modalized declarative mood）と呼ぶべきである。たとえば "It must be true." や "You may go." などである。ムードとモダリティは相互排除的な概念ではない。銘記すべきは、ムードが基本的発話機能に対応する文法形式であるのに対して、モダリティは「肯否中間領域」を示すシステムであるという点である。モダリティを示す表現形式は語彙─文法層に属するが、表されるモダリティは意味層に位置づけられるものである。つまりモダリティは意味の世界なのである。図 6 は SFL のモダリティ概念とその分類である。SFL のモダリティ定義である「肯否中間領域」の規準によってモダリティの種類は絞

り込まれている。

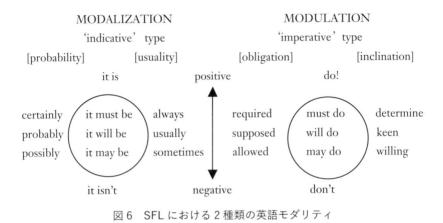

図 6　SFL における 2 種類の英語モダリティ
（Halliday and Matthiessen 2004: 619）

　以下、図 6 に関する重要ポイントをいくつかとりあげ、検討を加える。

4.2　モダライゼイションとモデュレイションの特徴
　定義上、モダリティは「肯否中間領域」を表現するものとされるが、図 6 のモダライゼイションのほうは理解が容易なのに比して、モデュレイションの中の志向性（inclination）のほうはすぐには理解が難しいかもしれない。この大区分としての 2 種のモダリティの違いと類似性については Halliday（1970）の見解が示唆的である。この論文はハリデーの初期のモダリティ論と言えるもので、モダライゼイションとして「蓋然性」のみがとりあげられ「通常性」については言及がない。モデュレイションとしては「義務・必要」「許可」「志向性」「能力」[15] がとりあげられている。そして興味深いことに、Halliday（1970）ではモダライゼイションだけが（真性の）モダリティとされ、モデュレイションは疑似モダリティ（quasi-modality）とされている。そしてモダリティ（＝ IFG におけるモダライゼイション）は「対人的機能」起源で

15　「能力」を示す "can" については本章 5 節の議論を参照されたい。

あり、疑似モダリティ（＝IFG におけるモデュレイション）は「観念構成的機能」起源だと述べられている。Halliday (1970) の定義は次のようである。最初はモダリティ（つまり「蓋然性」）の定義である。その次にモデュレイション（＝疑似モダリティ）の定義を挙げる。和訳は省略する。

> <u>Modality is a form of participation by the speaker in the speech event.</u> Through modality, the speaker associates with the thesis <u>an indication of its status and validity in his own judgment</u>; he intrudes, and takes up a position. Modality thus derives from what we called above <u>the 'interpersonal' function of language, language as expression of role.</u> There are many other ways in which the speaker may take up a position, and modality is related to the general category that is often known as <u>a 'speaker's comment'</u>, within which a number of other types have been syntactically distinguished; ...
> （Halliday 1970 全集第 7 巻 p.176, 下線筆者）

この定義では、モダリティ（＝「蓋然性」）は、「発話事象への話者の参加形態」であるとし、モダリティを通して話し手は自分自身の「判断」によって、命題に対して命題の 'status' と 'validity' を付与するのだとしている。そしてモダリティはより一般的な「話し手のコメント」という上位概念に包摂されるとしている[16]。注意すべきは初期ハリデーのこの論文では、モダリティの定義の中に「肯否中間領域」という概念は見当たらないことである。「肯否中間領域」という定義は 1985 年の IFG1st で明確に打ち出されることになる。では初期ハリデーのモデュレイションの定義を見てみよう。

> These（筆者注：モデュレイションの例文）have nothing to do with the speaker's assessment of probabilities. In these examples the auxiliaries must, can etc. <u>express various types of modulation of the process expressed in the</u>

16　命題に対する「話し手のコメント」は言い換えれば「命題態度 (prpositional attitude)」である。「命題に対する話者の主観的判断」は従来からモダリティの代表的な定義であったと言える (ナロック 2014 参照)。

clause; modulation in terms of permission, obligation and the like. <u>They are part of the thesis - part of the ideational meaning of the clause.</u>

(Halliday 1970 全集第 7 巻 p.177, 下線筆者)

　この定義的説明には注意すべき点がいくつかある。まず "modulation" はなにをモデュレイトしているのか、という問題である。それは「節のプロセス（＝動詞の示す過程そのもの）」をモデュレイトするとされている。それに関連して、「許可」や「義務」といったモデュレイションは「命題の一部」すなわち「節の観念構成的意味の一部」であるとされている点である[17]。モデュレイションは「蓋然性」とは違って節の過程中核部に対する義務や許可といった諸条件をつけ加えることで、過程構成に対して調整を加えるということであろう。

　ただし、Halliday (1970) はモダライゼイションもモデュレイションも「話し手の判断」であるという点は認めている。そして両者の共通性を指摘し、機能的な起源は異なるものの同一の対人的システムに属する可能性を示唆している (Halliday 1970、全集第 7 巻 p.187 参照)。なお、Halliday and Webster (2014: 170) はモダライゼイションを叙実的モダリティ (indicative modality)、モデュレイションを命令的モダリティ (imperative modality) と呼び、前者は "this is how things are" を意味し、後者は "this is how things should be" を意味するとしている。この言い方は、できるだけわかりやすい用語を使おうとする著者たちの姿勢を示すものであろう。

4.3　肯否中間領域における価

　図 6 の中央の縦矢印は肯定・否定の極性を指している。モダリティはその中間を意味するとされる。その中間には価 (value) と呼ばれる段階がある。円の中を見てもわかるように、肯定から否定へ上・中・下の順に 3 つの価が整然と配列されている。もちろん、すべてのモダリティ表現がこのように

17　観念構成的意味の一部という表現は、非モダリティ的という響きがあるが、ここは、単にモデュレイションが参与者（＝主語）と述語動詞の結びにつきに関する条件に向けられた判断であるということを強調していると解釈すべきであろう。

3種の価を完備しているわけではない。もっと少ないかもしれないし、もっと多いかもしれない。

4.4 ムードからモダリティへ

図6におけるモダリティの種類は、「蓋然性」「通常性」「義務性」「志向性」の4種である。「蓋然性」と「通常性」は叙実タイプとされる。叙実（indicative）は叙述ムードと疑問ムードを含むムードの名称でもある。一方「義務性」と「志向性」は命令タイプとされる。命令（imperative）はムードの名称でもある。ムードとの関係で言えば、叙実タイプは「命題（proposition）」を、命令タイプは「提案（proposal）」を伝達する。このことから、SFLにおけるモダリティはムードとの平行性が高い概念であることがわかる。

4.5 モダリティの種類について

モダリティの種類は4種に絞り込まれている。SFLは対人的メタ機能にかかわる対人的意味を表す種々の語彙－文法的資源を選択体系網（system network）で表している。モダリティは、対人的に大きい役割を果たす要素であるが、叙法体系（MOOD System）と呼ばれる選択体系の中の1つのシステムなのである。換言すれば、命題に対する態度を表す表現はモダリティ以外にも種々あるということである。

図6における下位分類4つの中でモダライゼイションの「蓋然性」は多くの研究者が「認識的モダリティ」として認定する概念である。一方、同じくモダライゼイションの「通常性」はSFL独自のモダリティ概念である。これはある命題が「いつも」「たいてい」「時々」成立するということを述べるものである。つまり、"yes"でもあり"no"でもある意味の世界を示すものである。「通常性」は、英語でも日本語でも頻度副詞によって明示されるのがふつうである。

次にモデュレイションの中の「義務性」は、従来から「義務的モダリティ」、「束縛的モダリティ」、あるいは「根源的モダリティ」として知られるものである。同じモデュレイションの中の「志向性」は「～（を）したい」という欲望・意向・願望などを表し、基本的発話機能の「申し出」に関係する。

4.6　発話機能、ムード、モダリティの間の平行関係

　既に第2節と第3節で見たように言語的交換としての基本的発話機能 (primary speech function) は「陳述」「質問」と「申し出」「命令」の4種である。これらは発話行為のペアをなしている。それが英語の叙法形式との対応関係においては、「申し出」が抜け落ちている。「申し出」の定型的専用形式が存在しないからである。しかし、モダリティの区分になると「申し出」はモデュレイションの志向性 (inclination) に含まれるものとして位置づけられているように見える。ただし、これで基本的発話機能4種がモダリティの中ですべて揃ったわけではない。図6をよく見ると「質問」の発話行為は消えてしまっている。モダライゼイション・モダリティは「蓋然性」と「通常性」であるから、両方とも、当該の命題の成立に関する肯否中間段階を示すという共通した性格を持っている。しかし「蓋然性」と「通常性」の間の関係は、「陳述」発話機能と「質問」発話機能、あるいは「叙述ムード」と「疑問ムード」のように互いにペアになってはいない。むしろモダライゼイションは類似の2つと言ってもよいモダリティ概念が並んでいるわけである。一方、モデュレイションは「義務性」と「志向性」である。これらは「命令」発話機能と「申し出」発話機能のようにペアの関係にある。「義務性」は主語の行為を義務づけるための肯否中間段階の表現であり、「志向性」は主語が自らの行為をすすんで提供しようとすることを示す肯否中間段階の表現である。平行性と補完性についてまとめると表4(次ページ)のようになる。

　結論的には、発話機能、ムード、モダリティの3者は平行性を保持しながらも、その平行性は部分的に不完全なのである。そしてムードとモダリティが合わさって4種の発話機能が満たされるような関係になっていることがわかる。たとえば英語における「申し出」は叙述、疑問、命令の叙法形式とモダリティが組み合わさった様々な言語形式で表現される。志向性モダリティだけが「申し出」機能を果たすわけではない点に注意したい。

表4 発話機能・ムード・モダリティの平行関係

発話機能	ムード	モダリティ
陳述 (statement)	叙述ムード (declarative mood)	すべてのモダリティが叙述ムードと共に生じうる。
質問 (question)	疑問ムード (interrogative mood)	疑問ムードと共起できるモダリティとできないモダリティがある。
申し出 (offer)	英語にはこれに該当する専用叙法形式がない。	志向性 (inclination) のモダリティは申し出の機能と関係が深い。
命令 (command)	命令ムード (imperative mood)	義務性のモダリティは命令ムード相当の発話機能を持つ。

なお、図6に表示された例のみを、ムードの視点から見れば、モダライゼイションもモデュレイションも「モダリティ化された叙述ムード (modalized declarative mood)」だけなのに気づく。図6の少なからぬ例が疑問ムードに変換可能であるにもかかわらず、それが挙げられていないのは単に図式化上の便宜に過ぎないと想像される。そのため、図6では「質問」の発話機能に関しては不問となり説明されていない。では、図6において「命令」の発話機能と叙法形式はどこに位置づけられているのだろうか。当然、命令ムードそのものは挙げられていない。命令ムードの形式そのものはモダリティと相入れない性格を持っている。図6において命令ムードの発話機能である「行為指示」を有するモダリティは「義務性」である。"you must ..." や "You will ..." は「モダリティ化された命令ムード相当 (modalized imperative mood equivalent)」と言ってよい。

4.7 モダリティと法助動詞の意味との関係

安藤 (2014) も言うように、英語モダリティの研究は英語法助動詞の意味研究として行われてきた。澤田 (2006) はそうした英語法助動詞の意味に関する網羅的研究である。では、図6における円の中の法助動詞の意味について考えてみよう。円の左に対応する意味、次に円の右に対応する意味を日本語で書いてみる。まず、モダライゼイションの "must" は「〜にちがいな

い」「いつも〜である」、"will" は「だろう」「たいてい〜である」、"may" は「かもしれない」「時々〜である」となる。円の左右の蓋然性副詞と頻度副詞の意味とを比べてほしい。同様に、モデュレイションの円の中の法助動詞 "must" は「〜せねばならない」「〜する決心がついている」、"will" は「〜することになっている」「〜することを熱望する」、"may" は「〜してもよい」「〜するのをいとわない」となる。

　これらの意味について考えてみると、各法助動詞のすぐ後に書いた最初の意味にはなじみがあるが、二番目に書いた意味にはなじみがないと思われるかもしれない。しかし、少し見方を変えるだけで、二番目の意味もまた各法助動詞に内在する意味の1つであることがわかる。SFL のモダリティもまた、法助動詞の意味論なのである。したがって、SFL と従来のモダリティ論との違いは、SFL がモダリティを「肯否中間領域」を指すものに限定しているという点と「通常性（usuality）」を導入している点なのである[18]。

4.8　法助動詞以外のモダリティ表現：指向性と文法的メタファー

　ムードは言語的交換としての基本的発話機能に対応する文法形式であり、英語の場合は「主語＋定性」の語順や現れ方によって決められる。一方、モダリティは「肯否中間領域」の意味に対応するもの、すなわち意味概念であり、それを表す言語形式をモダリティ要素あるいはモダリティ表現と呼ぶ。モダリティには「肯否中間領域」という定義上の枠がある一方で、当該の意味を表す表現形式は複数あると考えられている。従来の英語のモダリティ研究は法助動詞の意味にほぼ限定されてきた。しかし、SFL は法助動詞以外の表現も法助動詞と類似的意味を持つ場合にはモダリティ表現に含めている。図6の「蓋然性」について見てみよう。

18　「〜する気がある」という志向性（inclination）は、SFL だけのものではない。Lyons（1968: 308）においても、3種のモダリティの1つとして "wish and intention" が挙げられている（Palmer 1986 参照）。また Palmer（2001）や澤田（2006）の Dynamic Modality の項を参照。

(16) a.　Mary'll know.　　　　　　［Subjective & Implicit］
　　 b.　Mary probably knows.　　［Objective & Implicit］
　　 c.　I think Mary knows.　　　［Subjective & Explicit］
　　 d.　It is likely Mary knows.　［Objective & Explicit］

　　　　　　　（Halldiay and Matthiessen 2004: 615, Table 10 (7) より）

　(16)の各例の後の［　］内の表示は「指向性(orientation)」と呼ばれる[19]。言語研究において、「主観的」「客観的」という用語は注意して使う必要があることは当然であるが、SFL が単一節の中で法助動詞を使っている(16a)を最も主観的で非明示的であると判定していることは興味深い。順番に見ていく。(16a)は法助動詞 "will" を用いた単文である。これは「主観的・非明示的」なモダリティであるとされる。(16b)は法副詞(modal adjunct)[20]を使った単一節であり、「客観的・非明示的」なモダリティとされる。法助動詞と法副詞はそのように区別されている。前者が主観的モダリティなのに対し後者はモダリティをより客観化して示していると判定するのである。法副詞が持つ命題を包み込む特性が際立つことによってより客観的とされているのであろう。しかし、単文内のモダリティはいまだなお非明示的であるとみなされる。

　(16c)と(16d)はどちらも節複合(clause complex)である。これらの例においては、モダリティの判断対象となるべき命題が従属節化し、モダリティ自体が主節の方へ転移している。このように2つの節(bi-clause)で具現するモダリティを明示的(explicit)と呼ぶ。(16c)はモダリティの判断主体が話し手の「私」として顕在しているため、節構造としては明示的だが主観的なモダリティだとされる。このように考えると、日本語の「〜だと思う」「〜だと推測する」「〜だと想像する」などもモダリティとして認定できる。一方、(16d)は2つの節であることから(16c)同様、明示的モダリティ表現なのだ

19　モダリティの1つである「志向性(inclination)」と混同しないよう注意されたい。
20　Halliday and Webster (2014: 170–179) は文法的資源としての法助動詞を真性の "modals" とし、その他 "probably" や "It is probable" などの表現を "pseudo-modals" と考えている。疑似モーダルは IFG で言う文法的メタファーに当たる。

が、(16d) のモダリティの判断主体は "It is likely ～" と非人称化されていることから客観的モダリティ表現になっているのである。

SFL は 3 つのメタ機能のうち特に観念構成的メタ機能と対人的メタ機能の部門において、文法的メタファー (grammatical metaphor) の理論を持っている。それは、人間の言語習得は、個体発生においても系統発生においても意味と形式が直接単純に一致した (congruent あるいは natural) な表現法に加えて、意味と形式が直接には一致しない文法的メタファーとしての表現の獲得へと向かうのであるという仮説である。

たとえば、観念構成的には、意味と機能が一致した非メタファーの "Why did you do that?" に対して文法的メタファーとしての "What made you do that?" がある。対人的メタ機能を担うモダリティにおいては、(16a) が最も一致的であり、(16b) はメタファー性が高まり、(16c) と (16d) はともに文法的メタファーとしての対人的メタファーの典型であるとされる。

SFL の文法的メタファーは、日常的言語とより科学的な言語との違いや、種々のレトリック的言語使用に関して、強力な説明力を持つ。このようにモダリティ表現の中に文法的メタファーを繰り入れているところに SFL の特徴がある。これに関連して、モダリティの特性の 1 つを定式的に述べておく。3.5 の (13) で述べたムードに関する定式と比較されたい。

(17) モダリティとその表現形式
モダリティは意味の世界であるため、「肯否中間領域」という定義的枠組みに合致する限り、その表現形式は定型的形式以外の様々な形式をも包摂する。

4.9 モダリティ要素の同一節内複数使用について

言語形式としてのムードは 1 つの節で 1 種類のムードを表示する。1 つの節に複数のムードがあれば言語コミュニケーションに支障が生じるはずである。一方、モダリティは叙述ムードおよび疑問ムードと共起しながら、類似の意味のモダリティ要素や別の意味のモダリティ要素と共起することがある。Halliday (1970) にならって、同じカテゴリーの複数モダリティ要素の共

起をモダリティのコンコード (modal concord) と呼び、カテゴリーは同じでも価 (value) が異なる場合、あるいはカテゴリーそのものが異なる場合の複数モダリティ要素の共起をモダリティの累加 (modal accumulation) と呼んでおく。次の例を見てみよう。

(18) a.　<u>Surely</u> he'll stop talking soon.
　　 b.　He <u>must</u> be going to stop talking soon.
　　 c.　<u>Surely</u> he <u>must</u> be going to stop talking soon.

(Halliday 1970, 全集第 7 巻 p.170)

(18c) では蓋然性のモダリティという同一カテゴリー内で高位の価を表す法副詞 "surely" と法助動詞 "must" がコンコードを起こしている。次の例は同じ蓋然性カテゴリーだが、異なる価 (value) を持った複数モダリティ要素の累加である。

(19)　<u>Certainly</u> he <u>might</u> have built it.　　(Halliday 1970, ibid. p.172)

"Certainly" と "might" は同じく蓋然性のモダリティ要素だが、前者が高い価、後者が低い価を持つ。この種の累加はいかにも人間の言語の柔軟さを示していて興味深い。次の例は、コンコードおよび異なるモダリティの累加である。

(20)　<u>Perhaps</u> I <u>may</u> <u>be allowed to</u> paraphrase for brevity from Scientists against Time by J.P. Baxter in his official account of the American Office of Scientific Research and Development:

(British National Corpus, 例文番号 B7M 1738)

(20) の "perhaps" と "may" は同じ低位の価の蓋然性のコンコードの例である。一方、蓋然性のモダライゼイションの "may" とモデュレイションの「~してよい」の意味の迂言的モダリティ (つまり許可の "may" の文法的メタファー)

である "be allowed to" が同一節に共起して異なるカテゴリーによるモダリティの累加を示している。次の例は、英語では同一節内での複数の法助動詞の累加は許されないことを示している。日本語の場合と比べてみよう。

(21) a. * It may must be true.
　　 b. *それは本当かもしれないにちがいない
　　 c. ??それは本当に違いないかもしれない。

日本語の場合の (21c) が (21b) より容認度が僅かに高く感じられるのは、高い価の「ちがいない」の後で低い価の「かもれしれない」で曖昧化する言い方が、いわゆる「やわらげ」のポライトネスに合致するからであろう。モダリティを考える場合、日本語においては法助動詞的意味を構成する言語形式や品詞が英語と異なることに注意しておきたい。

4.10　モダリティ表現の過去化、否定化、疑問化について

SFL ではモダリティは対人的メタ機能に関係する。一方で時制や否定は主に観念構成的メタ機能に関係する[21]。しかし実際はテクスト形成的メタ機能を含め、3つのメタ機能は生きた言語の中に同時に具現しているのである。Halliday (1970) においてもモダリティと否定や時制のかかわりが細部に渡ってとりあげられている。Hallidiay (1970) はモダリティ（このときのハリデーは「蓋然性」のみをモダリティとしていた）はすべて肯定であり、否定的モダリティはないと言っている。

<u>There is no such thing, therefore, as a negative modality, all modalities are positive.</u> This is natural, since a modality is an assessment of probability, and there is no such thing as a negative probability. A modality may combine, of course, with a thesis which is negative; but the modality itself is not subject to negation.　　　　　　　（Halliday 1970, ibid. p.174, 下線筆者）

21　益岡 (1991) では時制と否定は二次的判断系のモダリティとして位置づけられていたが、益岡 (2007) で、それらは命題内の概念としてモダリティから除外されている。

確かに英語の「蓋然性」に関しては、以下に見るように上掲の Halliday (1970) の言は的を射ている。次は時制とモダリティ（=「蓋然性」）との関係についてのハリデーの考え方である。

> Thus modality itself has no tense; but it may combine with any of the tenses of the verb.　　　　　　　　　　　　　　　(Halliday 1970, ibid., p178)

「蓋然性」のモダリティ自体には時制がないと述べている。Halliday (1970) は否定と時制に関して多くの事例を示しながら、上のような特徴を持つ「蓋然性」とそうでないモデュレイションの表現（義務、必要、許可、能力）とを区別している。時制や否定に関して法助動詞には制約が見られるが、法助動詞以外で、モダライゼイションやモデュレイションを担う表現形式（=文法的メタファーとしての迂言的表現）は時制も否定も受け入れやすいという特徴がある。ハリデーはその違いを法助動詞に込められる話し手の主観性とそれ以外の表現形式の客観性との相違に起因していると考えているようである。

では、以上のハリデーの区別を念頭に置きつつ、IFG における SFL のモダリティ分類[22] の図 6 から「蓋然性」と「義務性」の高位の価を表す法助動詞 "must" を中心にとりあげて、時制、否定、さらに疑問化を加えて検討する。対応する迂言的形式（文法的メタファー）については後で一括してその特徴を考えたい。参考のため英語例の後に日本語訳をつける。

A. 過去化

モダリティは本来、話し手の命題に対する「今そしてここ (now here)」における主観的態度の表明であり、過去時制にするには制約がある、という考え方が一般的である。図 6 のうち、高位の価に相当する表現をとりあげて具体的に見てみることにする。

---

[22] ハリデーは 1985 年の IFG1stEd. でモダライゼイションだけでなくモデュレイションもモダリティと認定し、モダリティが「肯否中間領域」の意味にかかわるシステムであることを統一的に示した。Halldiay (1970) の議論を修正を加えて発展させたものである。

［法助動詞：蓋然性］
1. It must be true.　　　　（それは本当にちがいない。）
2. It must have been true.　（それは本当にちがいなかった。）

　蓋然性の"must"自体は過去化しない。ちなみに、日本語の「違いなかった」は話し手の判断の時点が曖昧化される。「今思えば〜」をつけてみると、「今」の判断である。一方、「あのとき、ふと考えたのだが〜」をつけてみると、判断時点は過去のものとなる。

［法助動詞：義務性］
1. He must leave soon.　　（彼はすぐ出発しなければならない。）
2. He had to leave soon.　（彼はすぐ出発しなければならなかった。）

　英語の義務性の"must"自体は過去形にならない。代わりに"have to"というより客観的な迂言形式を使って過去形にする。上の2の「しなければならなかった」という日本語は、1の「しなければならない」というモダリティ表現自体がそのまま過去化している。日英語の違いに注目しておきたい。モダリティを担う日本語表現の品詞については本書第6章を参照されたい。

B.　否定化
　モダリティは命題に対する話者の主観的判断を表明するものであるから、モダリティ自体が「〜でない」という否定を含むことはないという考え方がある（Halliday 1970参照）。このことについて図6の高位の価を持つモダリティを中心に検討する。

［法助動詞：蓋然性］
1. It must be true.　　　　（それは本当にちがいない。）
2. a. It must not be true. 〈これはアメリカ英語に見られる否定〉
　　　（それは本当でないにちがいない。／cf.＊それは本当にちがいなくない。）

b. It cannot be true.／It can't be true.〈イギリス英語ではもっぱらこちらの否定文を用いる〉（それは本当のはずがない。）

　スワン（2007: 項目番号 359(2)）によれば、英語ではふつう、1 の確定的推量の "must" の文をそのまま打ち消して「確実に、事態が～でない」つまり「～であるはずがない」ということを述べることはできない[23]。その意味では 2.b の "cannot／can't" を用い、2.a のような "must" の否定形は用いられない。しかし、2.a は実際アメリカ英語で時々用いられ、その意味は「あることが論理的に不可能ではないものの、そうならない強い証拠がある」ということである。次のような例が挙げられている。例）The restaurant can't be open — the door's locked.（意味は「～というのは論理的に有り得ない」）例）That restaurant must not be any good — it's always empty.（意味は「論理的に不可能ではないが、～でないのはかなり確かなように思う」）。イギリス英語では例文のどちらの場合も "can't" を用いるとのことである（スワン 2007 同箇所）。
　スワン（2007）の上の指摘に従えば、一般に蓋然性の "must" は否定文がまれである。イギリス英語では命題否定「～でない高い可能性がある」もモダリティ否定「～であるはずがない」も 2.b の例のように "cannot／can't" を用いる。それに対し、アメリカ英語では、時々、前者の命題否定に限り、"must not" を使うということである。このことから言えることは、蓋然性の高位の価を持つ法助動詞 "must"「～ちがいない」）の蓋然性モダリティ自体を打ち消すことはできないということである。アメリカ英語で用いられると言われる 2.a もモダリティ自体の否定ではない。"must" と違って蓋然性の中位の "will"「だろう」と低位の "may" は問題なく否定文を作ることができる。しかしその場合、どちらの否定もモダリティ自体を否定するものではない点に注意したい。日本語の「ちがいない」「だろう」「かもしれない」の否定についても同様のことが言えそうである。

23　トムソン・マーティネット（1991: 項目番号 156）も参照。

［法助動詞：義務性］
1. He must leave.（彼は出発しなければならない。）
2. He must not (=mustn't) leave ．／ He doesn't have to leave.
   （彼は出発してはいけない／彼は出発しなくてよい。）

　義務性の "must"「〜しなくてはいけない」は否定形にすることができる。上で見た蓋然性の "must" は否定文にすること自体が困難であったことと対照的である。しかし意味論的には、2 の最初の "must not"（="mustn't"）はモダリティ否定ではなく命題否定である。意味論的には［must［he not leave］］である。つまり［［彼が行かない］ことが必然］なのである。
　義務性のモダリティ自体を否定するためには "doesn't have to 〜" や "doesn't need to" を使う必要がある。日本語の訳は意味の上で英語に合わせたものである。

C.　疑問化
　モダリティは命題に対する話し手の主観的判断であり、その判断の妥当性に関して聞き手の判断を求めるということにはなにか制約があるかもしれないという疑問から、図 6 における高位の価の "must" を中心に検討する。

［法助動詞：蓋然性］
1. It must be true.（それは本当にちがいない。）
2. Must it be true?〈制約がある〉／ cf. Can it be true?
   （それは本当にちがいないか。〈制約がある〉／ cf. それは果たして本当か。）

　2 の最初の「ちがいない」の "Must" を使った疑問文の使用には制約がある。日本語も同様の制約がある。2 の英文について、トンプソン＆マーティネット（1991: 213、項目番号 156）は、推定の "must" を相手が使って、それに対する反問を表す場合のほかは、「ちがいない」の "must" が疑問文に使われることはないと述べている。一方、日本語の「ちがいない」も相手が確定的推量表現を使っていないのにいきなり「ちがいないか」と切り出す疑問

文は不自然である[24]。英語の低位の推量の"may"や日本語の「かもしれない」も「蓋然性の疑問化について同様の制約を持っている。興味深いことに高低の偏りのない中位の推量である"will"や日本語の「だろう」にはそのような制約は見られない。

［法助動詞：義務性］
1. He must leave soon.（彼はすぐ出発しなければならない。）
2. Must he leave soon?（彼はすぐ出発しなければならない（の）か。）

蓋然性の"must"は心的世界で確信を持って推論しているのであるから、疑問化しにくいのに対して、義務性の"must"は外部世界の状況あるいは条件に基づいた義務判断であるため、話し手自らの暫定的な判断の妥当性に関する判断を聞き手に求めることができるのだと考えられる。

以上、図6における法助動詞について検討した。次に4種類のモダリティ概念に対応する迂言形式（＝文法的メタファー）のモダリティについて考える。迂言形式においてはモダライゼイションの蓋然性は人称主語構文も非人称主語構文も存在すること、通常性は頻度副詞が入っていれば様々な構文で表現される。モデュレイションの義務性も蓋然性同様、人称構文と非人称構文の両方がある。一方、モデュレイションの志向性は有生主語のみを取ることなどに注意してほしい（非人称構文があっても意味がまったく違ったものになる）。便宜上、高位の価の表現形式のみ整理する。

［法副詞：蓋然性］
1. Certainly it is true.（確かにそれは本当だ。）
2. It is certainly true.（それは確かに本当だ。）
［迂言形式：蓋然性］

---

24 日本語の終助詞「か」を伴う疑問文は、疑問文の和訳2のように用いると詰問調になり不自然である。「〜ですか」「〜のか」あるいは「か」をつけない上昇調イントネーションの疑問ムードがふつうである。ここでは文法テストの記述なのでこのままにしておく。

1. I am certain that it is true. （私はそれが本当だと確信する。）
2. It is certain that it is true. （それが本当であることは確かだ。）

［頻度副詞：通常性］

1. It is always true. （それはいつも本当だ。）

［迂言形式：義務性］

1. You are required to leave soon.
   （あなたは早く出発するよう義務づけられている。）
2. It is required that you (should) leave soon.
   （あなたが早く出発することが義務づけられている。）

［迂言形式：志向性］

1. He is determined to leave soon. （彼は断固として早く出発する。）
   （It is determined that ... は「志向性」とは別の意味になる）

　個々の例示は省くが、文法的メタファーに分類される対人的メタファーとしての迂言的モダリティ形式はモダライゼイションとモデュレイションを問わず、「過去化」「否定化」「疑問化」を容易に受け入れることがわかった。このことは法助動詞と比べて迂言的モダリティ形式がモダリティをより客観的かつ明示的に表現することのできる文法的メタファーであることを示している。文法的メタファーは私たちの知的世界の構築や様々なテクストの修辞的意味の創出にとって不可欠なものである。SFL がモダリティの中にこのような文法的メタファーを組み込んでいる点に改めて注意したい。

　以上、図6に沿って、モダリティの特性に関するテストとして「過去化」「否定化」「疑問化」をとりあげて検討した。その結果、「蓋然性」と「義務性」を表す法助動詞に関する制約が最も顕著であり、4種のモダリティ概念それぞれに対して考えられる迂言的形式は法助動詞に比して圧倒的に制約が少ないことがわかった。伝統的な認識的モダリティと束縛的モダリティである「蓋然性」と「義務性」の法助動詞の場合に、話し手の主観的判断態度が持つ「現場性」「肯定性」「主張性」にかかわる制約が大きいことがわかった。この2つの中でもとりわけ「蓋然性」の法助動詞にその制約が顕著である点に注目しておきたい。一方、迂言的形式は総じてより客観性の強い文

法的メタファーとしてのモダリティ表現であることから、時制変化、肯定極性、疑問化を容易に受け入れることができることもわかった。

4.11 「コト節に入るか否か」の規準について

最後に、日本語学の「コト節に入るか否か」のテストについて一言する。文は、命題とモダリティからなるという考え方を取ると、モダリティ要素を認定するために、命題内要素か命題外要素かを決める文法的テストが必要になる。そのテストの1つが「〜するコト」のように「コト節」に入ることができるか否かというテストである。ある要素が連体節の中に入ることができなければ、それはモダリティ要素であると認定される[25]。

図6のような英語のモダリティは法助動詞および迂言形式の多くも名詞節としての that 節や先行詞を取る関係詞節の中に入ることができるので、英語の場合は「コト節」を使ってモダリティを同定することはできない[26]。日本語の場合、「コト節」を使ったテストは確かに明示的なテストではあるが、テスト対象となる要素間で結果に揺れが出てくるため、モダリティの認定テストとして問題が残ると言わざるを得ない。たとえば次のような例である。

(22) ［コト節に入らない要素］
1. *走れコト　　2. *走ろうコト　　3. *走る<u>か</u>コト
4. *走る<u>よね</u>コト　5. *走る<u>ぞ</u>コト　6. *走る<u>のだ</u>コト
7. *走る<u>わけだ</u>コト　8. *走る<u>ものだ</u>コト

(23) ［コト節に入る要素］
1. 走るらしいコト　　2. 走らなければならないコト

---

[25] ただし、「〜というコト」のように引用的になれば、ほとんどあらゆる形式が「コト節」に入ることができる。SFL の投射節（projected clause）である。

[26] 「コト節」に入るかどうかは言い換えれば「連体節」に入るかどうかということである。英語で連体節に相当するのは関係詞節である。しかし「コト節」は英語の「that 名詞節」にも該当する。英語の場合、モダリティを示す法助動詞や迂言的形式の多くが関係詞節や名詞節に入ることができる。ただし、節頭位置の文副詞 probably や perhaps を伴う節をそのまま従属節に入れるのはまれである。

3.　走る<u>にちがいない</u>コト　4.　走る<u>だろう</u>コト
5.　走る<u>かもしれない</u>コト　6.　走り<u>たい</u>コト
7.　?走り<u>ます</u>コト

「コト節」に入ることができない要素をすべてモダリティという概念にまとめて、それ以外の要素を疑似モダリティあるいは非モダリティとして一括するのが妥当かどうかという問題が残る。細部の検討は省略するが、下線を引いた部分がモダリティか否かについては、本書での議論を参考にされたい。

5. 選択体系機能理論に基づく日本語のムードとモダリティ
5.1　モダリティの捉え方

　ナロック（2014）はモダリティの定義の歴史を解説している。まとめると次のようになる[27]。

(24) a.　「必然性」と「可能性」としてのモダリティ（哲学や論理学の視点）
　　b.　「文のあり方」としてのモダリティ（平叙・疑問・命令など文のタイプと同じもの）
　　c.　「主語と述語の結びつきとしてのモダリティ（19世紀の論理学、用語としてはムードの方を使った）
　　d.　「事実未定」あるいは「非事実」としてのモダリティ
　　e.　話し手の態度あるいは主観性としてのモダリティ（日本語学でよく採用されている）
　　f.　文の二大要素の一つとしてのモダリティ（文＝命題＋モダリティ、という考え方）　　　　　　　　　　　（ナロック 2014: 5–16）

　(24d) は「事実未定」「非事実」という特性によってモダリティを定義するものである。ナロック（2014: 17）は (24) 全体のなかで、これを支持する

27　本書第1章 21 〜 23 ページも参照のこと。

と述べている。(24d) は本章4節の4.1におけるIFGの定義である「モダリティは肯否不確定中間領域について述べる」という考え方に近いと言える。本節の中心は選択体系機能理論による日本語のムードとモダリティの分類を提案することである。その過程で、主にTeruya (2007) を参考にする。Teruya (2007) はSFLの枠組に基づく先駆的かつ包括的な日本語研究である。本節はTeruya (2007) の提案を参考にしつつ、いくつかの点で本書独自の分類や位置づけを提出することになる。

5.2　SFLに基づく日本語のムード

以下は本書の分類法である。否定と疑問の形式は省略する。

図7　SFLに基づく日本語のムード（6種類）

図7では、6種類の叙法形式を設定している。ここでは、Teruya (2007) にならって叙述ムードと疑問ムードに「無標」と「有標」の区別を設けている。有標：説明は「のだ」がつく場合である。日本語において「のだ」の頻度は極めて高い。一方、「わけだ」も頻度は「のだ」より低いと思われるが説明を表す。これらが付いた場合を「有標〈説明〉」とする。

「ことだ」「ものだ」は益岡 (1991) で価値判断のモダリティとされている形であるが、これを「有標〈価値判断〉ムード」とする。「のだ」「わけだ」「こ

とだ」「ものだ」に共通するのは全体に定型的であり、SFL でいう叙述や疑問のムードに付加され、それらに独自の意味を付与するからである。本書では、これらをモダリティ要素とはしない。これらの要素は SFL のモダリティ認定基準の「肯否中間領域」の意味を表すものではないからである。

なお、Teruya (2007) では「だろう」を推量ムードの形式としているが、「だろう」は肯否中間領域の蓋然性を指す中位の価を持つ形式と捉え、本書ではモダリティ要素とした。

図7では、日本語の非叙述ムードの種類が英語の場合よりも多くなっている。順番を入れ替えて示しているが、付した英語名も含めて、非叙述ムードの分類はおおよそ Teruya (2007) に従っている。「命令」「要求」「提案」「申し出」の順に配置した。命令と要求は聞き手に品物／行為を要求する点で共通している。要求の「〜してくれ」は丁寧形「〜してください」の形で頻度が高く「利益」や「恩恵」の含意を含む独特の定型表現であり、ムードの形式とするにふさわしいと判断する。「提案」は Teruya (2007) では命令ムードの下位概念とされている。確かに「提案」は英語では命令形の1つ "Let's 〜" で表すことができる。しかし日本語では命令の形式を取らず、かつ発話機能の点で相手への行為指示ではなく共同行為的である。そのため、命令の下位区分ではなく「(みんなで)〜しよう」を「提案」ムードとして独立させた。次の「申し出」の「(誰かのために)〜しよう」は言語形式だけを取れば「提案」と同形である。ただし、発話機能は、基本的に話し手自身の行為の申し出、すなわち行為拘束的である。この形式も「手伝いましょう」のように申し出の定型表現となっているため、ムード形式に組み入れることができる[28]。

Teruya (2007) で「願望のムード (optative mood)」とされている「〜したい」という形式は、意味的に話し手の心的態度としての「欲求」を示すものとして、モデュレイション・モダリティの「志向性(inclination)」に含めた[29]。

---

[28] SFL が英語に「申し出」ムードを設定していないことは既に述べたとおりであるが、本書は日本語の「(誰かのために)〜しよう」を、この表現の定型性に基づき「申し出」ムードとして認める立場をとる。

[29] 「〜したい」という形自体は、叙述ムードである点に注意したい。「〜したいか」のよ

図7に挙げたムード形式とSFLの言語的「交換」に基づく4種の基本的発話機能との関係は成立しているだろうか。情報の交換としての「陳述」「質問」、および品物／行為の交換としての「申し出」「要求」である。図7からその関係が成立していることがうかがえる。

5.3 SFLに基づく日本語のモダリティ（9種類）

本書の分類法は以下のとおりである。否定と疑問の形式は省略する。

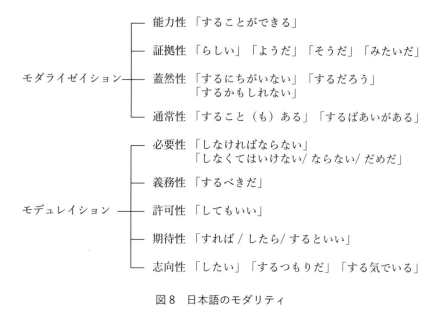

図8　日本語のモダリティ

図8では、モダライゼイション4種、モデュレイション5種の計9種類のモダリティを分類している。その特徴の1つは「能力」をモダリティの中のモダライゼイションに含めた点である。これはTeruya (2007) においても同様である。能力をモダリティのどこに位置づけるかは難しい問題であるが、本書は次のような理由でモダライゼイションに区分した。つまり、「能力」はモデュレイションの「命令」や「志向性」のように直接的に聞き手に

うに疑問ムードにもなる。もし「〜したい」を願望ムードとするなら、願望叙述ムードや願望疑問ムードなどの概念が必要になってしまう。

行為指示をしたり申し出をしたりするわけではない。たとえば「彼はフランス語を話すことができる」という「能力」表現は「彼がフランス語を話すことが可能だ／話す可能性がある」ということに最も近いと考えることができる。これは蓋然性や通常性に近い概念である[30]。

推量の「だろう」は上で触れたように英語の "will" と同じように「肯否中間領域」を示す表現として蓋然性モダリティに分類した。「証拠性 (evidentials)」も本書では「肯否中間領域」を指す要素としてモダライゼイションに分類した[31]。Teruya (2007) では、「だろう」は推量ムードとして、「証拠性」(「らしい」、「ようだ」など) はムードでもモダリティでもない別種の対人的システムとして扱われている。その際、「だろう」や「らしい」「ようだ」などが表す判断は、話し手の心的世界から発する主観的判断を示すものではなく、外的な事象を根拠とする客観的判断であるとされている。本書は「蓋然性」や「証拠性」について、判断の根拠の主観性と客観性の区別を分類規準にしないことにする。話し手の判断とその判断の根拠の主観性・客観性は連続的でファジーなものであると考えるからである。

モデュレイション 5 種は Teruya (2007) にそったものである。上で挙げた IFG の図 6 における英語の義務性 (obligation) は包括的な概念として設定されている。そこには "must" "will" "may" 以外の法助動詞が省略されている

30　英語の "can" は多義的であり、コンテクストによって「能力」の他に「許可」や「申し出」を表すこともできる。日本語の「することができる」も同様である。そのときは「能力」からの派生的発話機能としてのモデュレイションと考えられる。ちなみに Halliday (1970) は英語の "can"「能力」をモデュレイションに分類している。澤田 (2006) では、事象的モダリティの中の力動的モダリティ (dynamic modality) に分類され、存在的モダリティや束縛的モダリティと同じグループに入っている。一方、日本語学では能力の「できる」はモダリティではなく命題内要素とみなされているようである (益岡 1991, 2007 他参照)。

31　英語には「証拠性」を示す法助動詞はない。そのため、モダリティを英語法助動詞の意味に限定する立場から見れば、「証拠性」はモダリティではないとみなされるだろう。しかし、日本語の「証拠性」を示す「らしい」「ようだ」「みたいだ」「そうだ」は、SFL の言う「肯否中間領域」にかかわる話し手の主観を表す要素として、「蓋然性」と同じくモダライゼイション・モダリティに含めることができる。澤田 (2006: 24) も「証拠的」と「認識的」を「判断的」モダリティの下位概念として分類している。益岡 (1991) も「証拠性」を「真偽判断」のモダリティに含めている。

が、他にも"should" "ought to" "need"などが考えられる。しかし、重要なことは、英語の場合、図6の円の中はすべて「法助動詞」という同じ品詞グループであるという点である。一方、日本語の場合、「しなければならない」「べきだ」「してもよい」という言語形式からわかるように、すべて個別の形式であり、語形成の過程自体が様々に異なっている。異なった形式によって、同じモデュレイション概念の異なった対人的意味が担われているところから、5種に分類することに合理性があると考える。図8におけるモダライゼイションとモデュレイションを合わせた9種の要素はすべて、SFLの言う「肯否中間領域」の意味を解釈構築する表現としてのモダリティの定義的性格に合致していると言える。

これまで提示した分類にそって、少し複雑な日本語の文の対人関係性を分析すれば以下のようになる。

(25)　ひょっとして、(彼は)自分でそれを解決したいと思うこともあるのだろうか。

　　　ひょっとして、　　(彼は)自分でそれを解決し　たいと思う[32]
　　　(法副詞：蓋然性)　(命題)　　　　　　　　　　(志向性)
　　　こともある　　の　　　　　　だろう　か。
　　　(通常性)　　(有標ムード：説明)(蓋然性)(疑問ムード：交渉詞)

---

[32] 「〜したい」はもっぱら単一節内で用いられる。したがってSFLの定義上、その指向性は'subjective/implicit'である。その際、主観的であることはすぐ理解できる。一方、SFLがモダリティに関して用いる非明示的(implicit)は「単一節内モダリティ」を指すための用語であるが、この用語は誤解を招く恐れがある。なぜならば、日常的概念としての明示・非明示の点から見れば、「〜したい」はあまりにも直接的で明示的な欲求の表明であるからである。SFLのモダリティに関する「非明示」という用語は多義的な英語の法助動詞に最もよく当てはまるものであり、日本語の法助動詞の中の意味の明示を伴うタイプを説明する際に有効かどうかはさらに検討の余地がある。もう一点、例(25)における「たいと思う」を志向性モダリティと表示したが、厳密には「と思う」という垣根表現を伴う垣根つき志向性(hedged inclination)というべき形である。この場合の「思う」は蓋然性(推量)の意味を表しているのではない。「〜したい」と「〜したいと思う」を比較されたい。なお、本注は第65回新潟大学言語研究会(平成27年12月18日)における山田陽子氏(hedgeについて)と木島愛氏(implicitの概念について)によるご指摘に負うところが大きい。記してお礼申し上げる。

1つの節の中で、蓋然性モダリティの「だろう」とコンコードを起こす法副詞「ひょっとして」、疑問ムード、有標ムード、モデュレイション・モダリティ（志向性）、モダライゼイション・モダリティ（通常性、蓋然性）のそれぞれが機能し合って、(25) の対人的意味を創り出しているのである。(25) のムードは全体として「有標（説明）の疑問ムード」と呼んでおく。

5.4 対人的意味創出にかかわる種々の言語的資源

　以上、図7、図8において、SFLに基づく日本語ムードと日本語モダリティの分類に関する本書の立場を示し、その規準となる考え方を示した。先行するモダリティ研究においてモダリティ表現とされてきたものが本書の分析結果から除外されている場合がある。それら除外されたものの中には日本語という言語の対人的意味を創り出すための大きな役割を担っているものが少なくない。

　益岡 (1991, 2007) は日本語モダリティの包括的な研究である。そこでとりあげられているモダリティ要素のうち、上の図8に入っていないものがある。たとえば、表現類型のモダリティの大部分は既に述べたように本書ではムードの概念に位置づけられている。その根拠は、「肯否中間領域」を指すというモダリティの定義に合致せず、ムードの定義のほうに合致するからである。交渉詞の機能については詳述を省いたが、これらが日本語の対人的メタ機能において看過できない役割を果たしていることは言うまでもない。。丁寧語の「です」「ます」も同様である。「です」「ます」は本書では別種の対人的システムとしての「ポライトネス」に位置づけられている。益岡 (2007) でモダリティ要素とされている「嬉しいことに」や「残念なことに」のような評価副詞の多くも本書で言うモダリティには該当しない。交渉詞、丁寧語、評価副詞が、本書のモダリティ定義である「肯否中間領域の意味構築」に該当しないからである。

　このように言語の3機能の中の対人的メタ機能にかかわる対人的意味の創出は、本章で論じてきたムード、モダリティだけではなく、交渉詞、丁寧さ等々の言語的資源によって達成されるのである。さらには、対人的意味を同時複合的に支える機能として過程構成、節複合、時制、相、肯否極性など

観念構成的メタ機能にかかわる諸要素があり、さらにはテクスト形成的メタ機能にかかわるジャンル、テクストの修辞構造、会話の展開などがあることも念頭に置いておきたい。

6. おわりに

　本章は、SFL の叙法体系（MOOD System）について、特にムード概念とモダリティ概念について検討した。

　まず、選択体系機能言語学（SFL）の言語観の輪郭を述べ、その中で SFL が言語を層（strata）として捉え、最も外側の層にコンテクストを配し、コンテクスト内での経験から生じる意味層が想定され、意味層が具現される語彙－文法層、さらに表現面を担う音韻・音声層が最下層に来るというように、コンテクストと意味を特に重視するいわばトップダウン的言語観であることを述べた。

　続いて、SFL の機能を集約する 3 つのメタ機能について解説した。観念構成的メタ機能機能は経験的メタ機能と論理的メタ機能を包摂し、意味を語彙－文法的に具現するための節の過程構成にかかわるメタ機能である。対人的メタ機能はムードやモダリティを始めとして、対人的意味創出のためのすべての言語資源の働きに関係するメタ機能である。テクスト形成的メタ機能は主題・題述構造や結束性を含むテクストのジャンル構造や修辞構造にかかわるメタ機能である。これらのメタ機能は既にコンテクスト層と意味層において潜在し、語彙－文法層や音韻・音声層において顕在化する。さらにこれらのメタ機能は言語表現の中に同時複合的に具現することを強調した。

　SFL のムード概念と叙法構造は、対人的メタ機能の根幹である「情報」の交換と「品物／行為」の交換に直結する基本的発話機能との対応関係から定義される。英語の場合、「陳述」「質問」「命令」の発話機能がある。「申し出」ムードは欠如しているが、3 つのムードと「志向性」などのモダリティとの組み合わせにおいて補完されることを指摘した。

　SFL のモダリティ概念は、基本的発話機能、ムード概念と平行関係にある。ただし、それは部分的に不完全な平行関係である。SFL ではムードとモダリティは相対的に区別されるべき概念である。両者は同じシステムとい

うわけではない。モダリティは、ムードの下位システムと位置づけられている。さらに繰り返し述べてきたように、モダリティは意味論的概念であり、その定義は「肯否中間領域の意味構築」である。本章はこの定義を厳密に適用することにより英語と日本語のモダリティを統一的に捉えようとしたものである。特に重要な点として、SFLは法助動詞による主観的、非明示的、一致的（congruent）なモダリティだけではなく、文法的メタファー（grammatical metaphor）としての種々の迂言的形式をモダリティ表現の中に含めていることを見た。そうすることによって、日本語の「～と推測される」「～する可能性が高い」「～する機会がある」なども文法的メタファーのレベルのモダリティ表現として捉えることができるのである。

　最後にSFLによる日本語のムード（6種類）とモダリティ（9種類）の分類法を提示した。多くの事項についてSFLの先行研究としてのTeruya（2007）を参照した。Teruyaの枠組みにそった部分とそうでない部分がある。まず「のだ」を有標の説明ムードとするTeruyaの考え方を採用した。一方、Teruyaで「証拠性」に分類されていた「わけだ」を有標説明ムードに加え、「ことだ」「ものだ」を有標の価値判断ムードに設定した。さらに推量の「だろう」と証拠性「らしい」「ようだ」などをモダリティに含めたことである。これらは本書独自の立場である。また、非叙述ムード（non-indicative mood）の下位分類はTeruyaの「提案ムード」を独立させて、4分類とした。「命令ムード」「要求ムード」「提案ムード」「申し出ムード」の順に並べている。Teruyaで「願望」ムードとされていた「～したい」を上述の理由により「志向性」モダリティに分類した。日本語の場合、ムード、モダリティとも英語の場合より分類数が増えている点が特徴となっている。

　SFLのムードとモダリティはそれぞれの定義的性格により、かなり絞り込まれている。その結果、先行研究でモダリティとされていた要素のいくつかがモダリティから除外されることになった。しかしSFLの視点から見れば、対人的意味を創り出す言語資源はムードとモダリティだけではないという点が重要である。

　本章はムードとモダリティ以外の言語資源や選択体系網（system network）には触れなかった。次章以降において、対人的意味選択体系の実際的な姿が

示され、それぞれの言語資源が叙法体系全体の中でどのように機能しているかがより具体的に示されることになる。

第4章

機能文法による記述体系

1. はじめに

　第1章から第3章で考察したように、日本語モダリティ研究で扱われている対人機能的意味概念には、狭義のものからかなり広範囲にわたる概念を包括するものが存在する。

　この概念範疇の差異により、あるモダリティ領域を定めることによりその中に包括されない領域を生み出す結果を生み出すことになるが、それらがどのような意味的な働きを持つかという機能的な意味範疇の概念が不在であったため、モダリティ領域の区分が選択的に行われてきたようである。本書では、言語の意味体系に内在する対人機能的意味領域を集合的な概念として捉え、モダリティを含む対人機能的な意味領域と言語体系の始原的意味体系と定める。また、「従来のモダリティ」に含まれた諸概念を「対人機能的意味範疇」に含まれるものとして捉え、肯否中間領域に属する不確定な意味領域を指す概念としてモダリティを定義した。

　このような立場を踏まえ、本章では、本書の理論的な枠組を提示するために、まず、日本語の対人機能的意味資源全体を包括的にまとめるための日本語叙法体系網（The system of MOOD in Japanese）を提示し、その中でモダリティ概念と表現様式の所在を体系的に整理する。この理論的枠組の設定により、対人機能的意味体系の中で種々の先行研究の概念範疇の所在も客観的に確認が可能となり、個々のアプローチ間の違いも対人機能的意味資源の領域として概観するための指標となると考える。

　次に、先行研究でとりあげられた種々のモダリティ表現の多様性と機能性

を機能的に説明するための（また換言すれば、日本語の対人機能的意味体系の選択体系網の個々の意味素性に対してそれらを共有する複数の表現様式がどのように使用され、なぜ使用されるのかという点についてテクストレベルから解明するための）枠組みを提示する。

　ここで対人的メタ機能における叙法構造という観点から、日本語の文法的法（ムード）という概念に関連した用語の整理をしておきたい。機能文法では、対人的メタ機能を情報の「交換」という捉え方で位置づけている。それはたとえば、Halliday and Matthiessen (2014) の第4章を「交換としての節 (clause as exchange)」と名づけていることに端的に示されるであろう。同書136ページの選択体系網による分析では、言語活動は情報もしくは物・役務を提供もしくは要求すると定義される。対象が物であるか役務であるか、提供するか要求するかという二者選択によって全体で4通りの組み合わせができる。情報の提供を行うのが陳述 (statement)、要求することが疑問 (question) である。物または役務を提供することが申し出 (offer)、要求することが命令 (command) である。MOODと表記されるのは、このような情報の交換という意味での叙法構造であり、同書162ページの選択体系網全体を指す枠組みである。本章では、この意味でのMOODを「叙法構造」と呼ぶことにする[1]。

　次にMoodについて述べておく。機能文法において対人的メタ機能では、節を叙法部と残余部に分割する。この叙法部をMoodと表記するのである。残余部はResidueという表記である。叙法部はさらに主語 (subject) と定性 (finite) に分割される。ハリデー (2001: 109) によると、「主語と定性は、緊密な関係にあり、互いに結びついてわれわれが叙法部と呼ぶ単一の構成素を形成する」。叙法部の定義として、同書に次のような記述がある。

(1)　主語と定性からなる叙法部が存在することで、「叙実法」という機能特性が具現される。

---

[1]　ハリデー (2001) においては叙法部＋残余部という組み合わせを「叙法構造」と定義している。本章での扱いと異なる点に留意されたい。MOODは単に「叙法」としている（704ページの索引）。

(2)　叙実法においては、主語と定性の配置される順序が重要である。
　　a. 主語を定性のまえに配置することで、「叙述法」が具現される。
　　b. 定性を主語のまえに配置することで、「yes／no 疑問法」が具現される。（以下、略）　　　　　　　　　　　　（ハリデー 2001: 110）

　叙法部は、英語の語順という観点からは常に節頭に位置するので主題＋題述（Theme + Rheme）構造の主題と重なることが多いと考えられる。機能文法の定義では、英語における主題とは「節がこれから述べようとする内容を明示するものであり、文頭に位置する」と定義されているからである。これについては、今後の課題として残しておく。残余部の役割は、「命題を具体化する」こと（ハリデー 2001: 109）と述べるに留める。
　最後に小文字で表記される mood について言及する。これは Halliday and Matthiessen (2014: 162) の選択体系網においては mood type として表示されており、叙実法（indicative）または命令法（imperative）が選択される。叙実法の下位区分として叙述法または疑問法が選択される。伝統文法では仮定法（subjunctive）が叙実法・命令法と並置されることが多いが、本章では仮定法は扱わないこととする。
　このように、日本語表記では「ムード」という 1 通りしか区別できないものが、機能文法の枠組みでは 3 通りの範疇を指しているという点に注意が必要である。本章では、MOOD を叙法構造、Mood は叙法部、mood は個別の叙実法あるいは命令法として区別する。
　以下、2 節で機能文法による選択体系網の原理と応用について、3 節では機能文法による日本語叙法体系分析、4 節以降は日本語体系の下位区分としてのモダライゼイションとモデュレイションについて論じる。

2. 選択体系網

　本節では、機能文法における選択体系網について基本となる前提を紹介しておく。選択体系とは、「言語は話者または書き手が種々の可能性から選び取った要素を組み合わせて言葉として具現させている」という考えが根本にあるように思われる。その選択という手続きをわかりやすいように表示した

ものが選択体系網として様式化したと言えるであろう。

機能文法における選択体系網は、次のような基本的な表示によって示される。

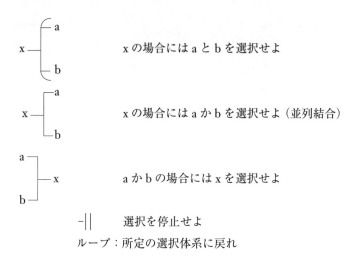

図1　選択体系網凡例（山口 2001: 684）

これらの規定に基づいて、たとえば英語の時制を選択体系網によって表示すると、次のようになる。

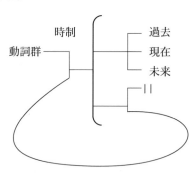

図2　時制の選択体系網

基本的に機能文法では「時制」という概念を広義で捉えているので、過

去・現在・未来という三要素からの選択を繰り返すということをこの選択体系網は示しているのである。つまり選択体系における広義の「時制」は過去・現在・未来という基本時制に加えて完了形を「過去」とし、進行形を「未来」で「代用」しているのである。単純な過去・現在・未来であれば、選択は一回行われただけで「||」において停止する。しかし現在完了を選択しようとすると一回目に現在を選択した後に、ループによって最初に戻り二回目としては過去を選択する。この定義によると、現在完了は「現在における過去」であると言える。詳細については、山口(2001: 684)を参照されたい。

　もう1つ、機能文法に特有の用語を紹介しておきたい。それは従属結合 (hypotaxis) と並列結合 (parataxis) である。上掲の時制にかかわる選択体系網では、過去・現在・未来という三者択一の関係である。一次時制では、この三者から1つを選択する。これを並列結合という。従属結合の例は、後述する「寒かったので、家に居た」という例で説明する。

　ここで、Halliday and Matthiessen (2014: 162) に示されている英語叙法体系について言及しておきたい。この選択体系網は、本章で主眼としている日本語叙法体系を論じる際の前提と位置づけられる考え方である。やや主観的な言い方であるが、この英語叙法体系は「意図的に篩の目を粗くしてある」というのが第一印象である。この点については、角岡(2015b: 34–35)でも指摘している。英語の叙法体系という複雑な構造が、比較的簡素な一枚の表に納まっているのが素朴な驚きである。たとえばHalliday and Matthiessen (2014)においてモダリティの下位区分であるモダライゼイションとモデュレイションは、それぞれ蓋然性・通常性と義務性・志向性という2つずつの範疇が立てられているのみである。これ以上簡素にするのが不可能であるように思われるこの選択体系網は、1つの可能性として日本語や中国語など多言語に応用するという前提で造られている可能性を考えてみたりした。次節で日本語叙法体系を選択体系網に沿って分析していくが、「のだ」を叙法としてつけ加えたりモダライゼイションとモデュレイションの下位区分を増やしたりするのは、英語の叙法体系を出発点として組み立てていくということを前提にすれば比較的容易であるように考えられるのである。

　もう一点だけ指摘しておくと、証拠性という範疇はこの選択体系網には見

当たらない。日本語叙法体系における証拠性の位置づけについては本章5節で論じるが、Halliday and Matthiessen (2014) では証拠性は第十章第二節「投影 (Projection)」という枠組みで捉えられている。少し長くなるが、証拠性に関連する記述を引用してみる。

> Unlike the logical and experiential manifestations, the interpersonal manifestation does not represent the Sayer or Senser; rather it enacts the speaker's opinion - an enactment of his or her degree of commitment to the proposition: the proposition is assessed as being projected by somebody other than the speaker.
> 論理または経験的［メタ機能］[2] 表明と異なり、対人的表明は発言者あるいは感覚者を表象しない。専ら話者の意見を代言するのである——命題に対する話者のかかわりを代言するという度合いである。命題は、話者以外の人物によって投影されるというように評されるのである。
> 　　　　　　　　　　　　（Halliday and Matthiessen 2014: 677、引用者訳）

要するに「証拠性とは話者（または書き手）が自分以外の発言を引用するのであり、それを投影という枠組みで捉えている」という特性を反映しているのである。話し手または書き手は自分自身の根拠あるいは思考ではなく他者の考えを引用しているという点が特徴的である。では機能文法では、英語叙法構造において証拠性をどこに位置づけているかと言うと、モーダル評価の想定 (presumption) においてである。法付加詞として evidently, supposedly, reportedly, allegedly, arguably, presumably、過程 (process) を導く動詞として report, allege, argue、「心理」節を導く動詞として suppose, presume が挙げられている (Halliday and Matthiessen 2014: 678)。叙法構造の選択体系網には現れないという点において、英語における証拠性というのは「扱いが軽い」と言えそうである。これはモダライゼイションの下位区分として位置づ

---

[2] 論理・経験メタ機能とは、過程構成メタ機能を構成する下位区分である。対人的・テクスト形成的メタ機能においては、このような下位区分は見られない。過程構成メタ機能に特有な区分である。

けられる日本語叙法構造における証拠性と比較してのことである。

　日本語における証拠性の扱いは5節で論じるが、証拠性表現が表す意味としては日本語も英語も共通と考えられる点がある。4節において証拠性表現が表す意味について、上掲のような英語の定義と日本語の定義とを比較する。

3. 日本語叙法構造について

　本節では日本語叙法体系について、英語の叙法体系（Halliday and Matthissen 2014）と比較を行っておきたい。これから述べる両言語間の差異には、言語の違いに由来するものが多く含まれる。第一に、日本語における「交渉詞」の存在である。これに相当する英語の範疇はない。日本語では主節の区分として、自立節か依存節か・肯否極性・ムード評価という3つの選択と並ぶ上位の部位で選択がなされる。交渉詞とは「ね、よ、ぞ」というように伝統的な品詞分類では終助詞と呼ばれ、話し手の心的態度を的確に聞き手に伝える役割を担うものである。この類は書き言葉においてよりも話し言葉において比重が大きく、話し手の性別や年齢などによって大きく左右される。疑問を示す「か」や禁止命令（「いけないよ」の「よ」など）という特徴的な用例も多い。

　次に、自立節の中で付加詞・主語の有無・主語の人称・ムードタイプ（命令法か叙実法か）と並んだ位置に置かれる常体または敬体の選択と敬語体系について言及する。この2つは日本語特有と言える現象であり、相互に関連している。常体とは「だ、である」という節末表現で具現され、敬体では「です、ます」となる。この選択もまた、話し言葉か書き言葉かという区別に左右されることが多い。話し言葉においては、聞き手が親しい身内や目下の者に限られる以外は敬体が無標である。書き言葉では挨拶文など改まった場面以外では常体も許される、というのが無標であろう。これに対して敬語というのは、話し手または書き手と聞き手または読み手の相対的人間関係によって決まる複雑な枠組みである。言語学的には、極めて語用論的要素が大きいと言えるであろう。

　続いて、説明の「のだ」について論じる。これは選択体系網においては叙実法の下で叙述法・直示と共に並置されている3つのうちの1つである。位置づけとしては「説明ムード（mood）」という有標の範疇としている。こ

の点について福田 (2015: 14) は「SFL [引用者注：機能文法] の肯否不確定領域という基準を厳密適用すれば、当然、「のだ」はモダリティに入ってこないわけである」と述べている。「肯否不確定領域」とは、本章では「肯否極性の中間に属する領域」と称してきた。日本語学においては「のだ」は「わけだ、ことだ、ものだ」と共に説明モダリティと括られることが多かった（たとえば益岡 2007）。角田 (2004) から例と説明を引いてみる。

  (3-62) A：これは何ですか？   B：りんご<u>です</u>。
  (3-62)' A：これは何ですか？   B：りんご<u>なんです</u>。
  (3-62)'のように「りんごなんです」と答えると、「<u>実は、</u>／<u>驚くなかれ、</u>りんごだ」というような、何か特別な驚くべきものを持っているような響きになる。話者自身が驚いている場合もあるし、聞き手を驚かせようとしている場合もあるだろう。   （角田 2004: 119、下線は原文による）

 「です」という断定も「なんです」と強調しても、命題の肯否極性は同じである。しかし「のだ」の付加によって話者の強調が加わるという点においては、機能文法におけるモダリティ定義には該当しないと言えるであろう。
 もう1つ、興味深い観察をつけ加えておきたい。それは角岡 (2012: 19) でも指摘しているのであるが、「説明モダリティ」というのが日本語学独自の発想ではないかと考えられる点である。その根拠は、Sawada (1995)、Johnson (2003)、Narrog (2009a) のように日本語学という枠組みの外側から眺めた論考では「説明モダリティ」というような範疇が組み込まれていないというところである。そもそも「のだ」という叙述形式を論じていない。これら論考は、英語で執筆されたという事実よりも英語の法助動詞を中心とした枠組みに沿っている事の方が<u>重大な意味を持つ</u>ように思われる。説明の「のだ」と機能文法における分析については、角岡 (2013, 2014, 2015a, b)、Kadooka (2014, 2015) を参照されたい。

4. 証拠性の扱いについて

 この節では、以前にはモダリティには含まれていなかった証拠性について

論じることとする。本節で採り上げる証拠性の表現は「らしい、ようだ、そうだ、みたいだ、という、とのことだ」およびその否定形である。

Teruya (2007) は、モダライゼイションの下位区分として蓋然性・通常性・能力性の3つ、モデュレイションの下位区分としては必要性・義務性・許可性・期待性・志向性の5つを立てていた。角岡 (2013, 2014, 2015a, b) ではこの区分を踏襲していた。本章は、これら合計8つの下位区分に証拠性を加える。

福田 (2015: 15) で Teruya (2007) の証拠性についての議論を総括している。そこでは、様相 (するらしい、しそうだ、するようだ、するみたいだ)・伝聞 (するそうだ、するという)・推論 (するはずだ、するからだ、するわけだ、するためだ) という3つの下位区分を立てている。Teruya (2007) においては、証拠性をモダリティと並立するように定義している。つまり、証拠性はモダリティの外部に位置づけているのである。そこでの定義を、福田 (2015) による日本語訳と共に紹介しておく。

> EVIDENTIALITY is a system by which a judgment is made with respect to the validity of propositions. 　　　　　　　　　（Teruya 2007: 212）
> 証拠性はそれによって命題の妥当性に関する判断が行われるシステムである。 　　　　　　　　　　　　　　　　　　　　　（福田 2015: 15）

この定義において、命題そのものについては話し手または書き手は真偽値を変えていないということが明らかである。しかし様相にしても伝聞にしても推論にしても、発話において命題の内容について肯否極性の中間に属するような——すなわち、真かもしれないし偽かもしれない——という述べ方をするのが証拠性表現の特徴であると言えよう。

第二節において英語叙法構造が機能文法流の選択体系網によってどのように捉えられているかを見たが、そこでは証拠性は選択体系網に示されていなかった。Teruya (2007) が述べている日本語叙法構造の全体像から察すると、直示性 (Deicticity) は時制とモーダル (法制) と証拠性という三範疇が並列結合で置かれているという構図を描いているようである。そして証拠性はモー

ダルすなわちモダリティと選択する位置に置かれているのである。このように、モダリティとの関係を別にして、証拠性を選択体系網で位置づけるという手法は Halliday and Matthiessen (2014) における英語叙法体系の分析と明らかに異なっている。

遡って、Teruya (2007) におけるモダリティの定義を見ておこう。

> The system of MODALITY[3] operates in terms of values on the cline between positive and negative polarity; the speaker makes assessments about propositions with reference to ability, usuality, obligation, necessity and etc. ... it is the interpersonal manifestation of the semantic domain ...
> モダリティとは、肯否極性の中間値で展開する。話者は、能力・通常性・義務性・必要性などに関して命題への評価を行う。これは意味的領域における対人的表明である。　　　　　　　（Teruya 2007: 205，引用者訳）

この定義自体は Halliday and Matthiessen (2014) など機能文法におけるものと同じであると言える。つまり細かい部分、たとえばモダライゼイションとモデュレイションの下位区分などについては言及していない。したがって本章で扱っている証拠性の位置づけというように、広く解釈ができる余地が生じるように思われるのである。

本章では証拠性をモダライゼイションの下位区分と分類する。その理由について、次のような福田 (2015) の主張を援用する。

> 筆者には 'reasoning' の「するからだ」「するわけだ」「するためだ」という説明的表現を除いて、すべて肯否不確定領域に関係する表現として

---

[3] ここで原著にも注が附せられ、次のような趣旨で日本語学におけるモダリティ研究について言及している。「日本語学では、モダリティという用語は理論的あるいは記述的な意味合いに応じて様々に用いられる。しかし大半は、ムード (MOOD)・極性・時制・丁寧さなど機能文法で対人的意味と称しているもの周辺について用いられるのである」。確かに、日本語学におけるモダリティ研究は、たとえば益岡 (1991) のように時制まで含めるような例もあった。これは是非の次元ではなく、方法論および定義の違いによるものである。

「蓋然性」という大きな枠に入れてから下位区分するか、それとも「蓋然性」と並べて、「証拠性」をモダライゼーションの中に位置付けるほうが良いように思う。　　　　　　　　　　　　　　　　（福田 2015: 15）

　本章ではこの立場から一歩進めて、証拠性をモダライゼイションの下位区分として位置づけた。その根拠は、「モダリティとは、肯否極性の中間に位置する」という機能文法における定義である。証拠性とは、命題に関して話し手または書き手が持っている心証である。したがって命題そのものは中立的に陳述されるのであるが、命題の真偽について話し手または書き手が一定の判断を下しているのである。様相では「らしい、そうだ、するようだ、みたいだ」というように命題の実現性について話し手または書き手が予想を展開する。伝聞は「そうだ、という」というように自分が見聞した命題内容を仲介する。推量表現「はずだ、からだ、わけだ、ためだ」については、上述の福田（2015）を踏襲して別途論じることとする。様相と伝聞については、以下でコーパスから例を引いて実例に則して検証する。

　またモダライゼイションかモデュレイションのどちらに配分するのが妥当かという点については、福田（2015: 17）で前者を「対事判断的」、後者を「対人調整的」というように位置づけているのを参考にして、ここではモダライゼイションの下位区分とした。

　ここで証拠性表現の実例を検証するために、国立国語研究所が作成した日本語均衡書き言葉コーパス「少納言」（www.kotonoha.gr.jp/shonagon/）から引用する。引用元の内訳等は、以下のようである。

(3)　　書籍　　　　（1971〜2005 年、22,058 件、約 6,270 万語）
　　　雑誌　　　　（2001〜2005 年、 1,996 件、約　440 万語）
　　　新聞　　　　（2001〜2005 年、 1,473 件、約　140 万語）
　　　白書　　　　（1976〜2005 年、 1,500 件、約　490 万語）
　　　教科書　　　（2005〜2007 年、　 412 件、約　 90 万語）
　　　広報紙　　　（2008 年、　　　　　354 件、約　380 万語）
　　　Yahoo! 知恵袋（2005 年、　　　91,445 件、約 1,030 万語）

```
Yahoo! ブログ  （2008 年、       52,680 件、約 1,020 万語）
韻文          （1980 ～ 2005 年、  252 件、約    20 万語）
法律          （1976 ～ 2005 年、  346 件、約   110 万語）
国会会議録     （1976 ～ 2005 年、  159 件、約   510 万語）
```

　このコーパスで検索する際に、このような出典別に検索を行うことができるのが特長である。基本的にこのコーパスは書籍など書き言葉を集めているのであるが、ヤフーの2つと国会会議録は話し言葉的な側面が強い。また、小説では登場人物の会話でも話し言葉的要素が強いと言える。このような観点から、引用元等に即した細かい分析が可能であるというのが少納言コーパスをここで採用した理由である。まず、検索によって該当した数を一覧にする。

(4)

肯定	出現度数	否定	出現度数
らしい	26,175[4]	らしくない	313
ようだ	12,374[5]	ようではない	31
そうだ	8,576[6]	そうではない	13[7]
みたいだ	2,191	みたいではない	9
という	19,299[8]		
とのことだ	380		

---

4 「らしい」で単純検索すると 28,585 例が該当したが、この中には「すばらしい」2,397 例と「みすぼらしい」113 例が含まれるので、これらを除外した。

5 「ようだ」の単純検索では 12,378 例が該当したが、「口のききようだ、驚きようだ、ぶきようだ、話の持って行きようだ」という4例を除外した。

6 「そうだ」で単純検索すると 17,955 例が該当するが、この中には相槌の「そうだ」が多数含まれている。番号 300 から 500 の 201 例で数えてみると、96 例と半数近くが相槌であった。この比率を総数に乗じて、上掲の数字を算出した。

7 「そうではない」で単純検索すると 867 例が該当するが、この大部分は「そうだ」を否定した言い切りである。少納言で列挙された最初の 250 例を検証してみると、証拠性の「～そうではない」というのは5例のみであった。この比率を総数に乗じて得たのが上掲の 13 例という推定値である。

8 「という」で単純検索すると 399,027 例が該当するが、大部分は「甲という乙」という同格表現である。ここでは節末を指定するために「という。」形で検索した結果を示した。

全体としては、肯否極性によって出現数に大きな隔たりがあると言える。つまり肯定では大半が一万前後という頻度であるのが、否定では各表現において百分の一あるいはそれ以下という極端に少ない該当数しか見られない。この点については、後で個別に検討を加える。

次に、各表現で1例ずつ引用する。証拠性の該当表現には下線を施してある。

(5) フロレンスの産で、代代音楽家で、父親は相当有名な宮廷のピアニストだったらしい。二人の兄はエチオピア遠征の勇士で、二人共に負傷したが、幸いに命はとりとめたとのこと。

　　　　　　　　　　　　　　　（正木ひろし『近きより』社会思想社 1991）

(6)「岡山市内のホテルに泊まって捕まってしまっている、どうも犯人らしくないよ」「偽名で泊まっていれば簡単には見つからないと、思ったんじゃありませんか？」（西村京太郎『伊豆の海に消えた女』祥伝社 2000）

(7) どのような献立だったかわからないのが惜しまれる。二回とも同じ茄子茶入を使ったようだ。また茶碗には唐物である天目を使っているが、この天目も同じものだったかもしれない。（神津朝夫『千利休の「わび」とはなにか』角川学芸出版・角川書店（発売）2005）

(8) ひとの影は大股に、速足でまっすぐこちらに向かってくる。銃を持っているようではない。刀も抜いていない。武装していない？来三郎が、銃の槓桿を操作しながら怒鳴った。（佐々木譲『北辰群盗録』集英社 1999）

(9) 以下に引く松前広長の天明元年（一七八一年）に編んだ『松前志』からの抜き書きは、その必然性を示唆してくれそうだ。広長は八代藩主松前道広の叔父、当時、松前藩随一の識者と評されていた。

　　　　　　　　　　　（山下恒夫『大黒屋光太夫史料集』日本評論社 2003）

(10) 何が行われているか事情を知らぬ人間でも、ここに立っているだけで嬉しくなってしまいそうではないか。大火罹災後の再築ではない。内藤新宿まで飛び火はしなかった。

　　　　　　　　　　　　　　　（宮本昌孝『夕立太平記』講談社 2000）

(11)「ね、見てやって。若くなったでしょ。十年前の綺麗なおふくろに

戻ったみたいだ」と、勘九郎も来る人ごとに自慢をする。その晩遅く、勘九郎は歯が痛くなった。

(関容子『役者は勘九郎 中村屋三代』文藝春秋 1992)

(12) ほかにもいくつかあるが（みんな、ぼくははじめて見る写真だ）、映画のギャンブラーみたいではないけれど、父はまことに端正な顔つきだ。お公卿さんの人形の顔のようでもある。

(田中小実昌『アメン父』講談社 2001)

(13) ところが、現今の人は、この二法の違いを認識していないために混乱に陥っているという。本田霊学の要は、この「幽斎」を発掘したところにある。

(鎌田東二『平田篤胤の神界フィールドワーク』作品社 2002)

(14) 入口が大型なので鉄道トンネルには見えない。これは一般自動車トンネルに転用されたとのことだった。その中に吸い込まれて、出ると、甲佐町である。まだ山や田畑が広がっている。（舟越健之輔『鉄道廃線ウオーク 下（西日本編）』新人物往来社 2001)

　様相表現「らしい、ようだ」はコーパスでの該当例数から見て、日本語においては非常に汎用性に富むという傾向が窺える。伝聞表現では「とのことだ」に対して「という」のコーパス出現度数に大差が付いている。これは注記したように「甲という乙」という同格表現を除外した後の比較であるが、「という。」というように句点を加えて節末形に限定しても 2 万例近く確認された。「らしくない、ようではない、そうではない、みたいではない」という否定形になると、格段に出現数は減った。これは証拠性という意味範疇固有の事情が潜んでいそうである。つまり命題に関して肯定的な思考をすることが証拠性表現となって具現されるのに対して、「〜でありそうでない」という否定表現は「そのような表現が必要となる状況が少ない」と言えそうである。上例 (10) の「そうではないか」というのは、反語であって純粋な否定ではない。この例も、様相表現の否定が実例として少ない理由を示唆しているように思われる。

　「という」の否定形について、考えておきたい。「という」の最も単純な否

定形として「といえない」を挙げた。「甲という乙」の「という」については、同格という意味合いで否定形は「甲でない乙」となるように思われる。したがって証拠性表現では、「言う」と漢字表記するかは別として「といえない」が対応すると考えて良さそうである。1つの基準として「と言うことができない」と言い換えられる例は、除外して数えた。これは、「〜と言えないこともない、〜と言えないだろう、〜と言えないじゃないですか」という表現が同義であろう。「といえない」を各例ごとに検証してみたが、証拠性表現と分類するよりも「〜と言える、言えない」という同格または引用と判断できる例ばかりであった。差し当たって、証拠性表現「という」の否定形は見当たらないという暫定的結論としておく。

5. 証拠性以外の検索例

本節ではモダライゼイションとモデュレイションの下位区分について、コーパスによって実使用例を挙げ併せて数量の傾向を探ってみる。以下の分析においては「少納言」コーパスを用いる。ここから、Teruya (2007: 213) に挙げられているモダライゼイションの各表現について出現数と実使用例を掲げる。

(15)

	肯定	出現度数	否定	出現度数
能力性	することができる	6,404	することができない	1,191
通常性	することがある	649	することはない	666
	することもある	601	しないこともない	4
	する場合がある	131	しないわけでもない	3
蓋然性	するかもしれない	488	するとは限らない	92
	するかもわからない	8		
	するに違いない	143		

以下に順次、少納言コーパスからの引用例を挙げていく。用例中の当該部分には下線を施しておく。

《能力性》

(16) 第二十七条　請求が債権者の証明すべき事実の到来に係る場合においては、執行文は、債権者がその事実の到来したことを証する文書を提出したときに限り、付与することができる。

（民事執行法　昭和五十四年三月三十日法律第四号 1979）

(17) これらのことは、動物などを用いて視床下部の一部を破壊する実験を行うことで確認することができる。生理学や神経科学の領域では、ある部位の領域の機能を確認する時に、ラットやサルなどを用いてその部位を破壊するとどのような変化が起こるのかという手法がとられる。（小谷泰則『最新スポーツ心理学　その軌跡と展望』日本スポーツ心理学会（編）、大修館書店 2004）

(18) 現場とはそういうものだ。あまりに非現実的な場に遭遇してしまった場合、人間はそれが実際に目の前で起こっているとなかなか実感することができない。夢を見ているような、そんな浮遊感の中で取り敢えず目の前のことに対処する。　　　　（西村健『劫火』上 講談社 2005）

(19) 発行新株予約権付社債に係る新株予約権付社債券と引換えに社債の償還をすることを請求することができない。この場合においては、株式会社は、社債の償還をするのと引換えに、当該新株予約権付社債券の提示を求め、当該新株予約権付社債券に社債の償還をした旨を記載することができる。

（会社法　平成十七年七月二十六日法律第八十六号 2005）

「することができる」について、出典に関して 1 つ興味深い結果が出てきた。それは総数 6,404 例のうち、法律条文が 1,370 例を占めるという比率である。少納言コーパスにおいて法律条文は僅か 1% の語数でしかないが、「することができる」においては 21.4% を占めている。しかしながら意味領域に踏み込んで考察すると、法律用語における「することができる」は「当該行為が法的に効力を持つ、あるいは法律的に許容される」という社会規範について述べている。能力として可能であるか否かという観点からは、少し離れているように思われる。本書における意味範疇としての分類では許可性に近

いとも考えられる。法律条文ではない (17) においては「ある種の実験を行うことによって、特定の事象を観察することが可能である」という客観的事実を述べている。これは全面的に能力性について言及していると考えられる。この点については今後、より詳細な検討が必要であろう。

対応する否定の「することができない」も同様で、1,191 例中の 311 例（26.1％）を法律の条文が占めている。否定においても、能力的に可能か否かと言うよりも「〜することは法的に効力を生じない」という規定を明示することが法律条文の役割というものであろう。たとえば (16) においては条文が示すのは「たとえそのような手続きを取ったとしても、相手方に効力を生じない」という事態であると考えられる。「することが　できる／できない」という肯否両極共に法律条文に多用されるという点は注目に値する。ところが、通常性表現「することがある」は法律条文ではまったく見当たらない。これこそ狭い意味でのモダリティ——つまり肯否極性の中間に位置する——表現を用いる状況が法律の想定する枠内に収まらないということを反映していると言えるであろう。このように使用域について顕著な傾向を観察することができるのは、コーパスを利用する最大の利点と言えるであろう。

《通常性》
次に、通常性表現のコーパス例を掲げる。

(20) 「変わったな、桂」　河野は従兄ということもあって、私にざっくばらんないい方をすることがある。しかし特に親しいわけでもない。「何が」と、私は河野を見た。
（飛鳥部勝則『殉教カテリナ車輪』東京創元社 2001）

(21) その文章から筆者の知性と品格が伝わってきて、すがすがしい読後感を持ったりすることもある。そういう名文の持っているよさは、どうすれば身につけられるのだろうか。
（清水義範『大人のための文章教室』講談社 2004）

(22) 簡単に言えば、母親がリラックスしていれば、子どもが緊張することはないのである。これもコミュニケーションのひとつと言えなくもない。

(桐生由美子(著)『わたしは息子から、世界を学んだ』ヴォイス、2001)

(23) 「なんとなくいやな予感が<u>しないこともない</u>な」牛腸も次第に不安になってきたようである。「ともかく少し張込みをかけてみよう。ちょっと外出しただけかもしれないからな」

(森村誠一『悪魔の圏内』角川書店1992)

(24) もっとも、押出し方式がまったく機能<u>しないわけでもない</u>。封筒の色分けなどでジャンル分けすれば、場合によってはかなり使えるかもしれない。(野口悠紀雄『「超」整理法　情報検索と発想の新システム』中央公論社1993)

(25) また、日本の通貨当局は、海外の通貨当局に日本の勘定での介入を委託<u>する場合がある</u>。このようなケースにおいては、ニューヨーク市場ではニューヨーク連銀、ロンドン市場ではイングランド銀行、ユーロの市場では欧州中銀、が東京市場における日本銀行と同様の役割を果たしている。(加藤隆俊『円・ドル・元為替を動かすのは誰か』東洋経済新報社2002)

(22)ではモダライゼイション表現「することはない」に説明「のである」が後続している。このような構造を角岡 (2014) では「二重モダリティ」と定義したが、現段階では「のである」という類は説明モダリティそのものを見直したために「二重」とは言えない。

(23)「しないこともない」というのは、いかにも口語らしい表現である。論理形式としては「嫌な予感がする」という心理を表明しているのであるが、二重否定にすることによって話し手の微妙な心理の綾が表現されている。また二重否定であることによって、自ずから選択の幅を狭めているような観がある。まずもって、少納言コーパスにおいて僅か4例しか実使用例が見つからないことが特徴的である。加えて、その4例のうちの3例までがヤフーの知恵袋とブログで見いだされている。(23)は唯一、ヤフーが出典ではない例であるが小説中の登場人物の話し言葉である。これはすなわち「しないこともない」という言い回しが話し言葉的な特徴を備えていることを雄弁に物語っている。同様に(24)「しないわけでもない」も極めて口語

的と言える。いずれも話し言葉的な、持って回った言い回しである。「しないわけでもない」は 3 例とも書籍からの引用例で、それぞれ著者も異なっているので特定著者の癖であるというような仮定は成り立たない。

「する場合がある」においては、表記上の揺れについて断っておく。「場合」という漢字表記が 130 例、「ばあい」という Teruya (2007: 213) における平仮名表記は 1 例が確認されたのみである。上掲の表においては合計で 131 例と表示しておいた。

《蓋然性》

モダライゼイション 3 つめの範疇は蓋然性にかかわる例である。

(26) みずからは気付かない「破調」への偏向ともいうべき一面は、わたしにおいて始めから短歌における「破調」を自然として受容する考え方があった、ということと表裏する<u>かもしれない</u>。そうしてその考え方を、わたしはわたし自身の短歌の出発において、最初の師の一人である土屋文明に学んだ、と言ってよい<u>かもしれぬ</u>。
(Yahoo! ブログ、芸術と人文、文学　Yahoo!　2008)

(27) そこでお聞きをいたしますけれども、この二つの信用組合の経営が危ないあるいは破綻する<u>かもしれない</u>というふうに思ったのは、証人はいっそういうふうに[9]思ったのでしょうか。(細川(律)委員　国会会議録　衆議院　常任委員会、第 132 回国会 1995)

(28) そこで、統計上の失業者は百二十五万とか百三十万とか、かような数字が出ておりますけれども、各企業におきましては余剰労働力を相当抱えておりまして、世間は水ぶくれ雇用と、かような言い方をいたしておりますけれども、いつ失業する<u>かもわからない</u>というような状況の方がずいぶん多い。(加藤国務大臣、国会会議録／衆議院／常任委員会、第 84 回国会 1978)

(29) またプーランツァスなら、商談の外に国家のテロルをまずは想定する

9　議事録「いっそういうふうに」は、文脈から判断すると「いつそういうふうに」であると思われる。

に違いない。またこの政治区分は、次に述べる申請を聞き取る者という論点にも関わるだろう。

     （冨山一郎『語り：つむぎだす』東京大学出版会 2000）
(30) 仕事はつねに白黒がはっきりするとは限らない。対人能力という数字では計れない力も働いてくる。

     （斎藤茂太『「うつ」から元気になれる本』ぶんか社 2004）

 蓋然性の表現「するかもしれない」は、口語的表現であるという傾向を示しているとは言えない。全488例のうち引用元で96例がヤフーと国会会議録であり、比率にすれば19.7％である。内訳はヤフーが86例で国会会議録が10例である。一億語規模の少納言コーパスでヤフーと国会会議録の合計は25.6％であるから、これよりも比率が少ないという結果が示されている。(26)はヤフーのブログから引用した。「かもしれない」と言い切りである。
 「するかもわからない」は「するかもしれない」の一変形と考えられるが、個人的な口癖であるようも思われる。コーパス上で僅か8例しか出現しないというのが、その根拠である。しかも8例のうち国会会議録が3例でヤフーが2例と半数以上を占めている。書籍に現れたのは3例に留まる。国会会議録(28)に見られる加藤国務大臣（当時）の答弁は、いかにも話し言葉を再現したと思われる冗長さに満ちている。「…けれども、…けれども」というように無意識に一文を引き延ばすのが、その最たる特徴である。書き言葉において「するかもわからない」という表現を用いるのは、書き手の癖とも言えるであろう。ここでは「するかもしれない」が無標であろう。
 蓋然性表現において「するに違いない」というのは、「するかもしれない、するかもわからない」に比べて話し手（書き手）の確信度合いが遙かに高い。「するにちがいない」という平仮名表記が51例見られた。
 最後に取り上げるのが「するとは限らない」という否定の蓋然性表現である。「限らない」という漢字表記が73例、「かぎらない」という平仮名表記が19例見られた。合計で92例のうちヤフーと国会会議録という話し言葉的傾向を示す引用元は12例と13％台であり、平均よりも少ない。したがって「するとは限らない」というのは書き言葉的な傾向を示していると言える。意

味的に「するかもしれない」の否定も「するに違いない」の否定も「するとは限らない」となる点は注意を要する。「するかもしれない」と「するに違いない」では価 (value) が異なる。「するかもしれない」は中間の価であるのに対して、強い推定を示す「するに違いない」は高い値を取る。この差が否定表現「するとは限らない」において、ある意味で中和されていると言える。

ここからは、モダリティ下位分類としてのモデュレイションを検証する。

Halliday and Matthiessen (2014: 177–178) の定義によると、モデュレイションとは提言 (proposal) にかかわる。肯定の提言とは命令 (prescribing) であり、否定とは禁止 (proscribing) である。肯定と否定の中間に位置するのが、義務性と志向性である。日本語のモデュレイション体系では、下位分類としてこの2つに加えて必要性・許可性・期待性を想定している。

前節と同様に少納言コーパスからの引用であり、当該表現には下線を施す。引用例の後に説明を施す。

(31)

	肯定	出現度数	否定	出現度数
必要性	しなければならない	8,266	してはいけない	922
	(しなくてはいけない	235	してはならない	1,357
	／ならない	660	してはだめだ	5
	／だめだ)	1		
	する必要がある	2,818		
義務性	するべきだ	247	するべきではない	60
許可性	してもいい	1,325	しなくてもいい	345
期待性	すればいい	3,389	しなければいい	72
	したらいい	2,634	しなかったらいい	2
	するといい	444	しないといい	1
志向性	するつもりだ	372	するつもりではない	6
	する気でいる	10	する気ではない	0

《必要性》

(32) 第二項に規定する場合における第二百二十九条第三項各号に掲げる請

求権であって無異議債権及び評価済債権以外のものについては、再生計画で定められた弁済期間が満了する時に、当該請求権の債権額の全額につき弁済を<u>しなければならない</u>。ただし、第三項ただし書に規定する場合には、前項の規定を準用する。

　　　　（民事再生法、平成十一年十二月二十二日法律第二百二十五号 1999）

(33) だれも見ていなくても悪いことを<u>してはいけない</u>と自分を抑えるのは「恥ずかしい」からではなくて、「悪いことは<u>してはいけない</u>」「罪を<u>犯してはいけない</u>」と思うからだという。（長野晃子『日本人はなぜいつも「申し訳ない」と思うのか』草思社 2003）

(34) 第九条　研究所の役員及び職員は、職務上知ることのできた秘密を漏らし、又は盗用<u>してはならない</u>。その職を退いた後も、同様とする。（独立行政法人電子航法研究所法、平成十一年十二月二十二日法律第二百十号 1999）

(35) これはずいぶん飛躍しているというか厳しいという気もしますが、しかし考えようによってはすばらしく切れ味のいい反語で、自分をとことん考えていくためには、そんなに自分を大事に<u>してはだめだ</u>。思い切って自分自身を、全部捨ててしまいなさいというのです。

　　　　　　　　　　（栗田勇『道元いまを生きる極意』日本経済新聞社 2001）

(36) そのためには双六で言う振り出しの段階からパワーを誇示<u>しなくてはいけない</u>。「大きな物を集めろ」と市長は指示を出した。
（木村元彦『終わらぬ「民族浄化」　セルビア・モンテネグロ』集英社 2005）

(37) 木戸を改造プランの検討に引きこみ、今度こそ文句をつけさせないように<u>しなくてはならない</u>。東條は上機嫌だった。

　　　　　　　　　　　（吉松安弘『東条英機暗殺の夏』新潮社 1989）

(38) 「気持ちを切り替えろ。選挙で勝たなくてはならない。そろそろ行動<u>しなくてはだめだ</u>」私の言葉を噛み締めているのか、クリントンは表情のない目で私を見つめた。

（ディック・モリス（著）／近藤隆文（訳）『オーバル・オフィス　大統領執務室』フジテレビ出版、扶桑社 1997）

(39) だがこれだけで充分とは思わない。これから何度も足を運んで確認する必要があるだろうし、何より葛城にも見てもらわなければならない。(貫井徳郎(著)『文芸ポスト』2005 年冬号(季刊第 27 号、第 37 巻 2 号、通巻 1788 号) 小学館 2005)

　「しなければならない」において、能力性表現「することが　できる/できない」と同じような特定出典への偏りが見られた。つまり 8,266 例中の 1,921 例が法律の条文であった。「しなければならない」は一般にもよく使う表現であるが、法律条文にも頻出することがわかる。逆にこれの否定表現「してはいけない」は、法律条文にまったく見られない。「してはいけない」は極めて話し言葉的であり、法律条文のような堅苦しい書き言葉には相応しくないのであろう。否定表現としては「してはならない」が無標と言える。法律条文においても 334 例の出現が見られることから、書き言葉としても多用される一端が窺える。「してはだめだ」も話し言葉的である。出現は全体でも僅か 5 例に留まるが、(35) は書籍からの引用であっても講演速記のような文体である。文中の「そんなに自分を大事にしてはだめだ、思い切って自分自身を、全部捨ててしまいなさい」はおそらく道元禅師の言葉であり、中間話法のように取り込まれているのであろう。
　同じ必要性の表現でも「しなくてはいけない」は「しなければならない」よりも話し言葉的である。その傾向は出典で明らかである。「しなくてはいけない」の出現数 235 例中、法律条文は皆無であるのに対してヤフーと国会会議録で 99 例 (42.1%) を占める。「しなければならない」が法律条文に用いられるほど無標の必要性表現と考えられるのに対して、「しなくてはいけない」は個人的な癖のような有標性を感じる。「しなくてはならない」となると、無標に近くなっているように思われる。法律条文での出現は皆無であるが、ヤフーと国会会議録を併せて 83 例 (12.6%) と口語性は「しなくてはいけない」よりも低い。「しなくてはだめだ」は少納言コーパスで 1 例しか出現例がない。個人的な癖という次元の言い方であろう。「だめだ」そのものが、極めて話し言葉的な表現であると言える。
　必要性表現の最後は「する必要がある」で、2,818 例という出現例が観察

された。「しなければならない」に比べると出現数は 3 分の 1 ほどであるが、これは「必要」という漢語が混じっている影響が大きいであろう。「する必要がある」は法律条文でも 47 例が確認されている。「必要」という漢語は、書き言葉と親和性が高いとも考えられるであろう。他方でヤフーと国会会議録という出典は 395 例(14.0%)に留まっているから、話し言葉的な側面は相対的に小さいと言えよう。

「する必要がある」の否定「する必要がない」は、意味範疇としては許可性と分類するのが妥当であろう。(46) に挙げられている「しなくてもいい」と類似した意味を表すと考えられるからである。「する必要がない」は 138 例の出現が確認された。次に 1 例だけ引用しておく。

(40) なお、在庫金額は正しく計上されており、仕入の計上漏れに伴ない修正する必要がないことが判明しています。また、消費税に関して、当社は原則課税法人です。
(岩﨑宏一『ステップでわかる法人税申告書作成の実務　別表四・五 (一) 等をめぐるケーススタディ平成 17 年版』新日本法規出版 2005)

《義務性》
次に義務性についての表現に移る。

(41) 「良妻賢母」は放棄しても、ここはしっかり「主婦」するべきだ。夢物語で言い出した夫とは、家計簿との付き合いの長さも苦労も違うというものだ。(上野みどり『家族留学顛末記　スペインで取り戻した家族の絆』文芸社 2005)

(42) 、、、すでに内容を確認した不要なデータをいつまでもサーバ上に放置するべきではない。今回のスクリプトにはデータを削除するコードが含まれていないが、、、
(安田幸弘「リナックスワールドスクリプト」『月刊リナックスワールド総集編』アイ・ディ・ジー・ジャパン 2005)

(43) 私がたまりかねて劇場の副総裁に、椅子も緑の[10]するべきではないかと意見を言うと、赤い椅子しかないという答が返ってきた。
（安達紀子『モスクワ狂詩曲　ロシアの人びとへのまなざし 1986–1992』新評論 1994）

　義務性表現は肯定と否定、それぞれ 1 例が挙げられている。肯定は「するべきだ」、否定は「するべきではない」である。「するべきだ」の全 247 例中において、ヤフーおよび国会会議録という話し言葉的出典が占めるのは 93 例（37.7％）と相対的に多い。否定の「するべきではない」には「するべきでない」と係助詞「は」がない類型もある。これは 7 例と少なかった。(43) では「するべきではないか」は反語という修辞法を用いている。検索結果では「するべきではない」は、義務性としての否定よりもこのような反語的な意味合いの例が過半を占めていた。「するべきではない」60 例中、反語的なものは 34 例であった。
　必要性と義務性は、意味範疇としては類似した面がある。しかし出現数で比べると大きな差がある。この小論では別々に扱っているが、もしもこの二範疇を 1 つにまとめるとすれば、必要性を残して義務性を吸収させる方が妥当であろう。

《許可性》
続いて許可性表現「してもいい、しなくてもいい」を検証する。

(44) この普通のことをしている限り、日本国から追い出されることはないわけなんです。そして、期限もないし、どこへ行って、何の仕事をしてもいい。こういう立場であるにもかかわらず、ほとんど日本人と同じ、その面において日本人と同じであるにもかかわらず、日本人は住民基本台帳法の届け出をしなかったら五千円の過料、過ち料です、罰金じゃないんだ、刑罰じゃないんだ、行政罰に過ぎぬ。
（猪熊重二君、参議院、常任委員会、第 109 回国会 1987）

10　文脈から判断すると「緑に」ではないかと考えられるが、そのまま引用しておく。

(45)　「百歩譲って、ホームズはその時点でモリアーティと心中するつもりであったとしてもいい。しかし、果たしてモリアーティも同じ気持ちでいたのだろうかな。それは疑問だ。」

(高田崇史『ベイカー街の問題』講談社 2000)

(46)　「刑事というのは、もちろん公務員ではあるが、仕事の性質上、そう朝早く出勤しなくてもいい。というより、外を歩き回ったりしていることのほうがずっと多いのである。」

(赤川次郎『三毛猫ホームズのクリスマス』角川書店 1988)

(47)　「薬代が払えない貧しい人には、彼はこう言って応えた。「心配しなくてもいいんですよ。とにかく薬を持ってって下さい」そしてテレニヤにはこう言った。」(シドニィ・シェルダン(著)、天馬龍行(訳)／紀泰隆(訳)『血族』アカデミー出版 1993)

　肯定「してもいい」は 1,325 例が見られたが、そのうち半数近く (46.3%) が話し言葉的なヤフーおよび国会会議録という出典である。この形は法律条文には皆無である。国会会議録には 71 例が該当したが、節末が「してもいい」と言い切りになっていたのは (44) 1 例のみであった。他はすべて「してもいいのではないか」というように節末表現が後続する。(44) は敬体でない「してもいい」というような口語表現を交えることによって、国会の委員会議論における臨場感を演出しているように思われる。(45) は修辞的な言い回しで、相手の行為に対して許可を与えるという意味合いからは外れる。

　否定「しなくてもいい」は 345 例が該当したが、ヤフーおよび国会会議録で半数以上の 184 例 (53.3%) を占める。つまり許可性表現は肯定も否定も口語的であると言える。(46) は小説からの引用であるが、登場人物の発言である。

　許可性表現では「してもよろしい」というような類似表現が考えられる。少納言コーパスでは 44 例が該当したが、言い切りもしくはそれに準ずる二例はいずれも国会議事録からであった。他の 42 例は「というふうに／ように、でしょうか」というように節末叙述を伴った後続形式になっている。

(48) 「、、、そういう去年職を失ったのが大体幾らくらいて私が聞いておるのでは九十万ぐらいですが、それは違っておれば訂正してもよろしい。それから、その人たちが一体どこへいったかということは、御調査になっていますかどうかということをお伺いしたいのです。」
（水田委員、国会会議録　衆議院／常任委員会　国会会議録、第 84 回国会 1978）

(49) 「、、、これも何度か政府の方から説明がありましたけれども、まず説得しなさい、二番目に警告しなさい、それでも言うことを聞かない場合に武器を使用してもよろしい、こういうことになっております。全般的な原則につきましては、先ほど質問したとおりでありまして、なるべく使わないというのが当然の姿でありますし、、、」
（永野茂門君、国会会議録　参議院　特別委員会、国会会議録　第 122 回国会 1991）

(48) で「幾らくらいて」というのは、会議録故の表記と思われる。句読点なしで「私が聞いておるのでは」と直接に後続するのも話し言葉をそのまま記録した会議録という出典を反映していると言える。発言全体に発言者（水田委員）の方言的特性も混じっていそうである。標準的書き言葉であれば「幾らぐらいと」というようになりそうである。

　先に「してもよろしい」という語形を検索したので、対応する否定形「しなくてもよろしい」も分析してみる。少納言コーパスでは以下の 3 例が該当した。

(50) 「オリヴァーさんはあまり身体がお丈夫じゃないようね。お医者様はお呼びしなくてもよろしいかしら」「いえ…、ご心配には及びません。もう、ずいぶん熱も下がったようですから」（かわい有美子『水に映った月』光風社出版、成美堂出版（発売）2001）

(51) 「容姿を工夫して老けさせたほうが良いでしょうか、私はいつも綺麗でいたいと思っています。老けさせることはしなくてもよろしいのでは。私は、座ることが必要そうな人に席を譲らない人はどの席に座っ

ている人でも、外見からではわからない病気にかかっているか、ケガをしているか、、、」　　　　　　　　　　　　　（Yahoo!知恵袋・マナー 2005）
(52)　「先生は、いつの間にか泣き寝入りをしていた「ぼく」を起こして、「そんなに悲しい顔を<u>しなくてもよろしい</u>。もうみんなは帰ってしまいましたから、あなたもお帰りなさい」
　　　　　　　　　　　　（中村弘行『教育とは何か』愛生社、星雲社（発売）2001）

　「しなくてもいい」の該当数に比べると「しなくてもよろしい」は百分の一以下である。「いい」と「よろしい」という叙述形式においては比が約三十程度であったことと比べると、否定形「しなくてもよろしい」の有標性が際立つと言えるのかもしれない。(50) から (52) の引用例を見ると、「しなくてもよろしい」という表現の話し言葉的側面が現れているように思われる。(50)、(52) とも出典は小説または実用書であるが、引用部分は会話体のようである。(51) はヤフー知恵袋が出典であるので、話し言葉的な心情で書かれていると言えよう。

《期待性》
(53)　「運動量が、その日の夕飯と眠りの量を決める。簡単で明快な生活だ。身体に従って行動<u>すればいい</u>。考える隙間がないし、何かに心を費やすこともない。生活すること以外にすることはない」
　　　　　　　　　　　　　　　　（瀬尾まいこ『天国はまだ遠く』新潮社 2004）
(54)　「御木本、御木本、どうやったら調べられるんだよ。やつのことを知るにはどう<u>したらいい</u>。そうだ…調べる手がある…」譲は急いでベッドルームを出た。　　　（剛しいら『ホテルで逢いましょう』雄飛 2002）
(55)　部屋が6畳以下の場合は、テーブルとイスの生活はやめて、床に座るライフスタイルに<u>するといい</u>。目線が低くなるので、天井が高く感じられ、狭い部屋でも圧迫感を感じずにすむ。
　　　（実著者不明『家事そんなやり方じゃダメダメ！もっと手ぎわよく済ませるために』平成暮らしの研究会（編）、河出書房新社 2001）
(56)　だから、こちらもそれ以上の付き合いを<u>しなければいい</u>のです。借金

を頼んできた時点で、その人は「友人」とは言えなくなっていると思います。
（Yahoo! 知恵袋　健康、美容とファッション、メンタルヘルス 2005）

　「すればいい、したらいい、するといい」はいずれも期待性表現と位置づけられているが、コーパスで実例を検証してみると修辞的で突き放したような状況が浮かんでくる。この性質故に、極めて口語的な表現である。なおかつ、「すればいい、したらいい、するといい」で言い切りになる実例は極めて少ない。「すればいい」では 183 例と比較的に多かったが、「したらいい」では 14 例に留まった。言い切りになることが少ないというのは、「のだ」等説明が後続することによる。(54)は数少ない言い切りの 1 例である。言い切りでない後続形は、敬体が続くことも多い。しかし「すればいい、したらいい」という言い切りは必然的に常体であるので、出現数が少ない原因の 1 つと考えられる。「するといい」のは、期待性と言うよりも助言と定義した方が実例に則しているように思われる。

　否定の期待性表現「しなければいい」というのも話し言葉的である。全出現数 72 例のうち、ヤフーおよび国会会議録が 37 例と半分以上(51.4%)を占める。これら 37 例はすべて、「しなければいい」という言い切りにはなっていない。(56)では「しなければいいのです」と、説明の「のです」が添えられている。「しなければいい」というのは、相当に強く響く。それゆえに言い切りは避けられるのであろう。「しなかったらいい、しないといい」はそれぞれ 2 例、1 例しか確認されなかった。「しなければいい」以上に話し言葉的であると共に、個人的な嗜好による言い方であると思われる。これら二形の引用は省略する。

《志向性》
　最後に志向性の例を検証する。

(57)　、、、誤魔化しだらけだけれど、誤魔化しは恥ずかしいという意識と自覚だけは失っていないつもりだ。一生懸命書いたけれど、ひどい国語

を使ってもいるだろう。

(轡田隆史『「国語力」をつける本』三笠書房 2002)

(58) 全治3ヶ月、安定するまで1ヶ月。と医者は言った。おじさんは明日からでも仕事はする気でいる。母はディーサビス外出。帰ってから居間の炬燵に居たが元気。

(Yahoo! ブログ、Yahoo! サービス、Yahoo! 2008)

(59) 「再度、一担当者として会社の再建に微力を注がさせていただきたい」と話した。「復帰するつもりではないか」という質問には「再建に尽くしたい」と繰り返し、確答を避けた。

(山中純枝（著）／毎日新聞社（著） 毎日新聞、朝刊毎日新聞社 2002)

　肯定表現「するつもりだ」の最大特徴は、この形での言い切りが多いことである。句点が後続する「するつもりだ。」という形で検索しても44例が該当した（句点の他に疑問符（？）や感嘆符（！）が後続する例もあったが、ここでは割愛する）。(57) も言い切りの例を引いた。「する気でいる」という言い方は全体で10例と少ない。(58) は言い切り形であるが、言い切りはこれ1例のみであった。「する気だ」が51例見られたところから推量すると、「する気でいる」よりも一般的であると言えるかもしれない。

　志向性の否定表現「するつもりではない」は、僅かに6例しか見当たらなかった。しかもその6例中4例は、(59) のように「するつもりではないか」というように質問形であった。つまり「するつもり」という意図の否定ではなく、話し手の観測を表明している。「する気でいる」の否定形で同じような意味と考えられる「する気ではない」は、少納言コーパスでは実例が見られなかった。「する気でない」と形を変えても結果は同様であった。

6. おわりに

　本章ではこれまでモダライゼイションとモデュレイションの下位分類について、少納言コーパスによって各範疇がどのように実例として具現されているかという観点から検討を加えた。以下では、簡単にその結果をまとめてみる。

6. おわりに

　本章では、モダライゼイションとモデュレイションの下位区分についてコーパスから検証してみた。少納言コーパスの特徴は、日本語の書き言葉均衡コーパスとして書籍や雑誌、法律条文から国会審議の会議録に至るまで幅広い分野から収集されている点である。検索を特定の分野に限定することも可能である。このような機能によってたとえば「～ことができる、できない」という可能表現が法律条文に多用されているという傾向が明らかになった。これはつまり《可能性》《許可性》《義務性》というような括りが絶対的ではなく、ある表現が多義的であったり、逆に各括りに多様な表現が見られる。これら諸課題は、別の機会に詳細を追究してみたい。

　本書は、この章だけではなく機能文法による日本語モダリティの下位区分としてモダライゼイションとモデュレイションを前提としてきた。それぞれ四つと五つの下位範疇を立てたが、本書における考え方はTeruya (2007)、福田 (2012, 2013, 2014, 2015)、角岡 (2012, 2013, 2014, 2015a, b)、Kadooka (2014, 2015) などの延長線上に立脚している。英語における下位区分 (Halliday and Matthiessen 2014) が「必要最小限」の粗いものであったのに対して、本書で提示した枠組みは区分を細かくした。

第5章

モダライゼイションとモデュレイションの下位分類

1. はじめに

　本章では、モダライゼイションとモデュレイションの下位分類について品詞分析を行い、その後に各下位分類の意味的な面について考察する。

　前章までで、日本語のモダライゼイションとモデュレイション下位区分が確立した。たとえば必要性の「なければならない」で示されるように、日本語モダリティ表現は非常に複雑な統語構造をしている。本章では、まず伝統的な品詞分析を施すことによって日本語モダリティ表現の統語構造を明らかにする。日本語のモダリティ表現が統語的に複雑であるという仮説を、語数分析によって検証する。

　続けて、モダリティ表現に不可欠な助動詞に焦点を当てる。国語学や日本語学の伝統では「法助動詞」という範疇を設けることは一般的ではなかったと考えられるが、助動詞の表す意味や機能に着目するとそのような範疇立ても可能であろう。

　本章の後半は、モダライゼイションとモデュレイションの下位分類9つについて意味的な観点から分析を試みる。本章前半で統語構造について品詞で分析するが、叙述形式の前半と後半で肯定－否定という肯否極性の対をなす表現が多数を占めることが明らかになった。「ある」を「ない」というように否定にすることによって、許可性や必要性という意味範疇が変化するか否かを明らかにしていく。

2. 品詞分析

　この節では日本語モダリティ表現の代表的な例を提示し、統語範疇という基準で分析する。結論を先に述べると「日本語モダリティ表現には助動詞が不可欠であるが、名詞や助詞などとの組み合わせによって義務性や蓋然性・証拠性などの意図を表す」と言える。英語のモダリティ表現が基本的に法助動詞一語で完結するのと比べると、日本語モダリティ表現の統語構造は非常に複雑であると言える。

　本節で分析の対象とするのは、本書第4章で挙げた次のようなモダリティ表現である。以下では本動詞「する」は活用形を含めて、なるべく叙述形式から切り離すようにした。品詞分析を行う際に、語数に算入することを避けるためである。

(1) モダライゼイション
　　〈能力性〉(する)ことが　できる／できない
　　〈証拠性〉らしい、ようだ、そうだ、みたいだ、という、とのことだ
　　〈通常性〉(する)こと／場合　が　ある／ない、(しない)こともない、(しない)わけでもない
　　〈蓋然性〉(する)かも　しれない／わからない、(する)にちがいない、(する)とは限らない

(2) モデュレイション
　　〈必要性〉(し)なければならない、(し)なくては　いけない／ならない／だめだ、(する)必要がある、(して)は　いけない／ならない／だめだ
　　〈義務性〉(する)べき　だ／ではない
　　〈許可性〉(して／しなくて)もいい
　　〈期待性〉すれば／したら／すると　いい、しなければ／しなかったら／しないと　いい
　　〈志向性〉(する)つもり　だ／ではない、(する)気で　いる／ではない

　ここで挙げられているモダリティ表現は網羅的ではなく、各範疇で代表的

な例に限定されている。思いつくままに挙げても、たとえば「ればよい、方がよい(いずれも許可性)、ざるをえない(必要性)」というような追加候補は枚挙に暇がない。これら追加候補については、後に論じる。

　次に、これら主要モダリティ表現の品詞分析を試みる。英語のモダリティ表現と比較する必要もあることから、活用形を含む動詞「する」は語数の勘定には入れないこととする。

・能力性

　能力性は、上掲(1)では「(する)ことが　できる／できない」の二形が挙げられているのみである。「こと」は名詞、「が」は助詞、「できる」はカ行上一段活用の動詞終止形、「でき＋ない」は同動詞の連用形＋否定の助動詞と分析する。「することができる」においては、助動詞が含まれない結果となり、他の日本語モダリティ表現形式に観られない特徴である。英語ではそれぞれ can, can not となるので一語、二語と数えている。

・証拠性

(3)

品詞分析	語数	対応する英語	語数
そうだ(様態)　助動詞	1	appears to be	3
ようだ　助動詞	1	looks like	2
らしい　助動詞	1	seems like	2
そうだ(伝聞)　助動詞	1	hearsay	1
みたいだ　助動詞	1	seems like	2
と＋いう 助詞＋動詞	2	hearsay	1
と＋の＋こと＋だ 助詞＋助詞＋名詞＋助動詞	4	hearsay	1

　証拠性の表現形式が義務性・蓋然性と異なるのは、各表現形式において語数が少ないという点である。義務性と蓋然性の表現では、否定の助動詞「ない」を多用して他の統語範疇と組み合わせることにより、平均語数は三語を超える。しかし証拠性の表現は、「そうだ(様態、伝聞)、ようだ、らしい、

みたいだ」がいずれも助動詞一語である。伝聞「という、とのことだ」がそれぞれ二語・四語であるが、様態と伝聞で別々に数えて平均を取っても義務性や蓋然性の半分程度という語数に納まる。

　証拠性を示す語群のうち「そうだ（様態と伝聞）、ようだ」の「だ」を除いた「そう、よう」は、語源を遡れば名詞と分類すべきである。「そう」については、『日本国語大辞典』（第二版、第八巻）で「そうだ」の語誌(1)に「様（さま）の変化したものとも、相の字音ともいう」と説明されている（290 ページ）。同じく「よう」は、見出し「ようだ」で「形式名詞の様（よう）に断定の助動詞「だ」の結合したもの」と説明がある（第十三巻、533 ページ）。Johnson (2006) もこの説をとっているようである。ここでは「そう」と「よう」について、語源は形式名詞であり、断定の助動詞「だ」を伴ってモダリティ表現になると分析しておく。「みたいだ」についても、『日本国語大辞典』では「みたい」を「語幹相当」で「単独で、または終助詞「よ、さ、ね」を伴って…用いられる」と扱っている（第二版、第十二巻、717 ページ）。「らしい」は一語で、純然たる助動詞である。

・通常性

　通常性表現は能力性に比べて数も多く、変化に富んでいる。

(4)　(する)こと／場合　が　ある／ない、しないこともない、しないわけでもない

品詞分析	語数	対応する英語	語数
こと＋が＋ある 名詞＋助詞＋動詞	3	it sometimes happens	3
場合＋が＋ある 名詞＋助詞＋動詞	3	it has the time	4
する＋こと＋は＋ない 動詞＋名詞＋助詞＋助動詞	4	it never happens	3
し＋ない＋こと＋も＋ない 動詞＋助動詞＋名詞＋助詞＋助動詞	5	it never fails	3
し＋ない＋わけ＋で＋も＋ない 動詞＋助動詞＋名詞＋助動詞＋助詞＋助動詞	6	it isn't the case[1]	5

後に肯否極性という観点から分析を進めるが、この表で挙げた五語形はいずれも肯定「ある」または否定「ない」という節末である。活用のある統語範疇が前半と後半に配されており、肯否極性は後半で決定される[1]。肯定は三語ずつで比較的に単純であるが、否定は四語から六語と複雑である。しかも「しないこともない、しないわけでもない」は二重否定で、意味的にも回りくどい表現である。二重否定では、叙述前半部分でも否定が入っている。

対応する英語表現は、法助動詞を用いるようになっていない。すべて仮主語 it を立てた構文的表現である。Halliday and Matthiessen (2014: 691) で挙げられている英語の通常性表現は、it must be, it will be, it may be というように法助動詞を用いている。法副詞としては always, usually, sometimes という順で価（value）が高いように並べてある。

・蓋然性
(5)

品詞分析	語数	対応する英語	語数
はず＋だ　　名詞＋助動詞	2	should	1
に＋ちがい＋ない 助詞＋名詞＋助動詞	3	must	1
と＋は＋かぎら＋ない 助詞＋助詞＋動詞＋助動詞	4	not always	2
か＋も＋しれ＋ない 助詞＋助詞＋動詞＋助動詞	4	may	1
方＋が＋ましだ 名詞＋助詞＋形容動詞	3	better	1
可能性＋が＋ある 名詞＋助詞＋動詞	3	can	1
かね＋ない　動詞＋助動詞	2	cannot	2
に＋きまっ＋て＋いる 助詞＋動詞＋助動詞＋助動詞	4	must	1
だ＋ろう　助動詞＋助動詞	2	will	1

---

[1] 語数は、短縮形 isn't を is not として二語と数えている。

蓋然性という範疇に属す表現にも、否定助動詞を伴う表現は「にちがいない、とはかぎらない、かもしれない、かねない」が見られる。これら蓋然性モダリティに属する表現形式が以下に示す義務性モダリティと決定的に異なるのは、蓋然性モダリティは単純否定であるのに対して義務性は二重否定であるという点である。

　否定以外の語形は「はずだ、方がましだ、可能性がある、にきまっている、だろう」という五形である。断定と推量が組み合わさった助動詞「だろう」、断定の助動詞「だ」で終わるのが二形、「ある、いる」というように動詞（ある）または補助動詞（いる）で終わるのが二形である。

　蓋然性という範疇には、話し手が事態（命題）に対して抱いている思い込みの強弱が反映されている。その度合いを強い方から順番に並べると、次のようになるであろう。

(6)　　にきまっている／にちがいない＞はずだ＞だろう＞可能性がある＞
　　　かもしれない＞とはかぎらない／かねない

　英語においても蓋然性を表す助動詞が must ＞ should ＞ can ＞ could ＞ would ＞ may ＞might と話者の確信度合いに応じて段階があるように、日本語の蓋然性表現もこのように順位づけられるであろう。この尺度から外れているのが、「方がましだ」である。「方がましだ」は二者以上を比較して優劣をつける表現である。

　このように、蓋然性という範疇は話し手の主観が尺度化できるという点が特徴である。

　次に、必要性表現について検証する。

・必要性

(7)

品詞分析	語数	対応する英語	語数
なけれ+ば+なら+ない 助動詞+助詞+動詞+助動詞	4	must	1
必要+が+ある 名詞+助詞+動詞	3	need to	2
しか+ない　助詞+形容詞	2	nothing but	2
て+は+いけ+ない 助動詞+助詞+動詞+助動詞	4	mustn't	2
ざる+を+え+ない 助動詞+助詞+動詞+助動詞	4	cannot help	3
わけ+に+は+いか+ない 名詞+助詞+助詞+動詞+助動詞	5	cannot help	3

　この表では、同じような意味合いを表して微妙な表現の違いに留まるものは省いている。たとえば「なければならない」とほぼ同様の意味で「なくてはならぬ」「なくてはいけない」「なくてはだめだ」「ねばならない」など挙げられるが、表では「なければならない」で代表させている。ここに挙げた表現は各範疇の代表的な例であり、網羅的でないということも断っておく。

　(7)で分析したモダリティ表現を総括して言えるのは日本語モダリティ表現において、「らしい、ようだ」のように助動詞一語のみで成立するものはごく少数であり、多くは名詞や助詞・形容詞などと組み合わせて非常に複雑な統語構造を示すという点である。最も典型的であるのは、「わけにはいかない」という表現であろう。「しないわけにはいかない」とすれば二重否定であるという本質的複雑さを内在している。二重否定にすることによって、話者の複雑な心理を反映すると言えよう。続けて「なければならない」や「ざるをえない」のように四語と分析される表現が続く。「とはかぎらない」は二重否定的表現と考えられるが、「ざるをえない」ほど基本的な言い回しではないであろう。

　必要性表現では、肯否極性に関して興味深い対照が観察される。それは(7)で挙げている6例のうち、「ない」という節末になっていないのは「必

要がある」のみであるという点である。つまり、義務性を表す日本語表現はほとんどが「ない」または「ある」という節末形になるのである。意味的に両極にある「ある」と「ない」であるが、品詞としては「ある」は動詞で「ない」は助動詞である。

必要性と対になる「てもいい、ばいい、なくてもいい」は許可を表すような部類である。否定の「ない」で終わる「なければならない、べきでない、しかない、てはいけない、ざるをえない、わけにはいかない」は義務を表す部類である。

肯否極性に関連して、「なければならない」に着目してみる。「なければならない」は二重否定であり、必要性の表現としてはこの形が無標である。対応する単純否定の「てはならない」は有標と考えられる。統語構造としては「なければならない」の方が「てはならない」よりも複雑である。「てはならない」をさらに否定した言い方が「なければならない」になるからである。「てはならない」が禁止を表すのに対して、「なければならない」はある動作なり事象が必須であるという必要性の最も中心的な意味を帯びている。これも、英語では肯定のmustが無標であるのに対して否定のmustn'tが有標であることと対照的である。この背景にあるのは、「いけない」「ならない」はそれぞれ動詞「いく」「なる」の未然形に助動詞「ない」が接続した形であるが、動詞「いく」「なる」が「〜してもよい」という許可の意味で用いられないという肯否極性の偏りに端を発しているからであると考えられる。言い換えると「〜してもよい」という許可の意味合いを、「*〜してもいく」「*〜してもなる」とは言えないということである。

このような必要性モダリティ表現 {なければならない} を Johnson (2003: 107) では、あえて直訳調の英語で (8a) のように訳している。(8b) は、自然な英訳であろう。

(8) 宿題を出さなければならない。
    a. It will not do if I do not turn in my homework.
    b. I must turn in my homework.

つまり日本語「なければならない」を直訳すれば「will not do if not ...」というような、極めて不自然かつ複雑な文法形式になることを示している。逆に考えると、日本語はこのような持って回った表現しかない—あるいは、通時的に別の表現形式を経てきたのかもしれないが、「なければならない」という二重否定で定着している—という結論に達しそうである。

　上掲 (7) 中で例示した表現形式のうち、「ざるをえない」の「ざる」は否定の助動詞であるが (2) には含まれていない。これは「ざる」が文語否定助動詞「ず」の連体形であることによる。この表現形式もまた、二重否定によって話し手の屈折した心理状況を反映している。

　(7) 中の表現から、助動詞が 2 つ重複して用いられているものを抽出してみると次のようである。

(9) 　　なけれ＋ば＋なら＋ない　　て＋は＋いけ＋ない　　ざる＋を＋え＋ない

　この四形に共通するのは、節末がいずれも否定の「ない」であるという点である。加えて「なければならない」と「ざるをえない」は二重否定である。「べきではない」の「で」が断定「だ」の連用形、「てはいけない」の「て」は過去・完了・存続「た」の連用形である。このように、「義務性というモダリティを表す言い方は否定を伴う。しかも全体として二重否定である」という強い傾向が観察されるのは非常に興味深い。

　次に、義務性・許可性・期待性・志向性を一括して表に示す。動詞「する」およびその活用形は極力省いてある。どうしても添えなければならない場合は括弧内に入れる。

(10)

範疇	品詞分析	語数	対応する英語	語数
義務性	べき＋だ 助動詞＋助動詞	2	ought [to]	2
	べき＋で＋は＋ない 助動詞＋助動詞＋助詞＋助動詞	4	not ought [to]	3
許可性	て＋も＋いい 助詞＋助詞＋形容詞	3	may	1
	なく＋て＋も＋いい 助動詞＋助詞＋助詞＋形容詞	4	it is all right not to	6
			you need not	3
期待性	（すれ）ば＋いい 助詞＋形容詞	2	it is good [to]	4
	たら＋いい 助動詞＋形容詞	2	it would be nice [to]	5
	と＋いい 助詞＋助動詞	2		
	なけれ＋ば＋いい 助動詞＋助詞＋形容詞	3	it is good [not to]	5
	なかっ＋た＋ら＋いい 助動詞＋助動詞＋助詞＋形容詞	4	it would be nice [not to]	6
	ない＋と＋いい 助動詞＋助詞＋形容詞	3		
志向性	つもり＋だ 名詞＋助動詞	2	it is my intention [that]	5
	気＋で＋いる 名詞＋助動詞＋動詞	3	has a mind [to]	4
	つもり＋で＋は＋ない 名詞＋助動詞＋助詞＋助動詞	4	it is not my intention [that]	6
	気＋で＋は＋ない 名詞＋助動詞＋助詞＋助動詞	4	has no mind [to]	4

　ここで日本語表現に対応させている英語訳は、直訳的で全体として語数が多いというのが特徴である。たとえば志向性で「つもりだ」に相当する英語表現は助動詞 will 一語で言えそうなものであるが、ここでは it is my intention [that] というように日本語からの直訳で迂遠的な表現である。
　以下、各意味範疇ごとに説明を加える。

・義務性

義務性表現「べきだ」の「べき」は文語助動詞「べし」の連体形である。断定の助動詞「だ」が後続する。否定形は「だ」が連用形の「で」になり、否定の助動詞「ない」に続く。係助詞の「は」は任意であり、「べきでない」という形式も取りうる。

・許可性

肯定形「てもいい」と否定形「なくてもいい」については、品詞分析に際して注意が必要である。「てもいい」の「て」は接続助詞である（金田一・金田一（編）『学研　現代新国語辞典』）。これは「する」など本動詞の活用形に後続する場合にのみ用いられる。「これでもいい」というように名詞に後続する場合には断定の助動詞「だ」の連用形「で」が挟まれる。「も」は係助詞、「いい」は形容詞である。

否定形「なくてもいい」は、動詞であっても名詞であってもこのままで後続する。すなわち「しなくてもいい、これでなくてもいい」というようにである。「なく」は否定の助動詞「ない」の連用形、「て」は接続助詞、「も」は係助詞、「いい」は形容詞である。

・期待性

期待性表現は上表で肯定形と否定形合わせて6例挙げられているが、節末はいずれも「いい」という形である。この範疇では肯定形も否定形も「〜であってほしい」というような話者の期待を表す。Teruya（2007）では「すれば／したら／すると」というように、本動詞「する」の活用形を加えて前半部を一括りにしていた。それぞれサ行変格動詞「する」の仮定形である「すれ」＋接続助詞「ば」、同じく「する」の連用形「し」＋助動詞「た」の仮定形「たら」、連体形「する」＋接続助詞「と」＋形容詞「いい」という構成である。

否定形も三形が同様に一括りにされているが、ここでは個別に分析する。「しなければいい」は「する」の連用形「し」＋助動詞「ない」の仮定形「なけれ」＋接続助詞「ば」＋形容詞「いい」、「し」＋「ない」の連用形「な

かっ」＋完了の助動詞「た」の仮定形「たら」、「し」＋「ない」の連体形＋接続助詞「と」＋形容詞「いい」という構成である。いずれも否定助動詞「ない」が含まれるので、肯定形に比べて語数が増えて複雑な構成である。

・志向性

　志向性表現は「つもり、気」という名詞を用いた表現がそれぞれ肯定形と否定形で現れるので、合計四形を分析する。「だ」は助動詞の終止形で一語、「でいる」は「だ」の連用形「で」に動詞「いる」が後続している。否定形「ではない」は助動詞「で」＋助詞「は」＋否定の助動詞「ない」という構成である。

　義務性と蓋然性の二範疇においては、英語助動詞は need to, cannot help を除いて一語で表現されている。助動詞以外に統語範疇を広げても、not always, nothing but しか見当たらない。ところが、英語表現の方が複雑であるという様相を呈しているのが証拠性の部類である。ここでは助動詞「そうだ（様態、伝聞）、ようだ、みたいだ、らしい」がそれぞれ一語であるのに対して、英語表現は二語または三語で具現されている。これは、英語において「主要な」助動詞である must, will, shall, can などが証拠性に類する意味合いを表現しないからであるという分析ができそうである。

3. 助動詞の分類

　この節では、日本語の助動詞に焦点を絞って論じる。

　まずは日本語の助動詞を概観するために、金田一・金田一（編）(2012: 1558–1559) から主要助動詞を転載してみる。

(11) 　使役：せる、させる、しめる　　　　　打消：ない
　　　受身・可能・自発・尊敬：れる、られる　希望：たい
　　　推定：らしい　　　　　　　　　　　　断定：だ
　　　伝聞：そうだ　　　　　　　　　　　　様態：そうだ
　　　比況・推量：ようだ　　　　　　　　　比況：みたいだ
　　　過去・完了・存続：た　　　　　　　　丁寧な断定：です

丁寧：ます　　　　　　　　　　打消：ぬ
推量・意志・勧誘：う、よう
打消の推量・打消の意志：まい

　これら意味範疇のうち、モダリティ的でないものを仮に「統語的」と分類する。この類に属すると考えられるのは使役・受身・可能・自発・打消・過去・完了・存続であるが、モダリティ的であるかそうでないかは境界が曖昧な面がある。たとえば「モダリティ表現であるかそうでないか、境界が曖昧であると考えられる」という作例では、「考えられる」は受身の助動詞「られる」で具現されている。命題としては「境界が曖昧だ」という内容であるが、断定を避けるために「考えられる」という表現形式を選択しているとすれば、それは話者の心的態度表明であろう。受動態構文には「動作主の背景化」という機能が潜んでいると考えられる。ここでは「誰が考えているか」を漠然とさせるために受動構文になっていると言える。この「考えられる」という例に、可能・自発・尊敬の意味合いを盛り込むのは不自然であろう。したがって、「受身」という助動詞の意味範疇にもモダリティ的要素が認められるという結論に至るであろう。

　(11)に掲げられた、希望・推定・断定・伝聞・様態・比況・丁寧・推量・意志・勧誘など他の意味範疇もまたモダリティを具現するため、もしくはそれに近い助動詞表現である。特に多いのは「らしい、そうだ（伝聞）、ようだ、みたいだ」という４つが証拠性にかかわっている。総じて、日本語モダリティ表現には統語範疇としての助動詞が不可欠であるのは自明の理と言えるが、逆もまた真に近い。つまり、助動詞を用いて表現される内容はモダリティ的であると言える。これら一群の助動詞はモダリティ表現にかかわる故に「法助動詞」として括ることも可能であろう。そうすると英語におけるwill, must, shall, may, can, would, should, might, could などと同列に比較ができるようになってくる。この点については、今後の課題として残しておきたい。

　ここで上掲の助動詞体系と対応させるために、英語文献による日本語モダリティ分析の例を見てみる。これは上掲のような日本語助動詞全体を分析し

た体系ではなく、モダリティに特化した分析である。Johnson (2003: 25) では、日本語の節を命題内容 (Propositional Content) と叙法的内容 (Modal Content) に二分し、それぞれ以下のような例を挙げている。例文として「太郎は薬を飲ませられなかったらしい」を用いて説明している（術語の日本語訳は引用者による）。

(12)
命題内容
　接尾辞　－る、－た、－ない、－だ
　　　　　（受身、敬語、可能性、使役など）
　助動詞　－やすい、－たい、－がたい（形容詞）
　　　　　－ておく、－てみる（動詞＋助動詞）
叙法内容　法助動詞　わけ、もの、こと、ところ、（の）だ
　　　　　はず、にちがいない、だろう、かもしれない、
　　　　　よう、みたい、そう、らしい、べき、まい

　節の内容を命題と叙法的内容に二分割するという分析は、仁田（1999, 2009）や益岡（2001, 2003, 2007, 2012）などの日本語学派と共通している（角岡 2013: 28–29）。
　(12) では「叙法内容」という日本語訳をつけているが、原文の英語ではmodal content である。例文では「太郎は薬を飲ませられなかった」までが命題内容であり、「らしい」を叙法内容であると分析している。本文の章立てや内容などから判断すると、これがモダリティであろう。他方で「法助動詞 (modal auxiliaries)」として分類しているのがモダリティであると思われる。語群のうち、「わけ、もの、こと、ところ、はず、よう、そう」は統語範疇としては名詞に属すると考えるべきであろう。これら形式名詞に断定の助動詞「だ」を添えれば述部となる。そのうち「ようだ、みたいだ、そうだ」は(11) では一語の助動詞として挙げられている。「はず、にちがいない、だろう、かもしれない」という蓋然性を表す部類は想定 (suppositionals)、「よう、みたい、そう、らしい」は証拠性 (evidentials) というモダリティとして定義している。

「わけだ、ものだ、ことだ、ところだ、のだ」は角岡（2012, 2013）において説明モダリティに分類している。Johnson（2003）ではモダリティ範疇の中に「説明」は見当たらないが、「わけ、もの、こと、ところ、のだ」は「はず、にちがいない、だろう」等と同列に位置づけている。「のだ、わけだ」などは否定構文と関連させて位置づけられている。

4. モダライゼイションとモデュレイション下位範疇の意味的関係

本節においては、複雑な統語構造を持つ日本語モダリティ表現について分類の基準を提示する。その1つが、〈叙述後半部否定〉と〈叙述前半部否定〉である（Kadooka 2015 から引用、原文はローマ字表記）。いずれも活用のある述部形式が連なった構造で、前半と後半それぞれで肯否両極が入れ替わる対である。これは、以下に示すように統語的否定という基準による分類である。(1)で挙げたモダライゼイションとモデュレイションの下位区分を〈　〉に示す。ここに挙げる各組は、同じ範疇で肯否極性の対を成している。

(13)　叙述後半部否定

　　　することが {できる / できない}　する必要が {ある / ない}　するつもり {だ / ではない}
　　　　　〈能力性〉　　　　　　　〈必要性〉　　　　　　〈志向性〉

　　　するべき {だ / ではない}　する気 {でいる / はない}　すること {がある / はない}
　　　　〈義務性〉　　　　　　〈志向性〉　　　　　　〈通常性〉

(14)　叙述前半部否定

　　　{しなければ / しては} ならない　{しても / しなくても} いい　{すれば / しなければ} いい
　　　　　〈必要性〉　　　　　　　　〈許可性〉　　　　　　〈期待性〉

〈叙述前半部否定〉は3組と少ないが、後半部分は「いい」か「ならない」かのいずれかである。いずれも肯否極性にかかわる叙述形式である。統語的

に「ならない」は動詞「なる」の否定形であるが、「～してもよい」の意味で「なる」とは言えない。意味的に対になるのは「いい」である。形容詞「いい」の否定が、動詞「なる」を用いて「ならない」という形になる点が日本語モダリティ分析の複雑さを増幅させている一端であるように思われる。(14) に挙げてある3例では、叙述後半部において「いい」と「ならない」が対になっていることをよく示している。叙述前半部は、命題について「する」か「しない」かという肯否極性対立である。これは、Kadooka (2015) においても十分に追求し切れていなかった視点である。

　他方で〈叙述後半部否定〉では、(13) の6対において多様な肯否極性の組み合わせが見られる。「だ」と「ではない」が2組、「ある」と「ない」も2組で「いる／ない」（する気でいる／はない）を加えると3組、残りは「できる」と「できない」という対である。「すること（が／は）」は「できる／できない」と「ある／ない」で重複している。いずれも肯否極性という見地からは、肯定と否定とに明確に二分されていると言えよう。意味的な側面からは後ほど分析を加えるとして統語的には、「ある」（動詞）─「ない」（特殊形容詞）、「だ」（助動詞）─「ではない」（助動詞＋助詞＋特殊形容詞）、「できる」（動詞）─「できない」（動詞＋助動詞）というように分析することができる。いずれも意味的な肯定と否定で対になっているが、統語範疇という観点からは非常に複雑な様相を呈していると言える。このような複雑さは、英語モダリティ表現において法助動詞一語によって完結する場合が多いことと対照的である。

　(13) の叙述後半部否定において、上述したように統語的に「だ／ではない」「ある／ない」「できる／できない」というように3組の肯否極性対が見られた。叙述形式は品詞に呼応して異なっているが意味的には、肯定と否定の対立という観点で揃っていると言えよう。

　上掲 (13)、(14) にはモダライゼイションとモデュレイション下位区分が含まれている。本節後半と次節で詳述するが、日本語モダリティ体系の下位分類であるモデュレイションにおいて〈必要性、義務性、期待性、許可性〉という4つは意味的な関連が強い。Halliday and Matthiessen (2014) ではこの4つは〈義務性〉(obligation) 1つに括られ、価 (value) という尺度で細分化さ

4. モダライゼイションとモデュレイション下位範疇の意味的関係

れている。ところが次ページの (15) で示すように〈義務性〉を除く 3 範疇は、範疇越え否定を通して相互に結びつきがある。活用形のある述部が前半と後半に配されているので、いずれかあるいは双方を否定にすることによって意味範疇が変化するのである。しかし〈義務性〉「べきだ、べきでない」は、そのような融通がないのである。「べきだ」は統語的に、文語の助動詞「べし」の連体形「べき」に断定助動詞「だ」が付加されたものであろう。このような統語的構成によって、(15) に示されるような表現形式とは互換性のない「べきだ、べきでない」という言い方として「孤立している」と言えよう。意味範疇としては〈義務性〉は〈必要性〉と一体とも言える緊密姓を持ってはいるが、「べきだ」は「なければならない」ほどには束縛性は強くない。そこが Halliday and Matthiessen (2014) において「中程度 (median)」という価を与えられている所以であろう。

次に日本語モダリティ表現で最も汎用性があり、かつ〈必要性〉において無標とも言えるであろう「なければならない」を中心として統語的・意味的に対立する対について考察してみたい。「なければならない」は二重否定であるが、2 つの否定を肯定に戻すと「すればいい」である。これを左上に配置し、順次否定にした節末形式を矢印で結んでいく。下図は〈期待性〉や〈許可性〉など下位範疇と「前半否定」「後半否定」という否定の部位が入り組んで複雑になっているが、日本語モダリティ表現の相関を示している。注意すべきは、いずれもモデュレイションという「対人調整的」意味 (福田 2015: 17) を担う表現間の関係を示しているという点である。下図に示す六叙述形式においては叙述後半部が「いい」という肯定極性であるのが 4、「ならない」という否定極性が 2 である。

(15)

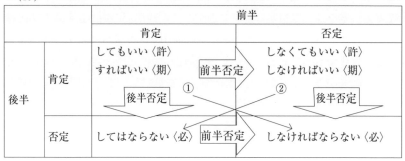

　図中①の矢印は「すればいい、してもいい」を二重否定にした形が「しなければならない」であり、②は「しなくてもいい、しなければいい」と「してはならない」が裏返し否定の関係にあることを示す。叙述部前半・後半と肯否極性の組み合わせによって4区分が成されている点で矢印等が錯綜している。後半部を肯定にする「いい」は〈許可性・期待性〉であり、後半部が否定である「ならない」は〈必要性〉表現である。反面で「すればいい、してもいい」と「しなくてもいい、しなければいい」が同じ分類になっているという点で注意を要する。

　叙述部前半と後半では、命題とモダリティについて言及している範囲が異なると言える。端的に言えば叙述部前半では命題あるいは話し手の意思について述べ、後半ではモダリティの肯否極性を示しているのである。言い換えると前半は「命題にかかわる動作が行われるか否か」、後半は「それが望ましいのか、望ましくないのか」という評価である。この記述方式を援用すると、前半・後半両否定である「しなければならない」は「命題にかかわることを実行しないのは望ましくない」というように言い換えることができる。逆に「すればいい、してもいい」はそれぞれ「命題にかかわることを実行するのが望ましい／のに許可を与える」というように言い換えることができよう。

　一見しただけでは複雑極まりない日本語モデュレイションの叙述形式は、このように叙述前半と後半に分けて肯否極性対立によって区分すれば体系性が明らかになると言えるであろう。斜線で示された部分は線と説明が入り組んで見辛いが、順を追って分析を進める。意味的な肯定・否定（すなわち肯

否極性)の対立、統語的な肯定・否定(たとえば「してはならない」と「しなければならない」)の組み合わせによって、このような図式ができあがっているとも言えよう。叙述前半部は「して」(「する」の連用形)または「すれば」という肯定形と「しない」という否定形の対立である。後半は「いい」と「ならない」で肯否両極を構成している。

　(15)で「前半部否定」「後半部否定」に加えて、「二重否定」と「裏返し否定」という範疇を導入した。〈期待性〉「すればいい」の前半と後半を共に否定形にしたのが〈必要性〉「しなければならない」であり、これを二重否定と定義した。「してもいい」－「しなければならない」も同様に二重否定であるが、「すればいい」が〈期待性〉であったのに対して「してもいい」は〈許可性〉表現である。

　他方で〈許可性〉「しなくてもいい」と〈必要性〉「してはならない」の関係を「裏返し否定」と称している。「しなくてもいい」は「してもいい」の前半否定であり、「してはならない」は後半否定である。つまり上図のように、「してはならない」と「しなくてもいい」は「してもいい」を挟んで叙述の前半と後半でそれぞれ肯否極性をひっくり返したような構造であると言える。裏返し否定は「してはならない」－「しなければいい」においても成立している。これは〈必要性〉－〈期待性〉という範疇越え否定である。統語的に裏返し否定は前半あるいは後半の否定が入れ替わっているのであるが、意味的には〈必要性、期待性、許可性〉という3範疇のうち2つがかかわることになる。

　「類義」と説明を加えた2組について、詳細な検証が必要であろう。〈期待性〉「しなければいい」と〈許可性〉「しなくてもいい」を類義と括っているが、背後に潜む文脈を考慮せねばならない。「しなければいい」というのは言い換えると「しない方が良いのに……」という話者の期待が込められている。他方で「しなくてもいい」というのは「なにかをする必要がない」という状況を表すので、ある意味で必要性の裏返しであるとも言える。この両者は「何事かをしない」という命題否定では共通しているが、それをしない方が望ましいのか、することを期待されていないのかというモダリティ的意味においては看過できない差があると言える。

(15)には、〈必要性〉〈期待性〉〈許可性〉という3つの意味範疇が混在している。統語的否定は前半否定と後半否定という2分類があるとしても、肯定と否定という二極対立で相対的に単純である。しかし意味範疇では、〈必要性〉〈期待性〉〈許可性〉という3つが複雑に入り組んでいるように見える。ここで、この点について整理しておきたい。

　(15)における六叙述形式で、矢印または線で結ばれた組み合わせは13通りある。そのうち、8つが範疇越え否定である。それを次にまとめてみる。

(16)　〈期〉「しなければいい」後半否定　→〈必〉「しなければならない」
　　　〈期〉「すればいい」　　前半否定　→〈許〉「しなくてもいい」
　　　〈期〉「すればいい」　　二重否定　→〈必〉「しなければならない」
　　　〈期〉「しなければいい」裏返し否定→〈必〉「してはならない」
　　　〈許〉「してもいい」　　前半否定　→〈期〉「しなければいい」
　　　〈許〉「してもいい」　　後半否定　→〈必〉「してはならない」
　　　〈許〉「しなくてもいい」裏返し否定→〈必〉「してはならない」
　　　〈許〉「してもいい」　　二重否定　→〈必〉「しなければならない」

　これら8通りの表現はそれぞれ〈期待性、許可性〉下位範疇を出発点として、前半・後半・二重・裏返し否定のいずれかによって範疇越えを実現している。「出発点」（矢印の左側）は〈期待性〉と〈許可性〉が4つずつと同数であるが、後半はいずれも「いい」という肯定極性である。他方で「帰着点」、すなわち否定の結果は〈必要性〉が6つで大半を占め、〈許可性〉と「期待性」が各1つという配分である。このような偏りは、必要性表現においては意味的な肯定も否定も「～ならない」というように後半が統語的否定に収束することに起因する。この結果をまとめると、範疇越え否定に関しては下位範疇〈期待性、許可性、必要性〉は次のような三つ巴構造を構成していると考えられる。

(17)

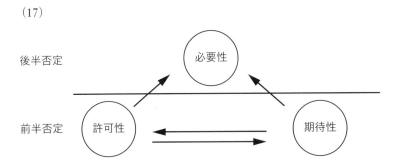

　この図は「否定が双方向で作られるのは〈期待性、許可性〉間のみであり、残りは一方的に否定形式を作るのみである」傾向を示している。特に〈必要性〉は「してはならない、しなければならない」という否定形が無標であるので、〈期待性〉や〈許可性〉の表現を否定にした結果であると考えられる。言い換えれば、〈必要性〉表現「してはならない、しなければならない」をさらに否定形にすることは不可能である。
　さらに興味深いのは、(17)においては〈必要性〉が後半否定で、〈許可性・期待性〉が前半否定であるというように明確に区切られている点である。〈必要性〉表現は、全体が肯定にしても否定にしても後半は「～ならない」という否定形で具現される。対して〈許可性・期待性〉では「しなければ、しなくても」というように前半否定で表現される。このように「範疇越え否定」という基準を通すことによって、前半否定と後半否定が画然と区別されるというのは新たな発見であった。
　(17)において叙述部前半と後半のどちらか、または双方を否定にしているかに着目してみると、次のような分布になっている。

(18)　前半否定　2、後半否定　2、二重否定　2、裏返し否定　2

　全体が8例と限られた数であることから大まかな傾向を観察するという限定つきであるが、前半と後半のいずれかあるいは双方か、裏返しに否定にするかは完全に均等に分布している。この観察からは「すればいい、しなけ

ればいい、しなくてもいい」など前半に多様な肯否極性対立が見られ、それを否定にすることによって意味範疇の変化(範疇越え否定)が具現されるものと考えられる。

5. おわりに

　本章ではこれまでモダライゼイションとモデュレイションの下位分類について品詞分析を行い、各下位分類の意味的な面について相互関係を探ってみた。以下では、簡単にその結果をまとめてみる。

　まずは日本語モダリティ表現について品詞分析を施すことによって、統語構造という面での複雑さを確認することができた。統語範疇としては、形容詞・動詞・助動詞というように活用形のある語類に名詞や助詞が加わって語数が増えると共に構造的な複雑さも増幅されていることが明らかになった。日本語と英語を比べてみると、助動詞がモダリティ表現の中核をなすという指摘をすることが可能であるように思われる。日本語モダリティ表現においては、推量・意思・勧誘「う、よう」や打ち消しの推量・意志「まい」など助動詞が他の品詞と組み合わさっていた。英語の助動詞では否定文や疑問文を形成する際の do, does, did と完了形や受動態に用いる be 動詞を除けば、may, can, shall, will, must およびその過去形 might, could, should, would などはすべてが法助動詞である。他方で日本語と英語の差異に着目すると、英語が法助動詞一語でモダリティを表すのに対して日本語は上述のように複雑な統語構造故に語数が多くなるという傾向を数量分析で示した。

　また品詞分析と共に、叙述形式の前半と後半で肯定－否定という肯否極性の対をなす表現が多数を占めることが明らかになった。「ある」と「ない」が対をなす組み合わせが基本となり、前半と後半にこれら肯否極性の対が配されることが日本語モダリティ表現が複雑な統語構造を形成していると結論づけておく。

　本章後半では、モダライゼイションとモデュレイションの下位分類8つについて意味範疇という視点を通して「範疇越え否定」などを定義づけた。前半と後半にそれぞれ肯定－否定表現が配されるために、一方または双方を否定にする複雑な組み合わせが生じた。「してはならない、なければならな

い」というように後半部否定が無標である必要性表現は、後半部肯定からの一方的な変化であることなどを検証した。

第6章

テクスト分析の中で
対人的言語資源を考える

1. はじめに

　従来の日本語モダリティの捉え方で、「モダリティ」として一括りにされてきた言語資源を、SFL の定義に従ってシステムネットワークの中にはめ込んでテクストを捉えたとき、そこにそれぞれの各社会的目的に沿った言語行動の実態が見えてくる。本章では、第1章および第3章で述べた SFL の定義による日本語モダリティおよび対人的メタ機能に基づく対人的言語資源が、実際のテクスト分析において、どのような情報を提供するのかについて、ジャンル構造構築を視野に概説する。

2. テクストを概観する

　テクスト分析に入る前に、テクストというものを概観的 (synoptic) に捉える必要がある。SFL は言語活動を社会的コンテクストとのつながりの中で層化されたシステムとして捉える。この場合の社会的コンテクストとは、社会制度、文化、慣習などといった社会を構成するあらゆる構成素を総体化したものを指し、「状況のコンテクスト」と「文化のコンテクスト」の2つを設定している。あらゆる対人的相互作用は意味の選択によってなされるが、状況のコンテクストと文化のコンテクストによって、その意味の選択は特定範囲に限定される。図1は、Martin (1999: 36) をもとにして作成した社会的コンテクストと言語の関係を示したものである（加藤 2010a）。

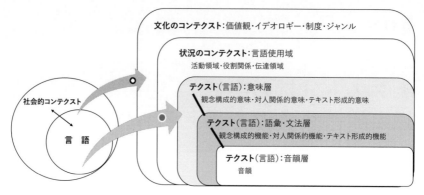

図1　社会的コンテクストと言語との双方向的関係と言語の階層化（加藤 2010a: 123）

　はじめに文化のコンテクストであるが、これはそれぞれの社会が持つ価値観、イデオロギーの集合で、言語活動は、まずこの「文化のコンテクスト」による規定を受けて、言語資源の選択がなされる。対人的相互作用は特定の目的を達成するために一定の段階を経てなされる意味活動で、達成すべき目的に応じて様々な段階の組み合わせが存在する。この段階の組み合わせの類型を、SFL ではジャンル (genre) と呼んでいる。このジャンルが文化のコンテクストにかかわるもので、所定の文化の方式に従って、その中で認められた社会的目的を達成するために、われわれが段階を踏んで行う言語行動のパターンのことを指す。たとえば、大学で学生の書くレポートの書き方を例として挙げれば、分野を問わず、書き方をめぐって共通した段階が踏まれる。主題の提示、証拠の提示、反証の棄却、結論、そして主題の反復で終わるといったようにである (Eggins 1994)。この場合、何についてのレポートなのかという点が異なるだけで、レポートの書き方という範疇で捉えれば、1つのジャンル構造として成り立つ。これは一例で、その他、たとえば電話での応対、サービス対応における店員と客の応答、物語、料理の作り方など、ある一定の社会的目的を持って遂行される言語行動はジャンルとしてそれぞれ類型化される (加藤 2010a: 122)。図1の右図の最も外側に位置する文化のコンテクストがジャンルに相当する概念部分である。ジャンルについては、改

めて後述する。

　文化のコンテクストの実体化が状況のコンテクストで、言語使用域（register）がこの層にかかわり、直接的に言語選択にかかわるものとして、3つの変数から言語活動を捉える。どのような場面、領域で（活動領域（field））、誰が誰に対して（役割関係（tenor））、どのような方法を使って、どのような媒体を通して何をするか（伝達様式（mode））というかかわりを通して生み出される意味状況を扱う部分である。たとえば、言語使用域がサイコセラピーの面接であれば、流派によって異なるが、一般的に、言語活動領域が問題の構築と解決・意味の明確化と再取り組み、役割関係が専門家であるセラピストと指導を受ける者としてのクライエント、伝達様式が口語による構築的相互作用となる。こうして特定の言語使用域は、その下位層である語彙－文法層に反映され、特定の語彙－文法資源が選択されることになる。ここでは言語は、話し手が言語資源の中から選択して意味を作り出すシステムとして捉えられるのである（加藤 2010a: 122-123, 2010b: 62-63）。

　図1の左図は右図を簡略化したものであるが、社会的コンテクストのありようが言語のシステムを決定づけ、一方、コンテクストは言語システムによって解釈構築されているという見方もでき、コンテクストと言語の関係は双方向的なものと捉えられている。右図は左図をさらに層化したもので、「実際の意味の交換において、人は意味の可能性をどう展開させるのか」（Halliday 1978: 108）を示している。図より、語彙－文法層は音韻層によって具現され、意味層は語彙－文法層によって具現される。さらに意味層の外側に文化・状況のコンテクストという2つのコンテクスト層を想定する。言語選択のパターンはこのコンテクストのタイプによって形成されるが、ここでは言語は意味あるいは意味の可能性のシステム（Halliday 1978）、つまり話し手が言語資源の中から選択して行う意味を作り出すシステムとして捉えられるのである（加藤 2010a: 122-123, 2010b: 63）。

3. テクスト選定

　本章では、4種のテクスト、サイコセラピーの面接セッション、民事訴訟

の反対尋問、催眠、日記[1]を例として用いる。これらのテクスト選定は、照屋 (2012) の text typology[2] をもとに、3 種を話し言葉 (サイコセラピー・民事訴訟の反対尋問・催眠)、1 種 (日記) を書き言葉として、また話し言葉によるテクストをダイアローグかモノローグかという基準から 2 種 (サイコセラピー・民事訴訟の反対尋問) をダイアローグ、1 種 (催眠) をモノローグとして、さらに社会意義的過程に基づくことで得られるテクストの 8 つの主要類型 (解説、探求、可能化、推薦、実行、共有、再現、報告) のうち、推薦 (サイコセラピー)、探究 (民事訴訟の反対尋問)、可能化 (催眠)、共有 (日記) を題材としている。

　Martin (1992) によれば、言語使用域とは、活動領域、役割関係、伝達様式という 3 つの要素によって構成される記号体系 (semiotic system) であり、ジャンルと言語の間にあるメタ機能によって構成される意味資源である。活動領域は経験構成的メタ機能、役割関係は対人的メタ機能、伝達様式はテクスト形成的メタ機能によって具現される。Martin は、これら 3 要素をさらに細分化してより詳細なテクストの概要を浮き上がらせる仕組みを提示している。サイコセラピーを例に、以下に考えてみたい (加藤 2016)。

　まず、言語活動領域であるが、Martin (1992) は、活動の流れ (activity sequence) と主題 (subject matter) の 2 項目を設けている。活動の流れは、サイコセラピーは基本的に、「正式接遇→偵察→詳細問診→終結」(Sullivan 1954) という経緯をたどる。主題は、流派を問わず、精神疾患もしくは社会的不適応を矯正するための治療行為ということになる (加藤)。

　次に役割関係に関しては、社会的地位 (status)、社会的距離 (contact)、態度もしくは感情 (affect) の 3 項目を設けている。社会的地位は相互作用者間

---

[1] 出典はそれぞれ、次のとおりである。
　　面　接　：佐治守夫. 1985.『治療的面接の実際／ゆう子のケース』東京：日本・精神技術研究所.
　　反対尋問：福永有利・井上治典. 2005.『アクチュアル民事の訴訟』東京：有斐閣.
　　催　眠　：蔵内宏和・前田重治. 1960.『現代催眠学』東京：慶應通信.
　　日　記　：高野悦子. 1971.『二十歳の原点』東京：新潮社.

[2] レジスターの類型の輪郭と詳細を精密に描き出すことを目的とし、テクストが具現化するコンテクストの性質、特に社会意義的過程に基づくことで得られるテクストの主要類型とそれらの下位類型を提示している。

の社会記号的階層（役割）の違いである。Brown and Gilman (1960) は、パワー (power) と連帯 (solidarity) が社会的関係を指数化するのに中心的な役割を果たすとしたが、Poynton (1985: 76) は、さらにこの主張を発展させて、社会的距離 (contact) と態度・感情 (affect) という区別を設けた。社会的距離は、相互作用者間の社会的距離もしくは親密さの度合いで、態度・感情は、話し手／書き手の相手への態度もしくは感情のことを指す。またパワーについては Poynton (1985: 76) が、パワー変数が不平等から平等の連続線上に沿って生じるもので、その性質が、肉体的な優越 (force)、権威 (authority)、不均等な富の分配(status)、専門的知識や技術 (expertise) に基づく点などを挙げている。この中の権威とは、たとえば、子と親のような不平等な役割関係の基盤となるもののようなことを指す。ムード、モダリティ・交渉といった対人的メタ機能が、これら社会的関係を構築する対人的資源である。この中で、社会的距離と社会的地位とは論理的には独立関係にある。理由は、たとえば上司と部下という権威に基づく上下関係であっても、長年一緒にいるうちに親密さがましてくるといったような例があるからである (Poynton 1985)。

　また、伝達様式に関しては、Hasan (1985: 58) が、言語の役割 (language role)、媒体 (medium)、チャネル (channel) の3項目を設けている。言語の役割とは、言語が社会的活動において演じる重要度のことである。たとえば、車を修理するといったような場合には、言語は付随的あるいは補助的な役割しか担わないが、何か問題点を議論するといったような場合には、言語は構成的役割を担う。媒体は、話し言葉か書き言葉かを問題とし、プロセスまたはテクストが共有される度合いを反映する。たとえば、書き言葉は、聞き手に直接的なフィードバックを許さないが、話し言葉では通常、それが可能である。こうして、媒体は、モノローグ／ダイアローグ間の記号スペースをとりもち、意味の交渉に相互作用者がどれだけ参加できるかという程度に影響を及ぼす (Martin 1992: 509; Muntigl 2004: 90)。聴覚によるものか視覚によるものかといったコミュニケーションの回路であるチャネルは、意味作りの過程に関与してくるジェスチャー・体の位置・視線・身なりなどに影響を及ぼす。主題と同一性 (identification) が関与するテクスト構成的メタ機能に最もかかわる部分である（加藤 2016）。

上述、言語使用域の細目に従って、本書でとりあげるテクストの言語使用域について、マッピングしたものが表1である。

表1　選択テクストの言語使用域

	セラピー	民事訴訟反対尋問	催眠	日記
活動領域（field）				
活動の流れ（activity sequence）	正式接遇→偵察→詳細問診→終結	質問→答弁	運動支配段階→感覚支配段階→記憶支配段階	生活の記録→評価
主題（Subject matter）	精神疾患もしくは社会的不適応を是正するための治療行為	要証事実の立証成果を減ずるために、供述をテストすることによって弱点を明らかにする。	主に精神疾患もしくは社会的不適応の治療	生活の記録と一日の心理的反復体験
役割関係（tenor）				
社会的位置関係（status）	専門家（セラピスト）vs 初心者（クライエント）：パワー→不平等（変数は専門知識に基づく権威）	専門家（弁護士）vs. 初心者（相手側が申請した証人）：パワー→不平等（変数は専門知識に基づく権威）	専門家（催眠術療法家）vs. 初心者（クライエント）：パワー→不平等（変数は専門知識に基づく権威）	自己の独壇場、専横舞台
社会的距離（contact）	治療構造上の関係	公的設定敵対的立ち位置関係（利害対立）	治療構造上の関係	
態度・感情（affect）	肯定的（positive）/一時的（transient）	否定的（negative）/遠い（distant）	肯定的（positive）/一時的（transient）	
伝達様式（mode）				
言語の役割（language role）	構成的役割・双方向的・ターンテーキング自由	構成的役割・ターンテーキング制限（ターンがコントロールされる）	構成的役割・疑似モノローグ（対個人）・聴覚的には一方向的だが、視覚的には双方向的・ターンテーキングなし	構成的役割・一方向的
媒体（medium）	話し言葉　疑似的対話	話し言葉／尋問と応答	話し言葉。ただし、聞き手に言語による直接的なフィードバックは許さない。	書き言葉
チャネル（channel）	視覚・聴覚	視覚・聴覚	視覚・聴覚	

4. テクスト分析
4.1 選択するということ

　形式文法（formal grammar）では、言語は規則のシステムとして捉えられるが、SFL は言語を意味あるいは意味の可能性のシステムとして捉える（Halliday 1972）。機能的見地からすると、意味のシステム（すなわち言語）は、話し手がことを行う資源である。SFL では言語が話し手が言語資源の中から選択して行う意味を作り出すシステムとして捉えられるところに、従来の形式文法との違いが認められる（加藤 2009: 42）。

　図 1 の状況のコンテクストの下位層である 3 つの意味を作り出すシステム、意味層（semantics）、語彙 – 文法層（lexicogrammar）、音韻層（phonology あるいは graphology）という三者の層化関係を示したものが図 2 である。

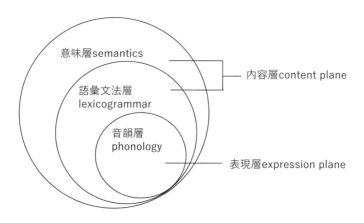

図 2　言語の階層化（Martin 1999: 20）

　語彙文法層は音韻層によって具現され、意味層は語彙文法層によって具現されることを示している。このうち語彙文法層は節に焦点を置き、意味層はテクストが中心となる。そして意味層と語彙 – 文法層を合わせて内容層（content plane）、音韻層を表現層（expression plane）とする（Martin 1999: 20）。各層は具現という関係で結ばれている。たとえば、意味層における情報を「与える」か「要求する」かの選択のシステムは、語彙 – 文法層における叙述法

あるいは疑問法によって具現され、さらにそれは音韻層におけるイントネーションの選択システムによって具現される。つまり具現化（realization）とは、ある意味内容を、語彙－文法と音声の単位で表現することである（加藤2009: 43）。

　意味層と語彙－文法層でなされる選択は、通常、自然な一致した（congruent）なものであるが、これら2層が独立層であるために、各層において意味的に一致しない選択がなされることも可能で、これを文法的メタファー（grammatical metaphor）としている。たとえば、セラピストが、クライエントに質問する場合の発話について考えてみたい（加藤2015: 136）。

(1) a.「何か心配事、不安に思うことがありますか」
　　b.「何か心配事、不安に思うことがあるのではないかと思うのですが」
　　c.「何か心配事、不安に思うことがありそうですね」

　意味したいのは不安に思うことがあるかどうかを問うことなので、(1a)のように疑問文の形にするのが一致した表現あるいは整合形であるとすると、(1b)と(1c)が非整合形、あるいはメタファー的な表現ということになる。(1b)は、質問を意味しているにもかかわらず、叙述文を用いているため、一致しない表現となっている。あえて一致しない表現を用いるところに談話ストラテジーが窺えることと、さらに説明ムードの「のだ」表現に蓋然性のモダリティの文法的メタファー表現、指向は主観的・明示的表現を用いていることから、そこにセラピストの意図的な言語ストラテジーが窺える表現となっている。(1c)も同様に叙述を用いていることで一致しない表現となる上に、証拠性のモダリティと確認要求の交渉詞である「ね」を用いていることから、ここにも談話上のストラテジーが窺える。

　このように話者のとる選択をマッピングしていくと、そこに話者の対話ストラテジー、あるいは支配的な語彙・文法資源の構造が見えてくる。支配的な語彙・文法資源とは、支配的な言語資源選択の偏向のことである。それがクライエントの発話であれば、現実世界の認知の偏りを読み取り、そこにクライエントが現実を生きにくいものにしている原因を指摘できる。一方、セ

ラピストの発話であれば、セラピストの談話ストラテジーをマッピングすることが可能である。こうしたシステムネットワークを援用したマッピングから得られる分析情報は、セラピー設定のみならず、その他の様々なテクスト分析においても有用である。

システムネットワークにおいて、なぜ他の選択肢ではなく、この選択肢が選ばれるのか。この点を考えたとき、言語資源の選択は、社会的目的達成のための談話ストラテジー上、言語資源の機能を勘案しながら、意図的になされることに気づく。このようにある意味を示したい場合に、いくつか選択肢があり、人は発話の瞬時瞬時に、それぞれ語彙 − 文法層と音韻層において選択を行っている。SFLでは、この選択肢の集合を選択体系網（choice system）とし、理論の中核としている。

4.2　テクスト分析に供する対人的資源

テクスト分析にあたっては、対人的言語資源のシステムネットワークから、社会的目的がどのように実現されているかを特徴づける言語資源に焦点を当てる。特に、ムード構造、交渉詞、モダリティが中心となる。これらの類型については既に第1章、第3章で論じられているので、ここでは詳細を省く。なお、ムードタイプとの照合から談話ストラテジーを窺うために、本来、意味論の範疇である発話機能も合わせてとりあげる。

分析に入る前に、いくつか注意点を以下に述べたい。

4.2.1　節と節境界：ムーブ

テクスト分析に際し、まずは、文章を区切るところから始めたい。ムーブは発話機能単位で、ターン・テーキング（turn taking）が可能な場所を示す単位である（Eggins and Slade 1997）。発話機能の談話パターンは、節のような文法単位ではなく、相互作用上の機能に基づく談話単位からなる。談話単位として、第1にターンが挙げられるが、ターンは複数の発話機能を含んでいるため発話機能の単位とするのは適切ではない。Hallidayは発話機能の談話パターンを具現するのは、単一の発話機能を具現するムーブであるとする。ムーブは節から成り立っているわけではなく、節がムーブから成り立っ

ているわけでもないが、節が基本的な文法体系の構成単位であるために、大方のムーブは節であり、大方の節はムーブであると言える（加藤 2015: 73-74）。

　ムーブ分割の具体的ルールとして、① 最低1つの用言を含むことが条件であるが、用言が省略されていると考えられる場合、用言不在でも節とする、② 言いさし文は、1つの節とみなす、③ ①と②以外に関しては、小節ムーブとして独立させる、という3点を基準にした。

4.2.2　節と節境界：言いさし文の扱い

　ムード構造をマッピングするにあたって、言いさし文の扱いをどうするかという問題が出てくる。言いさし文とは、従属節だけで終わる文のことである。従属節には必ず主節があるという基本的な立場に立てば、主節が省略されているだけであり、基本的に復元が可能であるということになる。ムードタイプごとに分類するには、復元された節を想定して行うのが順当であろう。しかし果たして復元可能なのだろうか、と白川(2009)が問題点として投げかけている。白川(2009, 2015)[3]は、言いさし文として、① 関係づけ、② 言い尽くし、③ 言い残し、の3種類を挙げている。

① 関係づけタイプ：主節に相当する内容が、先行するコンテクストに漠然と存在、または関係づけられるべき事態が文脈上に存在する文。
② 言い尽くしタイプ：従属節だけで、言いたいことを言い尽くしている文。関係づけられるべき事態が文脈上に存在しない。
③ 言い残しタイプ：言うべき後件を言わずに中途で終わっている文。

　表2は上述をまとめたものである。

3　白川(2015)では、言いさしを言い切りに対する意味で捉えられ、「主節を欠いた統語的に不完全な文による発話」を指している。

表2　言いさし文の類型（白川 2009: 11）

	関連づけ	言い尽くし	言い残し
主節の非存在	+	+	+
発話内容の完結性	+	+	−
関連づけられるべき事態の文脈上の存否	+	−	−

　なお、白川（2015）は、主節に相当する内容は、唯一的に復元が可能とは言えず、然るに、聞き手は従属節だけ聞いて、話し手の言わんとすることが過不足なく理解できるため、「本来あるべき主節が省略されていると考える必要はない」としている。したがって、言うのを中途でやめた不完全な文ではなく、完全な文と同じように話し手の言いたいことを言いきっているという捉え方をしている。白川は、従来、暗黙の了解であった主節と従属節という区別は絶対的なものではなく、南（1993: 220）の表現を借りて、「言い切り的なもの」と「接続的なもの」という境界をぼやかした捉え方をした方がよいとしている。本分析では、この白川の論を参考に、言い残し以外の言いさし文を独立した文として扱う。

　なお、佐久間・杉戸・半澤（1997）は、言いさしの機能として、①きびきびした口調を作り出す、②テンポの良さにより主張の力強さが増す、③親しさやくだけた雰囲気を醸し出す、④丁寧さや改まり、恐縮などの態度を表す、⑤最後まではっきり述べないことで、もの柔らかな慎みのある態度を示す、といった点を挙げている。これらの機能に加えて、荻原（2015）は、相手発話の一部反復や言い換えによって、話し手に発話を聞いていることを伝えたり、またその内容に対して、了承・共感・同意を表す働き、また儀礼的・習慣的行為、ターンの譲渡、指示・要求、質問、婉曲表現、聞き返し等の機能を指摘する。永田（2015）は、話し手の言いさし表現の後にターン・テーキングが生じ、聞き手にターンが移る傾向があることを指摘している。

4.2.3　節と節境界：ムードタイプとプロトタイプ

　第3章で論じられたムードタイプの分類であるが、日本語の場合、形態によって明確に区別できる英語と異なり、カテゴリーによる分類が曖昧とな

る。たとえば、次の例の下線部の節は、疑問ムードであろうか、それとも叙述ムードであろうか。

(2)（反対尋問テクストより）
　　被告　　はい、よくなって、それで連れてくるまで時間が長引いたようなことを言われたと思います。
　　弁護士　<u>はっきり言われたんですね。</u>
　　被告　　はい。

　益岡 (1987) は、日本語では、平叙文・疑問文・命令文というカテゴリーの区別が絶対的なものではないとしている。次の例をみてみたい。

(3) a. このままでいいですよ。　（平叙文）
　　b. このままでいいですか。　（疑問文）
　　c. このままでいいですね。　（平叙文と疑問文両要素の混合）
　　d. このままでいいかな。　　（平叙文と疑問文両要素の混合）

（益岡 1987: 39）

　(3a) から (3d) の中で (3c) と (3d) に関しては峻別が困難として、「カテゴリー連続の原則」という考え方を主張している。「カテゴリーは一定の特徴の集合で規定され、それに属する要素はそうでない要素から明確に分離される、と考える伝統的なカテゴリー論に対して、これを否定する見方が、哲学、人類学、心理学、言語学等において次々現れてきたことは偶然ではなるまい」(益岡 1987: 40) として、前者を「カテゴリー不連続の原則」(益岡 1987: 41)、後者を「カテゴリーには連続性の性質が内在する」(益岡 1987: 41) という考え方を導入している。つまり打ち立てたカテゴリー同士は対立関係にあるが、それらカテゴリーのプロトタイプ同士が対立関係にあるということで、これらのプロトタイプから遠ざかれば遠ざかるほど、対立の程度は和らぎ、中間タイプというものも存在しうるということである。したがって、プロトタイプの部分は対立関係であっても、周辺部分では連続することになる。

この主張に従えば、平叙文と疑問文のプロトタイプは明らかに対立である。益岡 (1987: 42) は2つのカテゴリーを以下のように定義している。

平叙文
① 与えられた命題の内容を話し手が確かな（あるいはほぼ確かな）ことと判断していること。
② 話し手が聞き手にその命題の内容を確かな（あるいはほぼ確かな）情報として伝えようとしていること。

疑問文
① 与えられた命題の中に話し手にとって不明の点が含まれており、話し手がその点を明らかにしたいと考えていること。
② 話し手が不明の点に関する情報を聞き手から聞き出そうとしていること。

　上述の定義に従えば、次の文は、それぞれ平叙文と疑問文のプロトタイプである。

(4) a. 花子さんのこういうところが魅力的です。
    b. 花子さんのどういうところが魅力的ですか。

しかし、次の文はプロトタイプとは言えないことになる。

(5) a. 花子さんのこういうところが魅力的ですよねえ。
    b. 花子さんのどういうところが魅力的なのかなあ。
    c. 一体、花子さんのどういうところが魅力的だというのか。

　(5c) に関しては、どちらからも遠くに位置していると言える。益岡 (1987: 43) は、以下のように結んでいる。

　　プロトタイプ論の観点から平叙文と疑問文の関係を分析すれば、両者の

対立的な関係と連続的な関係を無理なく捉えることができるのである。もし、この両者の関係を「カテゴリー不連続の原則」に基づいて分析しようとすれば、実態を正確に反映したものにはならないであろう。平叙文の集合と疑問文の集合が明確に分離されるという見方は、現実的ではないように思われる。

SFLはもともと英語をもとにして組み立てられた言語理論であるせいか、益岡の論に従えば、ムード構造を不連続の法則でまとめあげている。英語では、語順が明確に変わるため、疑問文は疑問文としてプロトタイプとそれ以外のものというすみ分けが形態的に容易である。しかしそうではない日本語を、そのまま適用してよいものかどうかという点に関しては問題が残る。本分析では、プロトタイプから離れる節に対しては、「疑似」として扱い、たとえば、(2)の下線部の文は「疑似・疑問ムード」もしくは「疑似・叙述ムード」とし、カテゴリーを連続するものとして捉える。

4.2.4 節と節境界：発話機能

分析に発話機能を容れるのは、ムード構造と照合することで、一致した表現になっているか、そうでないかをみることによって、談話ストラテジーを窺うことができるからである。

交換(exchange)は、節が社会的相互作用を構築する主な手段の1つで、相互作用者が共同で社会的現実を構築する対話のことを意味する。その基本的な形態は、情報あるいは品物・サービスを「与える(giving)」こと、あるいは「要求する(demanding)」ことの2つから成っている。情報の「与える」と「要求する」は、陳述(statement)や質問(question)といった発話機能を通して具現され、品物・サービスの「与える」と「要求する」は、提供(offer)や命令(command)といった発話機能を通して具現される。その場合、交換される品物・サービスは提言(proposal)で、情報の場合は、命題(proposition)である(Halliday 1994)。

これら4つの発話機能だけが社会的活動ではなく、人はその他にも、「示唆(suggest)」したり、「同意(agree)」、「非難(blame)」、「要請(request)」、

「査定 (assess)」したりと様々な社会的交換を行うが、上述4つの基本的な発話機能が、社会的交換において最も一般的なものを代表している。発話機能はムーブによって具現される。

　発話機能の分類カテゴリーのネットワークを組み立てるには、会話ディスコースの種類、その目的が考慮されなければならない。社会的相互作用にはそれぞれ社会的目的があって、それを達成するための会話運びがなされる。Ventola (1987) はサービス対応における相互作用の交換構造 (exchange structure) を構築したが、そこではセールスの役割を担う側と顧客との間でやりとりされる「承認する」「返事をする」「質問する」「命令する」といった、単純な発話機能で事足りている。しかしセラピーの設定で生じる相互作用は、サービス対応のレベルの発話機能の範疇で捉えるにははるかに複雑多岐にわたる。したがって、その複雑多岐にわたる相互作用が網羅されるような分類がなされなければならない。そのため、セラピー設定には、より網羅的な下位分類を持った発話機能の細分化が求められる。そこで、どれだけの発話機能が必要かという問題になるが、ここでは本章でとりあげる4種のテクストそれぞれに対応する発話機能について論じることが目的ではない。よって代わりに、Eggins and Slade (1997: 194–213) が、上述、基本的交換 (exchange) に基づいてカジュアルな会話 (casual conversation) の分析に用いた発話機能のモデルを例として適用する。図3は、このEggins and Sladeによる発話機能を示したものである。

　Eggins and Sladeのモデルでは、会話の開始者が会話を開始するための発話機能で会話を開始し、その受け手が会話を維持するかどうか、また維持する場合は、支持的、対立的どちらの観点で行うのかという点が骨子となる。

　図3を簡単にたどってみたい。ムーブは「開始」か「維持」かという選択肢にわかれる。「開始」であれば、次に「注意喚起」か「話題提示」かの選択肢が提示される。前者は挨拶などの交感的な発話機能で、実質的な話題についての相互作用は、後者の「話題提示」となる。そこから「品物・サービス／情報」の「提供」か「要求」かで「命令」か「質問」か、そしてそれが「事実」か「意見」かの導入となる。

第 6 章 テクスト分析の中で対人的言語資源を考える

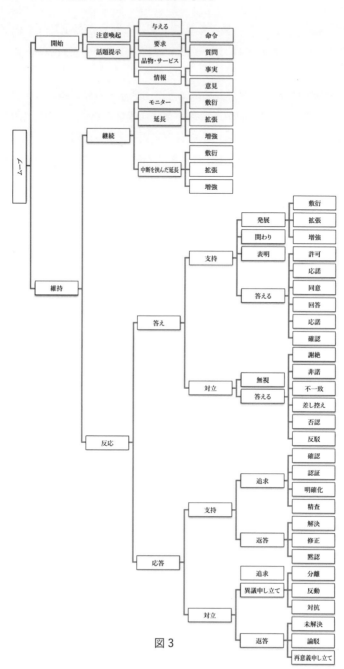

図 3

「維持」の場合は、「継続」か「反応」かに分かれる。「継続」は「モニター」(相手が話についてきているかどうかの確認)か「延長」か「中断を挟んだ延長」(話題の拡充)の選択となる。一方の「反応」は、「答え」(相手のメッセージに応答して交換を閉じる)か「応答」(相手のメッセージに応答して、交換を閉じるのではなく、さらに情報を求めたり与えたりして会話をつなげる)の選択となる。この「答え」と「応答」とも、支持的観点から答え／応答するのか、対立的観点から答／応答するのかに分かれ、それぞれ、答え方、応答の仕方が細分化される。これが Eggins and Slade のモデルの骨子である。

4.2.5　節と節境界：モダリティの指向表現

モダリティの類型については、第1章、第3章で述べたとおりである。ここでは指向表現について触れたい。従来の日本語モダリティ論に見られない特色の1つとして、Halliday (1994) が、それぞれのモダリティのタイプの具現のされ方を「指向 (orientation)」として設けたことが挙げられる。指向には、図4に示すように、主観的・客観的の別と、明示的・暗示的の別が取り込まれている。前者の場合、観念内容とは別に、発話時において、話し手の関与が示されていれば「主観的」であり、話し手の関与が示されず、観念内容の一部となっていれば、「客観的」となる (加藤 2009: 121)。

明／暗示的の区別は、命題の捉え方が主／客観的であることを明示的に述べるか暗示的に述べるかということである。明示的に述べるためには、命題は命題として独立したものとして残し、投射節で示すことである。明示的に主／客観的なモダリティの指向形態は、それらが名詞的に用いられた命題としてモダリティを表すため、本質的にメタファー的となる (Halliday 1994)。一方、暗示的に述べる場合には、命題自体にモダリティ表現が付与される (加藤 2009: 193)。

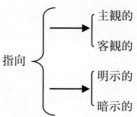

図4　モダリティにおける指向のシステムネットワーク（Halliday 1994: 358）

　図4は、これら主／客観的表現と明／暗示的表現の組み合わせを例示したものである。まず、命題を主観的・明示的に述べるには、話し手は命題は命題として解釈し、主観性を表す「〜と（私は）思う」という投射節で表示し、「太郎はそれを知っていると思う」とする。同じ意味を、客観的・明示的に表すには、話し手は命題は命題として解釈し、客観性を表す「〜ことは確かだ」という投射節で表す。またモーダル付加詞を用いた場合には、客観的・暗示的表現となる。

　これら2つの指向表現を分析上区別することは、談話ストラテジーを考える上で、有用な情報を浮き上がらせる。改めて後述する。

表3　主／客観的表現と明／暗示的表現（加藤 2015: 143）

範疇		具現のタイプ	例
主観的	(a) 明示的	〜と（私は）思う・〜と（私は）確信している	太郎はそれを知っていると（私は）思う。
	(b) 暗示的	かもしれない・だろう	太郎はそれを知っているかもしれない。
客観的	(a) 明示的	〜ということはありうる・〜ことは確かだ	太郎がそれを知っていることは確かだ。
	(b) 暗示的	多分・確かに	太郎は多分それを知っている。

4.3　テクスト分析の中で対人的資源を考える

　本節では、4種のテクスト例をとりあげて、第1章、第3章で紹介した対人的資源について考えてみたい。各テクストの言語使用域に関しては、表1にまとめてあるので参照されたい。また分析テクストは、付録1〜4に表示

してある。まずは、サイコセラピーから見ていきたい。

4.3.1　サイコセラピー・テクスト

　サイコセラピーの基本目的が、クライエントが現在直面している問題を解決あるいは改善すべく、クライエントの内面に変化をもたらすことにあることは流派を超えて共通している。この目的のためにセラピストは対人的言語資源を駆使するわけであるが、流派により、対人的資源の用いられ方に多少違いが見られる。ここでは、クライエント中心療法（client-centered therapy）[4]をとりあげる。このセラピーの特徴は、基本的に、無条件の共感でクライエントの話に「ただただ」耳を傾けるというもので、無条件の共感を得ながら話を聞いてもらうことで、クライエントは自分が理解されているという安心感が保全される。一方で、話すという作業を通じて、情緒的混乱、内的混乱が整理され、洞察を得るというプロセスをたどる。

4.3.1.1　ムード選択と発話機能を見る

　テクストを見ると、各交換ユニットの開始のムードタイプは「疑似・疑問」あるいは「叙述」で、発話機能が明確化もしくは確認であり、プロトタイプの疑問ムードはほとんど見られない。この点は認知行動療[5]法に見られる問答法的相互作用と異なる点である。疑問ムードで発話機能が確認という組み合わせが一致した表現であるが、「疑似・疑問」あるいは「叙述」で発話機能が確認である場合は、一致した表現とは言えない。両プロトタイプの

---

[4]　1940年代にRogers, C.R.によって創設された療法である。カウンセリングの基本とされるもので、諸派ある中でも主要な療法とされ、流派を問わずセラピストに折衷的に多く用いられる。

[5]　人の行動や心の動きを導くものは認知であるという前提で、その認知を矯正することでクライエントの問題を解決していこうとする療法である。セラピーの進め方として、行動的、情緒的、生理的、認知的側面のアセスメントと、ホームワークとする自己の行動、認知、気分の観察、記録、評価によって得させるセルフ・モニタリングを通じ、認知の歪みをクライエントに気づかせ、適応的な考え方を身につけさせるといった手法がとられる。この過程において、対話を通じて相手の考え方に疑問を投げかけることで、相手の矛盾や行き詰まりを自覚させるといったソクラテスの問答法のような面接手法がとられる。

ヴァリエーションとしての表現として、部分的に一致した表現とみなせても、完全に一致した表現ではない。(6) がその例である。

(6) （T＝セラピスト）（　）内は相手のあいづち
   [7.3] T　本当にそう思ったら何かやれるだろうってそんな感じじゃ全然ないのね（ハイ）。

(7) は完全に一致しない表現例である。

(7) （C＝クライエント）
   [5.3] C　自分の苦手のものでも、苦手だなんていって逃げていてはいけないんだって（ウーン）。…
   [5.4]　　その方が理想的なのかもしれませんけど、
   [5.5]　　やっぱり苦手なものは苦手なんだし（ウーン）、
   [5.6]　　それを自分に強いることはなかろうっていう気になってきたんです（ハイ）。
   [6.1] T　苦手は、これは自分の苦手なんだってこう認めるっていうか、
   [6.2]　　自分で受け入れることが少しできるようになった感じ（ハイ）、
   [6.3]　　はい。前は苦手なんてあっちゃいけない（ハイ）。

(7) のセラピストの発話 [6.1], [6.2], [6.3] は叙述ムードであるが、こうした言い換えは、クライエント中心療法の臨床概念では、発話機能は明確化となり、一致しない表現となる。確認・明確化とも一致したムードタイプは疑問文である。一致しない表現を用いるところに談話ストラテジーを窺うことができる。明確化では、クライエントの発話にセラピストによって新情報が取り込まれ、巧みに言い換えられている。たとえば、クライエントの「自分に強いることはなかろう」という否定文による消極的な心的態度が、セラピストの「自分で受け入れる」ことができるようになったと、積極的な志向を示すものとして言い換えられている。

基本的に、サイコセラピーでは、クライエントが述べたことを、セラピス

トが言い換えることによって相互作用が進められる。クライエントが体験事象を述べ（formulation）、それに対してセラピストが、クライエントの経験世界の受け止め方を変えるために、クライエントが述べたことを別の言葉で言い換える（reformulation）プロセスである。この場合の言い換えは語彙－文法構造を変えることで、先行発話とは別の意味づけを行う言語行動である。つまり、言い換えによる新しい意味の創出によって、クライエントの経験世界の認識に新たな準拠枠を与え、過去の認識を変えるためのプロセスが展開されるのである。この前提に立って、セラピーの諸段階の相互作用が理解されなければならない（加藤 2009）。

とりあげたテクストは、クライエント中心療法の手法を忠実に反映していることがテクストから窺われる。ちなみに、クライエントが防衛[6]を解き、セラピストとの相互作用に加わってくるのを促す技法として、田畑（1989, 1995）は以下の手法を挙げている。

① 感情の受容（acceptance of feeling）：
クライエントの自己探求や自己表現を促すために、「うん」、「はい」、「ええ」、「なるほど」、「そうですか」といった表現で応答する。
② 感情の反映（reflection of feeling）：
クライエントが表明した感情をセラピストが捉えて、それをそのまま返す。たとえば、クライエントが苦しくて生きることに希望が持てないでいるような状態を述べたら、「いっそのこと死んでしまいたいと思う」や、「自分、生きる力が抜けてしまったみたいな感じがする」というように返す。
③ 繰り返し（restatement of content or problem）：
クライエントが表現しようとすることをそのまま繰り返す。たとえば、「僕はもう何もかもわからなくなって、やけくそになったんです」

---

[6] 精神障害、または情緒障害と認められる人たちは、過去の対人的接触によって傷を受けたために、生の困難を抱えている。その人たちが新たな対人的接触によってもたらされる不安を回避したり、または平静をとりつくろうために言語を使って自分の回りに障壁を築くことである。

に対し、「自分、どうしようもなくなって、やけくそになった」など。
④ 感情の明瞭化（clarification of feeling）：
クライエントが言わんとすることを、セラピストが明瞭な表現で言い換えて伝えること。
⑤ 承認－再保証（approval-reassurance）：
情緒的な支援、承認、強化を与える。
⑥ 非指示的リード（non directive leads）：
クライエントに対し、もっと具体的に問題表明を行うよう促す。「それについてもう少し話してくれませんか」など。
⑦ フィードバック（feedback）：
クライエントの行動について、セラピストがどのように捉えているかを伝える。
⑧ 自己開示（self-disclosure）：
セラピスト自身の感情や考えをクライエントに伝える。

上述、②感情の反映、③繰り返し、④感情の明確化が、とりあげたテクストでは顕著に窺える。

問うことはセラピーの基本的な手段である。ワクテル（2004: 115）は、治療者は抵抗にうまく対処し、患者自らがどのように自らの問題を引き起こしているかに直面できるように工夫が求められるとしている。その際に、治療者の質問のあり方が、患者の抵抗同様、治療者が患者に対して敵対的な構えを生み出す可能性があるとし、問いかけへの注意を呼びかける。たとえば、質問の背後には、メタ・メッセージがあり、純粋に質問であることはめったにないとする。

> 質疑の過程として考えられ論じられていることが、実際はかなりの程度、治療者の考えを伝える手段ともなっているということをはっきりと認識しておくことが重要である。(中略)治療における質問の技術は、患者がそれまで直面することを恐れてきた領域に徐々に優しく導くものである。その作業においては、治療者が問おうとすることを具体的にどの

ような言い方で尋ねるかということが決定的な違いをもたらしうるのである。
　　　　　　　　　　　　　　　　　　　　　　　（ワクテル 2004: 116）

　そこで治療者に求められるのは、抵抗を生み出さず、また患者の自尊心を傷つけることなく、「患者の葛藤体験に触れる道筋を見出すこと」（ワクテル 2004: 117）である。これは、先述したフェイスへの配慮にもつながるスタンスである。クライエント中心療法においてセラピストが明確化・確認をあからさまな疑問文によって行うことに消極的な理由がここにある。

4.3.1.2　説明ムードと交渉詞

　「のだ」表現がテクストの中で頻繁に用いられている。「のだ」は、日本語において、頻繁に用いられる表現で、日本語学で様々な研究が重ねられてきた資源である。ここでは紙幅の制限上、基本的機能の指摘に留める。

　「のだ」の機能は多様であるが、基幹となる機能の1つとして、田野村（2002: 5）は、「あることから α を受けて、α とはこういうことだ、α の内実はこういうことだ、α の背後にある事情はこういうことだ、といった気持ちで命題 β を提出する」ことであるとしている。たとえば、クライエントが、「昨日、学校休みました。行く気がしなかったんです」と言ったら、「昨日、学校休んだこと（α）」を受けて、その背後事情として、「行く気がしなかった（β）」という命題構造になるわけである。

　2つ目の基幹機能としては、「すでに定まっていると想定される事情 α が、話し手の念頭に問題意識としてあり、それが β である（かどうか）ということが問題とされる」（田野村 2002: 7）場合が挙げられる。たとえば、セラピストがクライエントに、「こういうことはよくあるんですか」と尋ねた場合、セラピストの意識には、クライエントの習慣という個人的な事情が問題としてあることになる。つまり、基幹機能の1つ目で明示した α が明示されていなくても、そのような事情 α がどのようなものであるかという問題意識が話し手にあって、それを表出させた形で β が述べられるのである（田野村 2002）。

　田野村（2002: 3–13）は、「のだ」の使用条件として、①承前性、②既定性、③独立性、④披瀝性を挙げている。以下に例を挙げてみたい（田野村 2002）。

①　承前性：言語的には表出されていないが、コンテクストにおいて既に認められる場合のことを言う。次のような場合である。
　　（相手の顔色が悪くなっていくのをみて）「どこか具合が悪いんじゃありませんか。」／（鈴虫の鳴き声を聞いて）「もう秋なんですね。」
②　既定性：コンテクストにおいて、既に認められたことがら a の背後事情を表現する場合のことを言う。ただし、命題が必ずしも事実であるとは限らない。
　　「あれっ、車がない。きっと、彼、出かけたんだ。」（話し手の推量）
③　独立性：1つの可能性を他の可能性から区別して表す場合のことを言う。
　　「この件に関しては、私が何としても自分にやらせてくれと言ったんです。」（他から強制されたり、その他の理由によるものではなく、自らが主張したことを含蓄する）
④　披瀝性：「のだ」は基本的に、ある事柄 a を受けて a の背後事情 β を述べるわけであるから、β は、話し手以外知りがたい命題内容になる。したがって、話し手の自己開示的な内容になる傾向から、披瀝性を帯びるわけである。本テクストの次のくだりにある「のだ」はちょうどこの披瀝性に相当する。

(8) では、「ね」と「のだ」の他に、さらに「のだ＋ね」（ん（の）ですね）の表現が用いられている。

(8) [6.1] C　一生懸命何かをやるっていう気が全然しないんですね（ハアハア）。
　　[6.2] 　　…どうでもいいっていう気になっちゃうんです。
　　[6.3] 　　どうでもいいっていう気になって何かやればいいだろうって言われるんですけれども（ウンウン）、
　　[6.4] 　　そんな気にとってもなれないんですね。
　　[6.5] 　　じーっと…じーっとしているんじゃなくて、
　　[6.6] 　　死ねちゃったら（pause 7"）
　　[6.7] 　　それが一番いいっていう感じなんです｛ウン｝…。

Teruya（2007）は、終助詞を交渉詞（negotiator）として捉えている。これは英語には見られない言語資源で、対人的相互作用において、交渉に直接的に働きかける対人的機能を持つという意味で、Teruya による「交渉詞」という命名はまさに的を得たものと言える。時枝（1951）はこれらを対人関係の構成という観点から捉えることでその機能を明らかにできるとし、終助詞が助詞、助動詞の意味として捉えられてきたことを批判している。Teruya が終助詞を交渉に関与する詞として見なすのも、同じ観点からである。

メイナード（1993）は、終助詞で使用の多いものを計量して調べた結果、「ね」と「よ」が最も多いことを報告している。本章でとりあげる話し言葉のテクストについても、同様のことが言える。

日本語記述文法研究会（2009: 40）は、「ね」を「文が表す内容を、心内で確認しながら話し手の認識として聞き手に示す」機能を持つものとし、①聞き手の個人的な情報を確認する、②話し手よりも聞き手に情報がある場合（不確かなことの決めつけの印象を与える）、③「のだ＋ね」の組み合わせで、状況や相手の発言から引き出された話し手の考えを確認する、④聞き手に話し手の認識を示す（内容が一般的な事象に「ね」がつくと、聞き手への確認要求のニュアンスが後退）、⑤共通認識あるいは共感を示す、としている。

また、神尾（1990: 77）は、文末に付された「ね」について、情報構造の観点から、「現在の発話内容に関して、話し手の持っている情報と聞き手の持っている情報とが同一であることを示す必須の標識である」として、以下のような定義を掲げている。

> 「ね」は話し手の聞き手に対する〈協応的態度〉を表す標識である。〈協応的態度〉とは、与えられた情報に関して話し手が聞き手と同一の認知状態を持つことを積極的に求める態度である。

そこで、必要要素としての「ね」の用法を規定する条件として、以下を設けている。

① 話し手と聞き手とが既獲得情報として同一の情報を持っていると話し

手が想定している場合、話し手の発話は「ね」を伴わねばならない。

さらに①が満たされない場合、以下②の条件が満たされれば、「ね」が任意要素として付与されるとしている。

② 話し手が自己の発話により特に協応的態度を表現したい場合、話し手の発話は「ね」を伴うことができる。

この場合の「ね」は、神尾（1990: 77）の言う、与えられた情報に関して話し手が聞き手と同一の認知状態を持つことを積極的に求める態度にあたるものであろう。さらに披瀝性を示す「のだ」に「ね」が加わると、話の内容に抗せない雰囲気にさせられるような印象を与える。話し手以外知らない内容に関して是認を迫られるような押しつけがましい印象を与える発話となる。自分だけの納得を強要させるような感のある表現である。メイナード（1993: 105）は、自分だけしか知らない情報とせずに、相手にも確認してもらいたい気持ちを表現する資源であるとしている。またMcGloin（1980）は、「のだ」は既知情報を示すため、聞き手にとって新情報であっても既知情報のように示されるので、聞き手を相互作用に引き込む働きがあるとしている。一方で、この「のだ」の頻用は臨床的観点からすると、クライエントの問題となる経験世界の解釈が固定化されていることを示す指標として注目される。前提化されているからである。よってこの「のだ」をいかに解き開き、新しい視点を導入していくかが、セラピーの目的の一面を示すものとして捉えられてもよい。

半面、この「のだ」はプラスの側面も持つ。堀江（2014: 43）は、「のだ」を話し手と聞き手の間で連鎖的に用いることで、両者の間に共通基盤を作り上げる働きを持つ場合があるとしているが、以下のやりとりでは、クライエント・セラピスト双方とも「のだ」を互いの発話に織り込むことで、一種の連帯・共感基盤を積み上げる効果を発揮している。セラピストはそれまでのプロセスを踏まえて、「こうなんだよね」と「のだ」を入れ、前提とされた内容のように提示することで、押しつけがましさを緩和している。「のだ」

をとった表現に変えてみるとその違いがわかる。

(9) C　ええ、
　　　　前でしたら、ソーオなんて言って（ウン）…
　　　　自分のことを（笑）隠して過ぎてしまっ<u>ん</u>じゃないかなと思う<u>ん</u>です（ウンウン）。
　　T　①何か自分という人間のこう弱点とかそういうのは、こう絶対言う気にならなかった<u>のね</u>（ハイ）、
　　　　②何か自分という人間のこう弱点とかそういうのは、こう絶対言う気にならなかったね（「のだ」をとった場合）

4.3.1.3　モダリティ

　クライエント中心療法のテクストでは、モダリティが、クライエント・セラピストともほとんどの発話の中で用いられていることがわかる。ここではセラピストによるモダリティの用いられ方に注目したい。

　モダリティを yes と no の間にある意味領域、つまり肯定極と否定極の間に位置する表現とする定義は、命題を断定しない表現ということになる。これは、発話の断定性を和らげるという意味で、ポライトネスの観点から FTA を軽減する文法資源として働く。断定しないことからもたらされる曖昧性は、交渉の余地を生むということで、FTA を緩和するのである。FTA が緩和されるということは、語彙‐文法資源によって引き起こされる侵入感が緩和されることでもある。そもそもセラピーの設定では、セラピストがクライエントの内界に立ち入った質問を発しながら、クライエントの自己開示を求める過程であり、クライエントの方は、ある程度フェイスの維持を諦めなければならない。それによって生じることになる侵入感は、クライエントに不安を引き起こす可能性が高い。セラピーでは、ある程度の不安喚起が必要とされるが、過ぎた不安はその限りではない。過ぎた不安という要素によって、セラピーの進行が阻害される可能性を考えて、セラピストは聞き手のフェイス補償も同時に行わなければならない。モダリティ表現は、この場合のフェイス補償を行う言語資源となる（加藤 2009）。

中井 (1985: 354–355) は Sullivan を引いて、「患者の安全保障感を増大させる作戦は、大部分、間接的なものであると思う」とし、相手を傷つけそうなもの、安全保障感をそこないそうなものは極力避けると、そこにコミュニケーションのチャンスが生まれるとしている。その際の言語使用は、できるだけありふれた言葉で、しかも肯定と否定の中間がよいとする。これなどは、SFL の定義によるモダリティ表現のフェイス補償行為と考えられよう。このことは、セラピーに限らず、通常の対人的相互作用にも通ずるものと思われる。

本テクストでは、モダライゼイションから蓋然性、通常性、可能性、モデュレイションから義務性のモダリティが用いられている。それでは、これらのモダリティから何が読み取れるのかを次に見ていきたい。

1） 通常性の高低位

通常性は頻度を問題とするモダライゼイションのカテゴリーで、ある行動がどれだけ頻繁に、あるいはどれだけ時たま起こるかを言い表す。セラピーではこれらの表現は、単に頻度を表すだけにとどまらず、特定の行動に対するクライエントの肯定的、否定的評価・判断を含意する場合が少なくない。たとえば、通常性の高低位には、その行動がどれだけ正常であるか、あるいは、どれだけ常軌を逸したものかといった判断が含意される場合がある。こうした捉え方をセラピー場面に持ち込むことは、クライエントの特定行動の特殊性、問題となる行動を特定するための目安となる。たとえば、もし 1 つの行動が極端に頻繁であると見なされる場合、「正常の域を超えている」(Muntigl 2004) ということで、問題があるとされるようにである (加藤 2009)。以下の例を見てみたい。

(10) [2]　C　何か、だけど、すごい無意味みたいになってきちゃって、何にもしたくなくなっちゃう（ウーン）。学校に行くと、すごくそれを、それを<u>いつもいつも</u>感じちゃうんです（ウーン）。こんなことしてどうなるんだろうっていう気が<u>いっつも</u>してしまって…。<u>いちいち</u>こう気が小さかったりするもんですから（後略）

(10) は、クライエントの問題を、通常性による頻度で浮き上がらせている。また、低位の通常性も問題部分の特定につながる場合がある。この場合、クライエントがこの話題に注目されるのを厭い、意図的に低位の通常性表現を用いることで、目立たなくしてしまうという心理が働いているとみて、逆に問題部分として注目すべき点とみなせる（加藤 2009: 158）。たとえば次のような例である（加藤 2015: 145）。

(11)[7]　T　ちょっとあれかな、おうちでもこういうこと<u>多い</u>？
　　　　C　<u>たまに</u>（通常性）。
　　　　T　<u>たまに</u>（通常性）？
　　　　C　〈頷く〉
　　　　T　うーん、ちょっとあれだよね．Kさんとしてはどう関わったらいか、っていうか（後略）．

(11) では、両親の言い争いについて、クライエントに「多い」という語彙を用いて頻度を尋ねているが、クライエントの「たまに」という返答に対して、セラピストが意図的に緩和されているのかどうか注意を向けている。セラピストは、こうした低位の通常性の観察によって、意図的に緩和がなされているかもしれないことに、問題部分として注目し、追求すべきことが求められることもある（加藤 2015: 145）。

　通常性を表す表現を用いる場合、故意にその通常性の度合いを低いものに抑えることで、話し手は自分の情緒的なかかわり合いを目立たないものにしたり、隠したりすることができる。セラピストは、こうした心理的な動きを見落とすことのないよう注意深い観察が求められる（加藤 2009: 159）。

2）　志向性と義務性

　加藤（2009）は、英語によるセラピー・セッションでセラピストとクライエントのモダリティの使用を計量した結果、義務性、志向性ともセラピスト

7　本章でとりあげたテクスト以外のセッションからの出典である。

の発話では頻度が極端に低いが、クライエントの発話では、比較的高い頻度で観察されたことを報告している。この観察結果から引き出せる考察について簡単に触れる。

ヘイブンス(2001: 233)は、行為を促す場合、「〜してはならない(you must not ...)」や「〜しなければならない (you must be ...)」というニュアンスが入り込まないように注意しなければならないとしている。これは義務性の主観的指向性の表現にあたるものである。「〜してはならない(you must not ...)」は自罰的な超自我に、「〜しなければならない (you must be ...)」は完璧主義者の理想に関連し、セラピストがクライエントの内界から発せられる懲罰的命令や完全主義的命令の罠にはまり、クライエントと不可能な理想である「私は〜してはいけない (I must not ...)」に対して、セラピストの「あなたは〜しなければならない (you must ...)」や「あなたは〜してはいけない (you must not ...)」といった議論に陥るはめになることをヘイブンス(2001: 237)は警告する。クライエントは既に様々な葛藤で苦しんできているのに、それによって、さらに一層相克する葛藤の場に置かれることになる。したがって、クライエントの内界で既に強制力を発揮している力に働きかけても、対立が生じるだけで何の解決ももたらされないからである。むしろ「〜しないことが望ましいですね (it is not expected that...)」と否定的な願望として語りかけるのが、行為を促す言葉として適切であるとする。この表現は、ちょうど義務性の客観的・明示的指向表現にあたるものである (加藤 2009: 159–160)。

ただし、ヘイブンス(2001: 237)は、否定的な願望による語りかけは、超自我を追加することになるが、セラピストによる超自我の追加は非常に容易に実現されるため、適用するには、希望をしっかりと持っているクライエントが向いているとしている (加藤 2009: 160)。

神田橋 (1990: 71) は、患者の行動・言語の領域だけで行う診断法として、「〜たい」と「〜べき」という2つの言葉を用意し、前者を欲求の表出として、生体のわがまま性を映し出すもの、後者を理念の表出として、生体と乖離したコトバ文化の尺度を反映するものとしている。前者は、モデュレイションの「期待」表現であり、後者は同じくモデュレイションの「義務」表現である。そこで、患者の行動・言語活動にこの2つの表現をくっつけて

みて、その行動・発言内容が「〜たい」と「〜べき」どちらに由来する活動なのかを見てみるとする。その場合、「〜べき」が多いほど、コトバ文化により生体が無理を強いられているとしている。また両者の混合ケース、たとえば、「〜べき」を「したい」人や、「〜たい」を「〜すべき」人は、複雑な病態を持つ「厄介な症例」であると診断してよいとしている。以下は、神田橋 (1990) からである。

> 内省への耽溺・いじくりまわしの結果として、自己との関係が複雑になっている姿である。この特徴は、生体のわがまま性とコトバ文化との葛藤が、えせ和解の形でパターンとして凍結され、内在化されている姿であり、対話精神療法の早い時期に、凍結されていた葛藤が溶けて動きだし、厄介な症例の外見を呈するはずである。　　　（神田橋 1990: 135）

こうした臨床知見が、本テクストにおいても確認できる。これらの臨床知見に関してセラピストが注目を払わなければならないのは、セラピーの最終段階においてである。クライエントに自分が理想とするものに向けて行動していこうとする意志が芽生える段階で、クライエントの発話に志向性のモダリティ表現が頻出する（加藤 2009: 160）。以下の例は、クライエントに変容の兆しが見られた段階で、過去を振り返ったクライエントが、「〜ねばならない」という義務性に縛られていたこと、それと対比させて、現在の自分の志向を志向性と可能性のモダリティで表現している（加藤 2015: 146–147）。

(12) [1.1] C　はい。
　　　[1.2]　　だけども、何かそれも、もう恐くないですね（ウンウン）。
　　　[1.3]　　それで自分の授業も好きなのを<u>取ろう</u>（志向性）っていう気になりましたし、
　　　[1.4]　　人から離れても、
　　　[1.5]　　自分で選んで決めて<u>いこう</u>（志向性）っていう気になりましたし（ウン）。
　　　[1.6]　　そして去年は、その人は、こうすることは、

[1.7] 　　たとえば社会学の場合だと、社会学に有益だなんていうと、
[1.8] 　　もうそれ取らなくてはいけない(義務性)ような気がしてたんですけど(ウンウン)、
[1.9] 　　今でもそういうことでとても心が動揺するんですけど(ハイ)、
[1.10] 　でも結局決定するのは自分だっていう感じが(ウーンウン)持てて(可能性)。

(13)[5.1] C　それで前は、こう、あれもこれもやらなくてはいけない(義務性)っていうような感じ(蓋然性)だったんです(ウーンウン)。
　　[5.2] 　　科目でも、何か英語はとらなくちゃいけない(義務性)とか(ハアハア)、
　　[5.3] 　　自分の苦手のものでも、苦手だなんていって逃げていてはいけない(義務性)んだって(ウーン)。…
　　[5.4] 　　その方が理想的なのかもしれません(蓋然性)けど、
　　[5.5] 　　やっぱり苦手なものは苦手なんだし(ウーン)、
　　[5.6] 　　それを自分に強いることはなかろう(志向性)っていう気になってきたんです(ハイ)。
　　[6.1] T　苦手は、これは自分の苦手なんだってこう認めるっていうか、
　　[6.2] 　　自分で受け入れることが少しできる(可能性)ようになった感じ(ハイ)、
　　[6.3] 　　はい。前は苦手なんてあっちゃいけない(義務性)(ハイ)。
　　[7.1] C　はい、
　　[7.2] 　　苦手、苦手だけどもこれは征服しなければならない(義務性)。
　　[8.1] T　はい。
　　[8.2] 　　征服しなければならない(義務性)こと…(ハイ)…
　　[8.3] 　　うん…そう思って克服しよう(志向性)として、
　　[8.4] 　　しかし、どうしても相手がこう大きくなり過ぎて(ハイ)、
　　[8.5] 　　いつも(通常性)そこから逃げ出さなきゃいけなかった(義務性)のね…(ハイ)。(後略)

(12) (13) ともクライエントに変容の兆しが表れてきた段階での面接である。面接のこの段階では、クライエントの発話の自主性が重んじられ、セラピストはクライエントの言葉遣いをできる限り保持したまま、相互作用がなされる。この段階の志向性を示す表現が、クライエントの今後の自主的な行動指針を示すものとなるからである（加藤 2015: 146–147）。

3）　指向表現の操作による言語ストラテジー

　Halliday (1994: 355)は、話し手は、通常、自分の観点を際立たせたいと思うもので、際立たせ方として、1つは主観的・明示的指向の組み合わせをとり、「I think…」として、主張（命題）を構成するものとしての装いをとらせるもの、もう1つは、それが自分の見解ではないかのような装いをとらせる「it's likely that ...」といったような客観的・明示的指向をとるものとの2つの選択肢を設けている（加藤 2009: 143）。

　Halliday (2001)は、モダリティの体系の陰に、われわれが確信が無いときに限って、確信があると言うという1つのパラドックスを指摘する。たとえば、もし話し手がMaryが出かけたと考えていれば、単にMary's leftと言うだろう。しかしMary is certain to have leftやI am certain Mary left、あるいはMary must have leftといったように、指向にかかわらず蓋然性のモダリティ表現を使った発話をすることによって、話し手は命題内容に疑わしさがあることを表明することになる。その場合、主観的指向の文法的メタファーが、はっきりと「これは私がそれをどう見るかである」と述べるのに対して、客観的指向の文法的メタファーは、個人的な見解にいかにも客観的な確信であるかのような装いをとらせる。Halliday (1994)は、対人的相互作用の日々のこぜりあいの中で、「人々が競うゲーム」の大部分は、客観的指向の文法的メタファーに拠っているとする（加藤 2009: 143–144）。テクストの中にこのゲームの様相を見てみたい。

ⅰ）　主／客観的指向性と対人的距離

　対人的相互作用では、主観的指向をとるか客観的指向をとるかで対人的距離感が違ってくる。われわれがモダリティ表現を使ってものを述べる場合、

自分の見解を強調する表現形態として、主観的あるいは客観的指向性の2とおりの方法が考えられる。(14)はその例である。

(14) a.　主観的指向性（明示的）：〜だと思う
　　　b.　客観的指向性（明示的）：〜だということはありうる

(14a)は、文法的メタファーである思考動詞を使って個人的な見解として述べることで聞き手との距離を縮め、(14b)は個人的な見解をいかにも客観的な見解であるかのような装いをとらせることで、対人的距離を引き離す表現である。これを実際のセラピーの例で見てみたい。(15b)は、(15a)を客観的指向性の表現に言い換えたものである。

(15) a.　（近）（あなたは）その時、急に不安になって、そんな行動をとったんだと思います。
　　　b.　（遠）（あなたが）その時急に不安になって、そんな行動をとったんだということは、ありうることです。

(15a)では、聞き手との距離が近く置かれ、(15b)では遠くに置かれている。(15a)を「（あなたは）その時、急に不安になって、そんな行動をとったんだと思われます」とすると、客観的指向性が得られる。「思われる」は自発的表現であるが、行為者を背景化し、「それが自然であり、他の人でもそうするだろう」というニュアンスを持つ表現として、客観的志向と捉えてよい。この種の表現には、「悔やむ→悔やまれる」「偲ぶ→偲ばれる」「感じる→感じられる」「見る→見られる」などがある。「ように」は、証拠性の表現である（加藤 2015: 148)。

Sullivanはセラピストのあるべき姿勢は、関与しながらの観察者であるとしているが、これは間主観性（inter-subjectivity）の帰結を逃れることのできない関係者であると同時に、クライエントから一定距離を保たなければならない観察者の役割として捉えられる（Chatelaine 1992）。このことは、セラピストがちょうどアコーディオンの蛇腹のように、クライエントに近づいて

は離れ、離れては近づくという過程を踏んでいくことを意味する。この操作は言語を使って具現されるわけで、その距離の調節の役割を果たす語彙−文法資源がモダリティ表現の主／客観的指向性の表現である。上述のように、客観的指向性は、セラピスト−クライエント間に距離を置く文法資源であるが、主観的指向性は逆に距離を縮める働きを持つ（加藤 2009: 152–153）。

　サイコセラピーは通常、一般化した物言いから始まり、具体的な問題の検討へと移っていく。問題の検討に入るためには、クライエントに対人的な出来事を語らせていかなければならない。対人的な出来事は、対人的な言葉で語られる。応じるセラピストも対人的な言葉を使うことになる。感情上の問題を語るのに、抽象的、一般化された言葉で語ることはできないからである（Chapman 1978）。対人的な言葉とは、ここではクライエントに近づく表現、主観的指向表現ということになる。また、一般にクライエントは、他者と健康で好ましい対人関係を築くという経験を欠いているため、他者への対人的アプローチに対して臆病になっている。この種のクライエントにアプローチをはかるには、セラピストがクライエントに「近づき」を指向する対人的言語を使うことが求められる。これは主観的指向を持つ対人的メタファーの使用によって具現されるが、この表現は同時に、断定を避けるというモダリティの機能を備える表現でもあるため、コミュニケーションを維持するのに有用な手段である。こうして共感的な言語を使うことによって、セラピストはクライエントとの間に徐々に共感的関係を築いていくと同時に、それまで共感能力に欠けていたクライエントの中に、他者に対する共感心を芽生えさせることにもなるのである（加藤 2009: 153）。

　本章のテクストでも、セラピストの発話にすべて主観的指向表現が用いられているのは、こうしたストラテジーからである。一方、クライエントの発話に同じ指向表現が用いられるのは、クライエントにとって、問題が常に主観的に捉えられていることを示唆している。

　通常性を除き、本テクストでは見られない客観的指向表現は、現行の問題に関して客観的な見解を得るために、発話を外在化する文法資源である。問題の原因の外在化とは、クライエントがその否定的な自己認識によって、問題の原因がともすれば自己に固有の、または本来備わったものとして捉えが

ちになっているところ、それを外在化することによって、クライエント自身の属性として捉えられていた問題の原因が、外的な要因によって構築されたものであるという認識をクライエントに植えつけることである（加藤 2013）。次の例を見てみたい。

(16) a.　そんな扱いを受けてさぞかし腹が立ったでしょうね。
　　　a'.　そんな扱いを受けてさぞかし腹が立ったことと思います。
　　　b.　そんな扱いを受けて腹が立つのは当然です。

　(16)で、問題となる対象が外在化された発話は、(16a)ではなく(16b)である。(16a)と(16a')はモダリティ表現の主観的・暗／明示的指向表現で、対象とする事象について発話が主観的になされているのに対し、(16b)は客観的・明示的指向表現で、受けた扱いに対する反応のあり方として、当然のこととして客観的に述べられている。それによってクライエントの主観から離れたところから問題を眺め、しかもそれをセラピストが共有するという立場がとられている。こうして発話が客観的な視点から述べられることで、問題が外在化されることになるのである（加藤 2009: 151）。
　投影もしくは投射[8]は、「自分の心の中にある感情や資質、欲望を、他者が持っているものと認知する現象」（井上 1992: 982）で、人が自分自身の受け入れられない、あるいは望ましくない想念および感情が他者にある（投影する）と考える防衛メカニズムのことをいう。たとえば、自分の前の配偶者のことを思い起こさせるような他者に憎悪を抱いたり、過去の友達のことを思い起こさせる他者を極度に信用したりといった心理行動で、クライエントとの関係の中で、それがセラピストに向けられると転移となる。ヘイブンス(2001)は投影が破壊的性質を有しているとして、クライエントの注意をセラピストとクライエントの治療関係から逸らし、別の対象に向けて投影を外在化し、それをクライエントと共有するという技法が必要であるとする。そうすることによって、転移も回避されるのである（加藤 2009: 152）。

8　臨床心理学上の概念で、文法上のそれとは区別する。

(16) では、(16a) と (16a') が共感的な語りかけであるのに対して、(16b) が投影に対抗する表現になる。つまり投影を起こさせている事象、あるいは人物にクライエントの注意を逸らし、その事象あるいは人物をセラピストがクライエントとともに眺め、それにまつわる敵意、憎悪といった感情を共有するといったやり方である（ヘイブンス 2001: 197）。投影に対抗するための発話は、問題を外在化するのと同じように、投影を外在化する表現を用いることで、妄想的な怒り、愛情、憎悪の感情を対処可能なレベルにまで減じることができるのである（加藤 2009: 152）。

サイコセラピーは、言語によって、セラピストとクライエント間の関係を、「近」と「遠」の間で微妙な位置づけを操作しながら進む過程の中で成り立っていく。客観的指向表現は、聞き手と距離をとる表現であり、セラピーのプロセスの中では抗投影的な発話形態となる（加藤 2009: 152）。それはクライエントの現在の経験の中に投影という形で持ち越されてきたクライエントの過去の体験に対して、客観的な視野を獲得させ、再考を促すものとなるのである（Havens 1986）。

ii) 明／暗示的指向表現と交渉性

2つ目の分類として、明／暗示的指向性の区別がもたらすストラテジーについて触れたい。明／暗示的の別は、命題の捉え方が主／客観的であることを明示的に述べるか暗示的に述べるかということである。明示的指向表現は、表3に示されるように、投射と投射された概念の命題節によって具現される。以下のやりとりを見てみたい（加藤 2015: 151）。

(17)（2重線が投射節）

  C　（前略）<u>私は私でそれでいいじゃないかって思える</u>（蓋然性？可能性）ようになって（ウーンウンウン）、<u>自分自身成長したかなって思う</u>（蓋然性）んですけど（ウン…ウン）…（pause15"）…。

  T　(a)<u>少しはこう自分自身成長したかなって…いろんなことでこう感じられる</u>（蓋然性）のね、この頃は（ハイ）、はい、うん。

  C　前ほど人と接するっていうのが嫌でなくなったんです（ハアウ

ン)…(pause5")…裏を返して言えば、それだけ自分を飾ろうとしないから(ウーン)よくなったのかもしれません(蓋然性)けど。
T (b)前みたいに飾ろうとしないでいられるようになったから(ハイ)、うん、人と会うのがそんなに嫌じゃなくなったっていうことあるかもしらん(蓋然性)(ハイ)、うん、…(pause15")…。人と会っても、前と違って、(c)こうゆっくりいられる感じはする(蓋然性)のね(ハイ)、ううん。

　(17)では、(a)(b)(c)とも、セラピストがクライエントの発話の言い換えに際して、明示的表現を使って命題を明示している。明示的指向表現を使うことによって、投射された節に、クライエントの発話において使われた語結合、文法形態が維持されている。それによって、クライエントは投射された意味について、セラピストと交渉する余地を与えられている。(b)では、客観的指向表現で蓋然性が用いられているため、疑問の余地のない証拠に基づいているかのような装いをとるが、明示的表現である分、投射された意味について交渉の余地を残している。交渉の余地が残されることで、抵抗[9]が起こりにくくなる。(a)の例では、「感じられる」という自発表現が用いられ、客観性を表出させている。(a)を暗示的指向表現にすると以下のようになる（加藤 2015: 151)。

　(18) a.　（主観的・暗示的)　　少しは自分成長したかもしれない。
　　　 b.　（客観的・暗示的)　　恐らく、少しはこう自分成長しただろう。

　(18)はどちらも、命題自体にモダリティ、あるいはモーダル付加詞が付与されるため、話し手が後方に退き、話し手のコメントとしての性質がぼやかされ、あたかもそれが客観的観察事象であるかのような、既に話者の変えられない認識となっているかのような印象を与え、交渉の余地を減じてい

9　クライエントが面接によって自身の無意識が露わにされることへの恐怖や不快感から、治療行為に非協力的になったり、敵対的になったりするような現象を指す臨床概念である。

る。交渉を避けてセラピストがクライエントの考え方、経験の捉え方の修正をはかる必要性が生じた場合は、交渉の余地を示さないために暗示的指向表現が用いられよう。このように明／暗示的指向表現は、交渉性の操作に寄与する資源である（加藤 2015: 152）。

4.3.2　裁判テクスト

とりあげるのは、民事訴訟での原告代理人による被告への反対尋問のテクストである。反対尋問では、主尋問で語られなかった、あるいは隠されていた事実を聞き出したり、証言内容の信用性のテストが行われる（加藤 2011）。以下は反対尋問の目的である。

① 　主尋問の証言の誤りを正すこと。
② 　主尋問における証言が、誤りではないが断定的な表現になっていたり、オーバーな表現になっていたりしたら、それが不正確であることを明らかにすること。
③ 　相手方証人に、反対尋問者側証人の主張を立証するために必要な事実または相手方の主張の反証に役立つ事実を供述させること。
④ 　他の証拠との関係で、裁判の有利な進行に役立つ布石となる証言を法廷に出させておくこと。　　　　　　　　　　　（永石 2011: 206）

反対尋問の制約は、①主尋問に現れたこと、もしくは②　①に関連した事項、③証人しか質問できないことである（民訴規 114 条 1 項 2 号：永石 2011）。

4.3.2.1　ムードタイプの側面から

テクストでは肯否極性の疑問文が大きな割合を占める。弁護士が用いる疑問ムードの発話機能は質問、あるいは明確化をとるなど、ほぼ一致した表現構成になっている。このことから、発話意図を隠そうとする談話ストラテジーはとられず、ストレートな質問の投げかけが進行すると見てよい。また、質問文によって尋ねられる内容は、一命題で具体的かつ明解な尋ね方で一貫している。

民事訴訟規則115条1項は、「質問はできる限り、個別的かつ具体的にしなければならない」とし、一問一答式の質問の仕方を原則としている。理由は、個別的かつ具体的でない質問は、誘導質問・誤導質問となる可能性が高く、またこうした質問に対する証言が、質問との対応関係から見て不明確なものになるため、質問に対する証言をセットにして証拠資料を形成するという証人尋問の構造が崩れる恐れがあるためである（本間 2011）。また、抽象的あるいは包括的な質問は、対する証言もまた抽象的・包括的なものとなり、結果、「証人自ら経験した事実と伝聞した事実や意見との区別がつかなくなったりする可能性があり、相手方としてもその個別な不当性につき異議を申し立てることが困難になる恐れがあるばかりか、誤判や訴訟遅延の原因にさえなりかねない」（本間 2011: 126）。一方で、この一問一答式の質問法には以下のような批判もある。

　　この質問方法には、証言される事実が全体像から遊離してしまう危険性が潜んでいる。なぜならば、既に述べたごとく、事実は多くの場合、さらに小さな事実の複合体であるが、一問一答式を厳密に考えれば、それはかかる構成単位としての個々の事実に分解した質問をすることを意味するからである。複合的事実を構成する個々の事実をいかに正確に報告しても、それが複合的事実の全体像を正しく表現したことにはならない。ある命題の審議を決定するのは、これを構成する個々の事実の真偽のみならず、その結合の仕方にもよっているのである。

　　　　　　　　　　　　　　　　　　　　　　　　　（本間 2011: 127）

　肯否極性の疑問文は、誘導質問になる可能性が高い。まず肯否極性の疑問文は返答者に、命題に対して「イエス」か「ノー」の選択肢しか与えないため、前提を疑問構造に織り込むことで、返答を誘導するなど操作的な尋ね方になりうる。それに対して「イエス」か「ノー」の返答を求めることで、質問者のストーリーにのせやすいからである。また、肯否極性の疑問文は提示される質問の順番によっても影響を受ける。Schuman and Presser (1981) は、肯否極性の疑問文は、聞き手に二者択一の選択肢しか提示しないため、その

提示の順序が、聞き手の答えの選択に影響を与えることを指摘している。

　反対尋問では、この肯否極性の疑問文をうまく組み合わせて、尋問者のストーリーに沿う答えを引き出せるようにするのがストラテジーの1つである。誘導尋問は主尋問の場合は制限されているが、反対尋問では認められているからである。本来、弁護士は、裁判官に聴かせたい事項を証人に語らせるために質問する（永石 2011: 109）。その際に、裁判官に与える心証を慮りながら尋問を進めるのである。

　誘導尋問が反対尋問で許される（準則67条本文）理由は、反対尋問の尋問者に対して、証人は通常警戒心を抱くため、誘導される恐れが小さいことによる。逆に主尋問で制限されるのは、証人が誘導尋問者と尋問準備段階で面接をしていること、また通常、主尋問の尋問者に対して好意的であることから、好意的な尋問者の質問には誘導されやすい傾向があるためである（永石 2011: 226）。こうした理由から肯否極性の疑問が誘導尋問を導きやすいため、永石（2011: 226）は誘導尋問を意図する場合には、「どうして（why）」で始まる質問はしないとしている。よって、本テクストで誘導意図がたどれるとしても、それは順当な手段である。どれが誘導尋問かの判断は訴訟記録を読み込まなければできないため、ここでは誘導意図をマッピングすることはできない。ストラテジーの示唆に留める。

　反対尋問では、証人の矛盾をつくために、畳みかけるような速いテンポの質問がテクニックとされる。つまり単発式の尋問ではなく、証人の証言に矛盾する証言をさせる動揺を誘うために、二の矢、三の矢を放つことを心がけることが推奨される（永石 2011: 206）。特に証人に虚偽の内容が窺える場合、ある特定の事項に関して矢継ぎ早に質問を投げかけることで相手を混乱に追い込み、取り繕う余裕を与えないようにして矛盾した証言を引き出すのがテクニックである（永石 2011: 229）。音声情報を入れたテクストではないため、質疑のテンポ等を入れた音声情報を示すことはできないが、矢継ぎ早らしい臨場感はある程度伝わってくる。たとえば、以下のやりとりを見てみたい。

(19) [19.1]　　弁護士　それから、利尿剤の件でお尋ねするんですけれども、
　　 [19.2]　　　　　　気管支喘息の場合は水分がいるということが言われておりますが、

[19.3]　　　　　　うっ血性心不全の症状を疑われた場合は、
[19.4]　　　　　　利尿剤のことはどうなるんでしょうか。
[20.1]　　被告　　それが完全に決めかねるから、
[20.2]　　　　　　中間的な治療になるわけです。
[21.1]　　弁護士　質問に答えて下さい。
[21.2]　　　　　　うっ血性心不全の時は、水分を多く与えるのですか。

　弁護士の手法には、弾劾型と材料引き出し型とがあるが、(19)では、弾劾型に持ち込まれかけている。1つ1つの証言に挑むように絡んでいって、矛盾点を裁判官に印象づけるやり方である。
　叙述ムードと疑問ムードのプロトタイプが連続性を持つことは先述したとおりだが、この考え方からすると、(20)の[17]のような質問文はプロトタイプ間のちょうどスペクトラム状に位置する文と言え、本テクスト分析では、疑似疑問としてラベリングする。

(20)[17]　弁護士　うっ血性心不全は疑われなかったんですね。
　　[18]　被告　　心臓からある程度肺の症状もくるんじゃないかということは完全には否定していなかったと……。

　[17]は叙述ムードであることと発話機能が確認という一致しない組み合わせで、弁護士に用いられている。確認と一致した組み合わせは疑問ムードである。典型的な平叙文と典型的な疑問文を両極に置いて2者間がスペクトラムになっていると捉えると、このスペクトラム状の連続線上に、問い方の様々なヴァリエーションが存在すると言える。叙述ムードで確認を行うのもヴァリエーションの1つである。セラピーと反対尋問では、この部分がまさに談話ストラテジーの資源となるわけである。つまり、本テクスト分析で疑似とラベリングされるムーブは、ヴァリエーションの位置に関与するものである。
　反対尋問テクストでは、言いさし文は、被告の発話にだけ見られ、言いさしの後に弁護士から追及／確認が入っている。曖昧な言い方をつくことで、

弁護士は、被告に不利な裁判官の心証形成を意図していると言える。

　問うことは、権力に基づく対人的関係と関連する。セラピー設定のような制度的場面では、上位者であるセラピストが何が話されるべきかをコントロールしながら、下位者であるクライエントに質問内容を組んで進む。後述する催眠も同様である。裁判における尋問は、そうした権力関係がはっきりと顕在化された形で示される。代理人が尋問する権利を有し、証人がそれに答えることを義務づけられることは、制度的に保証された権力に基づく関係である。こうした権力に基づく関係の中で営まれる相互作用という点で、これら3つのテクストは共通した文化のコンテクストを有する。

4.3.2.2　説明ムード

　弁護士の発話に、「のだ」が頻用されている。「のだ」の基本的な機能は4.3.1で見てきたとおりであるが、弁護士の「のだ」は疑似疑問ムードで用いられ、発話機能は明確化である。弁護士に頻用される「のだ」の根拠は、訴訟記録の内容が前提となっていることである。反対尋問に際しては、弁護士は周到な準備を済ませている。相手方が作成した証人の陳述書と他の証拠を照合させ、矛盾点がないかどうかを丹念に調べるといった徹底した記録精査を行った上で法廷に臨んでいるのである。したがって、現場では既に前提事項が頭に入っているために、「のだ」が頻用されるということになる。

　一方、被告に関しては、「のだ」が[18]に見られるだけで、代わりに「わけ」が、[20.2]、[26.3]に見られる。以下の例文を見てみたい。

(21) [25.1]　　弁護士　呼吸困難と言われるものは、どういう場合の症状を言うんですか。
　　 [25.2]　　　　　　どういう場合に生じるんですか。
　　 [26.1]　　被告　　肺炎がある時にありますし、
　　 [26.2]　　　　　　気管支喘息でもあります。
　　 [26.3]　　　　　　当然、心臓の場合にも起こるわけです。

　益岡 (2007: 95) は、「わけだ」の機能として、①帰結説明、②因果説明、③根拠のある立言、④実情説明を挙げている。このうち④の実情説明は、

「のだ」と重複する機能を持つ。まず、①の帰結説明には基本的に推論が関与し、②の因果説明は、所与の事態から生じる結果を説明するものと、発話時における話し手の新たな認識を表す用法とがあるとする。③の根拠のある立言に関しては、「P→Qという推論の過程は示さずに、Qということを、自分がただ主観的に言っているのでなく、ある確かな根拠があっての立言なのだということを言外に言おうとする言い方」(寺村1984：285)であるとする。[26.3]の「わけだ」は、この「根拠のある立言」に該当しよう。医師としての専門的知識を根拠にした答弁である。

この「わけだ」に関して、堀江 (2014) は話し手の主観的な説明または直接体験の披瀝に使用されるが、「自分語り」の独特の文体的ニュアンスがあるため、「のだ」より使用が制限されるとしている。また、日本語記述文法研究会 (2009: 209–211) は、「わけだ」は論理的必然性のある帰結や結果であることを示すが、「のだ」にはそれがないとしている。また「わけだ」は、話し手の発言内容が客観的事実であるというニュアンスを帯びやすいとしている。このことは質問文においても言え、質問文に「わけだ」を用いると、論理的に相手を問い詰めるといった詰問調になることもあるとしている。以下、弁護士使用の「わけだ」である。

(22) [9] 　　弁護士　何が少しよくなったんですか。
　　 [10] 　　被告　　気管支喘息です。
　　 [11] 　　弁護士　そうすると、終始、気管支喘息を疑っておられたわけですか。
　　 [12.1]　　被告　　気管支喘息がやっぱり引き金になり、
　　 [12.2]　　　　　　基礎にあるということは考えていました。

「のだ」の疑問形である「のか」も弁護士に頻用されている。以下、例である。

(23) [36] 　　弁護士　どうして詳しい話をなさらなかったんでしょうか、
　　 [37.1]　　被告　　いや、
　　 [37.2]　　　　　　紹介状に書いてありましたし、

[37.3]	それを見て、
[37.4]	診察して、
[37.5]	特に花巻先生もつけ加えることもなさそうな顔をしておられましたから…。

「のか」は、あることがら$α$を受けて、「それは$β$」ということか、$α$の背後事情は$β$かと尋ねる表現である（田野村 2002: 54）。具体的な事柄$α$を受けているとは言い難いことも多く、既に定まっていると想定される実情について尋ねていると言える。したがって、「相手が知っていることや相手の規定の内心などを聞き出そうとする時」（田野村 2002: 56）に用いられ、「まだ定まっていないことがらについて、考慮の上で返答するよう相手に求めるという状況」では用いられない。また、相手が容易に答えられるような内容を聞く場合にも「のか」は適切ではないとしている（田野村 2002）。ある事柄を前提として、それについてさらに詳細を求める場合や（田野村 2002: 60）、あることがら$α$について何か納得しがたいことがあって、その事情を問い正すような場合にも用いられる（田野村 2002: 66）。

4.3.2.3　モダリティ使用の面から

　全体としてモダリティはほとんど用いられていない。2か所ほど、蓋然性の文法的メタファーが用いられているが、尋問者である弁護士の発話には見られず、証人の発話で用いられるのみである。以下のやりとりを見てみたい。

(24) [4.4]	被告	時間が長引いたようなことを言われたと<u>思います</u>（蓋然性／文法的メタファー）。
[5]	弁護士	はっきり言われたんですね。
[6]	被告	はい。
[7.1]	弁護士	で、病院に来られた時には、
[7.2]		どういうふうに言われましたか。
[8.1]	被告	来られた時にも
[8.2]		そう言われました。

　　　　[8.3]　　　　　　連れてくる前よりよくなったと……。
　　　　[9]　　　　弁護士　何が少しよくなったんですか。

　[4.4]で「時間が長引いたようなことを言われたと思います」は、蓋然性のモダリティの文法的メタファーであるが、いかにも歯切れが悪く、話者の不確かさを露呈している。主観的／明示的指向表現を用いているため、主観的見解であることを自ら露呈させ、また明示的指向表現を用いているために、弁護士に交渉の余地を与えている。明示的指向表現が命題の交渉性を拡げることは、セラピー・テクストの分析で述べたとおりである。そのため、[5]で即座に弁護士から確認を求められている。さらに[8.3]では、発言を言いさしているために、さらに弁護士につけいるすきを与えている。また[4.4]の、「ようなこと」という焦点をぼかした表現もまた、弁護士に問い詰められる機会を呼び寄せることになる。

　永石(2011: 232)は、こうした曖昧な表現を用いる背景として、「事実を隠しているのか、記憶が曖昧なのか」といった理由の他に、証人が普段からそのような言い回しをする習性があるのかどうかに注意を払わなければならないとしている。

　また(25)の[41.3]は、「提出の必要性がないということです」と言い切らないところに、弁護士に立ち入るすきを与えている。

　(25)[41.3]　　被告　　提出の必要性がない、ということだと思います。

　ポライトネスの観点から言えば、反対尋問はセラピーと違い、特殊なストラテジーでもない限りフェイス補償に配慮する必要はない。むしろ尋問する側が証人性悪説をとるスタンスが間違いないとも言われる。当然、モダリティ表現を用いる必要性は低い。

4.3.3　催眠テクスト

　催眠は交換の特殊な形態である。相手からの言語によるフィードバックと言えるのは、暗示にかかったかどうかを示す非言語行動である。モノローグ

に近いが、眼前に相手を意識している。説得のテクストに近い。演説などとも共通する部分がある。

　催眠現象の背後にあるのは、暗示 (suggestion) である。つまり第3者から与えられる言語あるいはその他の刺激を、無批判に受け入れた結果、様々な知覚現象、意図、観念、行為が表れてくることをいう。催眠術は、術者が特別の能力があって相手に術をかけるのではなくして、単に相手の被暗示性を高めるよう導くプロセスである。そして催眠状態とは、「一定の操作によって導くことのできる反応」（蔵内・前田 1960）である。したがって、そこで用いられる対人的言語資源をマッピングすることにより、人が暗示にかかる機構が明らかになろう。ここではそのさわりを試みたい。

4.3.3.1　ムード構造
4.3.3.1.1　叙述文の主語

　叙述文の主語をどの人称に置くかで、発話機能が違ってくる。(26) の [1] と [3] の「〜してください」は明らかにムード形式に一致した「命令」である。それでは [2] の発話機能は何であろうか。陳述なのか命令なのか。それには主語を考える必要がある。同様に、(27) の [33] [35] [36] の主語は何であろうか。

(26) [1]　椅子に坐って力をぬいて下さい。
　　 [2]　両手をモモの上におきます。
　　 [3]　あなたは自分の左手をジーッと見つめて下さい。
　　 [4]　すると、ふつう気がつかないことにいろいろ気づいてきますよ。
(27) [33]　手の動きがいつになったらはっきりわかるのかと興味をもって見ています。
　　 [34]　あなたの指がいつ動くのかと注意して見ています。
　　 [35]　おや指か、人さし指か、中指か、くすり指か、小指か、どの指でしょう。
　　 [36]　ジーッと見つめています（後略）。

　2とおり考えられる。[3] に見られるように、時折「あなた」という主語が見えるが、この延長と考えて、[2] もしくは [33]、[36] の主語を「あなた

（きみ）」と考えるか、あるいは他の可能性として、「私」と考えることもできる。「あなた」か、間主観的に用いられた「私」であるか、どちらで捉えるかによって発話機能が違ってくる。前者の場合であれば、発話機能は「命令」であるが、「私」であれば、「事実」である。

　熊倉（1990）は、ミシェル・ビュトールの小説、『心変わり』（フランス語）を引き合いに出して、主格の人称について独自の見解を述べている。熊倉が挙げる冒頭の部分を見てみたい。

　　きみは真鍮の溝の上に左足を置き、右肩で扉を横にすこし押してみるが、うまく開かない。狭い入口のへりで体をこすりながら、きみはなかへはいり、黒ずんだ、厚みのあるビンの色の、表面が粒状になった革製のスーツケース、長い旅行になれた男がよく手にしている小型のスーツケースのべとべとする握りのところをにぎって持ち上げる。あまり重くはないのだが、ここまでもってくることできみの指は熱っぽかった。きみがそれを上の方にもちあげると、きみの筋肉と腱の輪郭が、きみの1本1本の指、掌、握ったこぶし、腕に、さらにはきみの肩にも片側半分の背中にも、脊椎の脛から腰にいたるまでにも、くっきりと浮びあがるのを、きみは感じる。

　ビュトールのこの実験的な小説では、主人公を2人称の「きみ」で呼んでいる。訳者の解説は、これを「催眠術の手法」とし、読者はいやおうなしに『きみ』にされてしまい、「まるで呪文にかけられたように主人公の行動や感覚や心の動きに同化してしまう」（ビュトール1959）としている。しかし、熊倉（1990）は、「なかなか作者の術中にはまらない」そうだ。つまり、フランス語で書かれた場合にのみ、効果を発揮するわけで、日本語の場合はその限りではないとする。日本語で催眠術をかける場合でも、2人称代名詞「あなた」と呼びかけるのは最初だけで、「潜在意識の領域に下りていかせる過程では、催眠術師は、あたかも自分が眠るように相手を自称詞で呼びか

け、自分の行動として[10]、自分の中に沈んでいくような過程がとられるのではないか」としている。よって、ビュトールの作品でも、「きみ」を取り除くことで、つまり主語を明示しなければ、作家の意図は達せられるとしている。「催眠術師の言葉が催眠術をかけられる者自身の言葉となっていく効果が得られる」(宇津木 2005) のである。

　本テクストでは、自称詞として解釈する立場をとりたい。母親が幼い子どもに向かって、「ボク（わたし）、何歳？」と聞く場合と同じような原理がはたらいているとみる見方も可能である。これは相手である子どもの視点をとった対称詞用法で、田窪 (1997) は、「僕・君」といった人称代名詞は話し手を視点に置いた名づけで、相手から「君」「おまえ」と言われた時、それが自分のことであると理解するためには、相手の視点からみた呼び方を取り入れる必要があるとしている。この時、「相手からみた「おまえ」＝私から見た「私」という視点の切り替えが必要で、これが結構複雑な操作となるため、子どもにはこの視点の切り替え作業を省いてやるために、相手も自分も同じ表現を使うという手段をとるわけである。

　催眠において、クライエントをトランス状態に引き入れる際に、できる限りクライエントのこうした脳の操作を省くこと、また対立的視点を避ける方法がとられるべきであると思われる。日本語では、「自分自身の視点は抑制され、相手の立場に降りていくことによって対立的視点を避け」(田窪 1997: 34) るのである。これは無意識のレベルで発生する言語処理である。この操作により、催眠術師のことばが、自分の内的言葉であるかのようにしみこむ効果を狙ったストラテジーであると考えられる。ただし、以下のように交渉詞がある文に関しては、主語は明らかに「あなた（君）」である。交渉詞は対人的資源であるからである。

(28) [4]　すると、ふつう気がつかないことにいろいろ気づいてきます<u>よ</u>。
　　 [5]　それを私が知らせてあげましょう。
　　 [6]　まず、手の重さを感じます<u>ね</u>。

10　この場合の自称詞は明示されないことに注意する必要がある。

この点は、クライエント中心療法に関しても同じことが言え、たとえば4.3.1 で示したセラピストの技法の②感情の反映や③繰り返し、④感情の明瞭化のような場合、筆者は同じ原理が働いているとする立場をとる。もし主体を 2 人称とすると、2, 3 人称の主語を持つ心理過程節あるいは心理文として縄張りを侵す発話は FTA と捉えられる。

(29) [3.1] T　（私は）自分としてはもう本当にこう死ぬしかないみたいな（エエ）、
　　　[3.2] 　　（私は）そういう感じがして（エ）。うーん。
　　　[3.3] 　　（私は）何するのもこう嫌になっちゃう。

参考として、本テクストにとりあげたクライエント中心療法の英語によるセッションを以下に挙げておく。セラピストは本療法を開拓した Rogers 自身である（Rogers 1954）。主語を省くことのできない英語版では、主語は you と明示されている。同じ療法であっても、言語の違いによって、その言語使用の解釈に幅が生じる例である。

> C: Well, I mean, somehow... I still feel a need of belonging by common... consent... I mean, to（pause）more or less be part of some（pause）collective mentality which is in ... is in concord with one's own, I mean, my own... way of looking at things.
>
> T: You want to be identified with some group or with its way of living and its culture. With a group that sees life somewhat in the same terms that you do. Is that ...?
>
> C: M-hm.（Pause）

同じく英語版、Erickson による催眠の例を以下に挙げておきたい（Bandler and Grinder 1975）。セラピー同様、英語では、主語の存在が you として顕在化されている。

> Wherever you are, whatever you are doing listen closely to what is being said

and slowly, gradually, comfortably begin to act upon it. Feel rested and comfortable, feel a need to establish an increasing contact with my voice, with me, with the situation I represent, a need of returning to matters in hand with me not so long ago, in the not so long ago belonging to me, and leave behind but available upon request practically everything of importance, knowing but not knowing that it is available upon request. And now, let us see, that's right, you are sitting there, wide awake, rested, comfortable, and ready for discussion of what little there is.

4.3.3.1.2　前提とムード構造

すべて術師によるひとり語りであるが、語りかける観客はいるので純粋な意味での独白ではない。

(30) [32] 手を見つめて下さい。
　　 [33] 手の動きがいつになったらはっきりわかるのかと興味をもって見ています。
　　 [34] あなたの指がいつ動くのかと注意して見ています。
　　 [35] おや指か、人さし指か、中指か、くすり指か、小指か、どの指でしょう。
　　 [36] ジーッと見つめています（後略）。

[33]と[34]はクライエントの行動を「のだ」表現を用いることによって前提化した陳述である。たとえば[33]では、自分の指がいつ動くのかを注意して見ているということが前提化された叙述文で述べられている。催眠で前提を巧みに使うことの真価は、催眠療法家が前提を利用することで、進行中のプロセスのモデルを構築できるという点にある（Bandler and Grinder 1975）。これらの前提は疑問文ではないため、クライエントはそれに異議を挟むことができず、受け入れるしかないという状況に置かれる。

また(31)でもクライエントのしぐさは前提化されている。「のだ」表現では、「すでに定まっていると想定される事情 α が、話し手の念頭に問題意識としてあり、それが β である（かどうか）ということが問題とされる」（田野村 2002: 7）が、[30]の命題自体が前提化されたものなので、[31]の命題は

前提化された命題のさらなる前提化となり、前提化の上塗りとなる。前提化の上塗り、上塗りの積み重ねが催眠のストラテジーである。

(31) [30] 本当はあなたの手はごくかすかに動いているのですが、
    [31] あなたは気づいていませんね。

前提化された命題に時折、「ね」と「よ」という2つの交渉詞が付加される。以下のような例である。

(32) [15] すると、今度はまた、次のことに気づきます。
    [16] あなたはズボン（またはスカート）の布地のざらざらした感じが、掌や指に感じられますね。
    [17] ふつうは手をのせていても、
    [18] そんなことには気づきませんが、
    [19] そんなふうに一心に見つめていますと、
    [20] よくわかってきますね。
    [21] まだいろいろなことに気づきますよ。
    [22] あなたは今度は暖かさがモモに伝わっているのに気がつきます。
    [23] わずかに、暖かい感じがしますね。

[16] [20] [22] [23] とも発話機能は命令であるが、ムード構造は叙述や擬似疑問であるため、一致しない表現になっている。こうした一致しない表現を用いることと、交渉詞「ね」や「よ」を用いることで巧みに、権威に基づく上下関係を意識させることが避けられている。それによって、抵抗も減じられ、無意識のレベルでのクライエントの積極的な参加が促される。「ね」の意味機能は先述したとおりである。

「ね」と「よ」の違いは、「よ」が、聞き手が気づいていない事態に注意を向けさせる点である。聞き手が知っているべき情報を示し、注意を促す機能である（日本語記述文法研究会 2009: 242）。時枝 (1951) は、対人関係の構築には、助詞と助動詞が重要な役割を果たすとし、中でも「ね」、「よ」がその主たるものであるとしている。たとえば「ね」は、「聞き手を同調者として

の関係に置こうとする主格的立場の表現」(時枝 1951: 8) として、「よ」は、「聞き手に対して、話し手の意志や判断を強く押し付ける表現」(時枝 1951: 8–9) であるとしている。北川 (1984) は、「ね」は対人関係にかかわる機能を持っていて、「発言が 2 人称事項に関することを表示」(1984: 34) し、「よ」は情報の内容の性格づけにかかわる機能から、「発言が新事項に関するものであることを表示する」(1984: 35) ことを指摘している。山根 (1997) は、「ね」が「先行状況を継続し、オープンに保ち、文脈を推敲、更新する」のに対し、「よ」は、「先行状況を閉じ、会話の新局面を開拓する」としている。

テクスト中、「よ」は 2 か所、(26) では [4] に、(32) では [21] に現れている。たとえば、(26) の [4] では、いずれも「先行状況を閉じ、会話の新局面を開拓する」ことを意図しての発話である。

4.3.3.3　モダリティ

モダリティの使用は、[7]、(32) の [17]、それから、付録に示した本章でとった全テクストのうち [7] と [24] という 3 か所で、いずれも通常性である。通常性をあえて持ち出すことで、この場が通常の状況と異なることに注意を喚起する。催眠は被催眠術者の行動の前提化で進むので、不確定性を窺わせる蓋然性のようなモダリティ表現は避けられる。断定調が望ましい。

指向表現に関しては、客観的表現で、特定個人の示唆ではないことを示し、また暗示的指向をとることで交渉性を低く保ち、クライエントに疑問の余地を抱かせないようにしている。

4.3.4　日記テクスト

日記には、記録としての側面と内面評価の側面とがある。終えた一日のことを言語化して振り返ることは、記録するという行為と同時に「心理的反復体験」(牧野 1980) を行うわけで、そこに必然的に評価が付随する。こうした 2 つの側面を持つため、2 種類の記述スタイルが表出する。1 つは、一日の事の記録としてのスタイル、もう 1 つは、内面の吐露ともいえる自己や環境に対する評価である。前者はテクストの日記①に見いだせる。(　) のよ

うに叙述が連なる。読み手不在が前提で対人的ではないため、モダリティ、交渉詞といった対人的資源は顔を見せない。

(33) 日記①
　　[1]　きのうの夜、ウィスキーを三杯ぐっとあおってねむる。
　　[2]　八時半ごろ目がさめ、
　　[3]　FMのシフラのピアノをききながら起きる。
　　[4]　何かどうしようもない気持になり、
　　[5]　手紙がきているかと下に新聞をとりにいく。
　　[6]　手紙はなく
　　[7]　物干し台にのぼり
　　[8]　雨にさらされたすべり台に横になる。

しかし日記③に見られる内面評価部分になると、(34)に見られるように、モダリティの義務性の主観的指向表現がしばしば顔を出す。セラピー・テクストのところで述べたように、義務性の主観的指向表現は、クライエントの自罰的な超自我を補強し、また本テクストには見られないが、志向性の主観的指向表現は話し手あるいは聞き手の将来への意欲を表出させる表現である。明日を生きるために、自己を自罰的超自我で縛り、自己を鼓舞してページを閉じる、というのがパターンであろうか。

(34) 日記③
　　[9]　その一方で私は私のブルジョア性を否定して行かなければ<u>ならない</u>(義務性)。
　　[10]　その長い過程で真の己れを形成し発展させていく。
　　[11]　それは苦しいたたかいである。
　　[12]　が、それをやめれば私は機械になる。
　　[13]　己れが己れ自身となるために。
　　[14]　そして未熟であるが故に、私はその全存在をさらけ出さなければ<u>ならない</u>(義務性)。

4.3.5　テクスト分析総括

　以上、4種のテクストを駆け足で概括してきたわけであるが、紙幅の制限から掬い取れなかった現象がこの他にもまだまだあることは断っておきたい。以下に分析の総括をしておきたい。

①サイコセラピー

　言語使用域より、談話の主題は精神疾患もしくは社会的不適応を是正するための治療行為である。その基本となる手法は問うことと、言い換えという言語行動である。これらは公的な対人的関係の構築を行いながら進められる必要がある。よって、抵抗・防衛などといった臨床上マイナスの現象を引き起こすことで、またFTAを行うことでセラピープロセスを阻害しないように、特に問うことに工夫が求められる。よってムード形態と発話機能が一致しない形態が用いられるのが常である。

　また「のだ」表現には、クライエントの問題となる現実世界の解釈の固定化が窺われ、これを解き開くための言い換えが必要であるが、ここでもまた前述のマイナスの臨床現象を避けるためにモダリティ表現が活用される。特に主／客観的、明／暗示指向表現の時宜にかなった活用が有用である。主観的指向表現はクライエントとの距離をつめる共感的対人関係の構築に関与し、客観的指向表現は問題の解釈に客観的視野をもたらす働きを持つ。また明暗示表現は、交渉性に関与する資源である

　モダリティの類型項目で着目する点は、クライエントの義務性の頻用に病理を、また志向性が用いられたときにプラスの変化を観察することができる点である。

　なお「のだ」表現は、クライエントとセラピストという対人関係の共通基盤を作り上げるのに貢献するケースもある。

②民事訴訟の反対尋問

　談話の主題は、要証事実の立証成果を減ずるために、供述をテストすることによって弱点を明らかにすることである。問うことによって問題を明らかにし、いかに尋問者側に有利な証言を引き出すかに焦点が置かれる。

事実関係の確認に暗示的な表現は適切ではなく、プロトタイプの疑問ムードと質問という一致した表現が多い。誘導尋問が認められるので、一問一答式が原則であるという制約を有用しながら、尋問内容の順序組み立てを工夫することによって、操作的な尋問の運営が可能である。制度的に原告代理人と反対尋問の証人は対抗的な位置関係に置かれるため、フェイス補償の必要性はない。よって尋問者にモダリティ使用はほとんど見られない。一方、証人に迷い、不確かさ、あるいはやましさ等がある場合には、答弁にモダリティが用いられる可能性は高い。ただし、証人の普段の言語行動の習性にも注意を払う必要がある。

なお「のだ」の多用は、ケース記録をもとにした前提化が根拠になる。記録に対する矛盾点を引き出すのが狙いであることと時間的な制約があるため、背景説明不要の前提化でプロセスが進む。

③催眠

談話の主題は、精神疾患もしくは社会的不適応の矯正である。一定の操作によって、誘導が可能な状態に至らせることが目的である。よって言語行動の骨子は指示を与えることであるが、クライエントが自らの意志でそのようにしているのだというような意識を植えつけるために、命令ムードではなく、自称詞を前提とした叙述がベースになる。

「のだ」の頻用は、術師の思惑に沿った前提化を織り込みながら進めるためである。

④日記

談話の主題は、生活の記録と内界の吐露である。日記は内容的に、2つの範疇に分かれる。1つは生活の記録の部分と、もう一方は、自己・環境に対する評価である。書き言葉であることと、読み手を想定しないので対人的要素はない。よって交渉詞などは不要である。

ただし、モダリティ表現は頻用される傾向にある。特に自己評定に関して義務性と志向性が見られるのは、セラピーの場と同じく、自罰的な超自我と完璧主義者の理想に関連した作用が生じるものと考えられる。

5. 再びジャンル

　ここまで4種のテクストの言語行動のパターンの特徴を概観してきたわけであるが、それぞれのテクストの背景となる社会的目的に応じて、言語選択がなされていることは見てきたとおりである。このことは逆に言えば、所定の社会的目的から、言語パターンが予想されるということである。言語とコンテクストは具現（realization）を介して関連づけられる。言語選択は、社会的コンテクストのタイプに影響を受けるからである。この目的志向の社会活動がジャンル・システムで、図1に示した文化のコンテクストと同義である。Martin（1992: 505）は、ジャンルを「言語使用域を通して具現される段階的で目的志向の社会的プロセス」と定義し、文化的に共有され相互作用的に生み出されるものとしている。ジャンル構造は厳正に固定された実体ではなく、ある特定の文化コンテクスト内で、特定の社会的目的を達成するために言語行動がたどる構造を描く抽象概念である。ある一定の社会的目的を持って遂行される言語行動はジャンルとしてそれぞれ類型化される。SFLにおけるジャンル理論が目的とするものの1つは、文化をジャンル・システムとしてマッピングすることで、そのためジャンルの類型化に理論の焦点が置かれている（Muntigl 2004）。

　テクストを考える場合、その構成はジャンルの層で生成され、ジャンルは言語使用域における各要素の選択を方向づけ、言語使用域によって具現される。ジャンル分析は2つの柱からなり、1つは展開構造の構築で、そこではテクストにおいて見出される機能上の構成素が、目的に沿って段階的に組織化される。2つ目は、各段階における意味の具現パターンの検討である。各段階間の境界と機能が、テクストの中で用いられる語彙−文法資源の選択を通して明示される（Eggins 1994）。Eggins and Slade（1997: 235）は意味上の、そして語彙−文法の見地から、ジャンルの特徴について次の2点を挙げている。

① 異なるジャンルのテクストは、異なる語彙文法の選択を明らかにする。したがって、具現パターンはジャンルによって異なる。
② それぞれのジャンルは、機能的に関係する段階から成り、段階ごとに異な

る語彙 − 文法パターンを明らかにする。しかし、それぞれの段階はまったく異なる語彙 − 文法資源を用いるということではなく、むしろ語彙と文法の異なる組み合わせパターンを使うということである。

　こうして構築されたジャンル構造は、それぞれの段階において用いられる語彙 − 文法資源を検討、精査することにより、その展開構造がいかにその社会的目的を達成しているかを明らかにする。語彙 − 文法資源は、体系構造に密接に関連するため、それぞれのジャンルと段階において、異なる語彙 − 文法資源の選択がなされ、そのジャンル特有の言語行動パターンが現れる。本章では、4種のテクストをとりあげ、そのジャンル特有の言語行動のパターンを簡単に概括した。
　ここを出発点としてジャンル構造構築が成っていく。これをもってSFLではテクスト分析が完結するのである。

6. おわりに

　社会的相互作用において、人はコンテクストに応じて適宜、言語資源の選択を行っているわけだが、その選択資源をトレースすることで、談話ストラテジーおよびそれに付随する話者の心的態度が浮き上がってくる。何が選ばれ、何が選ばれなかったか、その理由を考えながらトレースすることで、これらが見えてくるのである。本章では、対人的語彙 − 文法資源の働きを見てきたわけであるが、それによって、各テクストが特定の社会的目的をどう実現しているかが垣間見えたことと思う。日記テクストを除いた他3種のテクスト分析を通して見えてくるのは、操作という視点である。いかなるテクストであれ、特定の社会目的をもった言語活動は操作性を有する。システムネットワークの選択肢から操作的な資源選択がなされていく。この操作的選択のプロセスをマッピングすることで、ジャンルもしくは文化のコンテクストが構築される。
　本書は、従来の捉え方の日本語モダリティが、命題を包む話し手の心的態度を表す言語資源をすべてモダリティと括ってきたのを、SFLの定義に従って、肯否極性の間の意味領域と修正定義する立場をとっている。結果、

この定義からはずれる従来の日本語のモダリティとされてきた言語資源を、SFLのムードのシステムネットワークの中に位置づけることにより、実際のテクスト分析上、どのような有用性が確かめられるかを例証した。テクスト分析にあたって有用なのは当然のことながら、何を探索するのかという特定の目的設定に沿って、どれだけ多くの情報が得られるかである。サイコセラピーであれば、クライエントの変容のプロセス、あるいはセラピストの言語ストラテジーのマッピングなど具体的な目的を設定したときに、得られる情報が量的に多くまた精緻であることが、応用テクスト分析において有用性が高くなることは言うまでもない。SFLの強みはその精緻に体系化された理論構造で、その分、テクスト分析において得られる情報も豊富で一貫性のあるものとなることは自明である。

　本章では、議論を対人的資源に限ったが、観念構成的、テクスト形成的両メタ機能についての考察も入れて、複合的に議論を進めると、さらに多くの示唆が得られよう。別の機会に譲る。

付録1　セラピストとの会話

①初期セッションより

C　昨日休んじゃって、今日も（ハアハア）。何か、だけど、すごい無意味みたいになってきちゃって、何にもしたくなくなっちゃう（ウーン）。学校に行くと、すごくそれを、それをいつもいつも感じちゃうんです（ウーン）。こんなことしてどうなるんだろうっていう気がいっつもしてしまって・・・。いちいちこう気が小さかったりするもんですから、気を遣ったり、どきどきしたり（ハイ）しながら・・・。こんなことで一体どうなるんだろうと思っちゃって、すごく嫌んなったりするんですね（ウーンウンウン）。だから、もう死にたくなっちゃって（ウン）、もう、死にたい、死にたいと思っても、家の人が邪魔するもんだから（ウーン）・・。

T　自分としてはもう本当にこう死ぬしかないみたいな（エエ）、そういう感じがして（エ）。うーん。何するのもこう嫌になっちゃう。

C　ええ。こんなことしたってどうせ無意味なんだから、何のためにこんなことやってんだろうと思って（ウーン）・・・。

T　何でも、何しても無意味な感じ（ハイ）、はい

C　一生懸命何かをやるっていう気が全然しないんですね（ハアハア）。・・どうでもいいっていう気になっちゃうんです。どうでもいいっていう気になって何かやればいいだろうって言われるんですけれども（ウンウン）、そんな気にとってもなれないんですね。じーっと・・・じーっとしているんじゃなくて、死ねちゃったら（pause7"）それが一番いいっていう感じなんです（ウン）・・・。

T　どうでもいいやっていう、そういう感じならば何かやれるだろうって、本当にそう思ったら何かやれるだろうってそんな感じじゃ全然ないのね（ハイ）。うん、（何ニモシタクナイ）何にもしたくない。

C　どんどん試験はせまってくるし（ウン）、やらなきゃあなんないこと一杯あるのに、もう茫然としている感じで（ウン）、そして何かその。ちょっとフランス語の本でやったんですけど、不治の病気になったら、そうなったら日常の慣習に戻って行くか、自殺するよりほかないって書いてあったんですけれど、ああこのこと言ってるんだなあっていう感じがして・・。

②初期セッションより

C　はい。だけども、何かそれも、もう恐くないですね（ウンウン）。それで自分の授業も好きなのを取ろうっていう気になりましたし、人から離れても、自分で選んで決めていこうっていう気になりましたし（ウン）。そして去年は、その人は、こうすることは、たとえば社会学の場合だと、社会学に有益だなんていうと、もうそれ取らなくてはいけないような気がしてたんですけど（ウンウン）、今でもそういうことでとても心が動揺するんですけど（ハイ）、でも結局決定するのは自分だっていう感じが（ウーンウン）持てて。

T　決めるのは自分である（ハイ）、はい。
C　で、そう決めた以上は、もう人を頼ってはいられないから（ウンウン）・・・。
T　自分1人でやるって決めた以上はね、もう頼れない、（ハイ）うん。

C　それで前は、こう、あれもこれもやらなくてはいけないっていうような感じだったんです（ウーンウン）。科目でも、何か英語はとらなくちゃいけないとか（ハアハア）、自分の苦手のものでも、苦手だなんていって逃げていてはいけないんだって（ウーン）。・・・その方が理想的なのかもしれませんけど、やっぱり苦手なものは苦手なんだし（ウーン）、それを自分に強いることはなかろうっていう気になってきたんです（ハイ）。
T　苦手は、これは自分の苦手なんだってこう認めるっていうか、自分で受け入れることが少しできるようになった感じ（ハイ）、はい。前は苦手なんてあっちゃいけない（ハイ）。
C　はい、苦手、苦手だけどもこれは征服しなければならない
T　はい。征服しなければならないこと・・・（ハイ）・・・うん・・（pause 00"）・・・そう思って克服しようとして、しかし、どうしても相手がこう大きくなり過ぎて（ハイ）、いつもそこから逃げ出さなきゃいけなかったのね・・・（ハイ）。（後略）

付録2　弁護士の被告への反対尋問

弁護士　もう一度　花巻医師からの入院依頼の時の状況を伺いますが、はじめに電話がかかった時は、どう言われたんですか。
被告　入院が必要だと思うから引き受けてください、ということです。
弁護士　その時には、気管支拡帳剤を使ったら少しよくなったと言われたんですか。
被告　はい、よくなってそれで連れてくるまで時間が長引いたようなことを言われたと思います。
弁護士　はっきり言われたんですね。
被告　はい。
弁護士　で、病院に来られた時には、どういうふうに言われましたか。
被告　来られた時にもそう言われました。連れてくる前よりよくなったと……。
弁護士　何が少しよくなったんですか。
被告　気管支喘息です。
弁護士　そうすると、終始、気管支喘息を疑っておられたわけですか。
被告　気管支喘息がやっぱり引き金になり、基礎にあるということは考えていました。
弁護士　うっ血性心不全というのがありますね。
被告　はい、ありますけれども。
弁護士　うっ血性心不全を疑われることはなかったんですか。
被告　はい、ほかの症状と一緒にきて、心臓に負担がかかって肺炎のような症状になることはありますが。
弁護士　うっ血性心不全は疑われなかったんですね。
被告　心臓からある程度肺の症状もくるんじゃないかということは完全には否定していなかったと……。
弁護士　それから、利尿剤の件でお尋ねするんですけれども、気管支喘息の場合は水分がいるということが言われておりますが、うっ血性心不全の症状を疑われた場合は、利尿剤のことはどうなるんでしょうか。
被告　それが完全に決めかねるから、中間的な治療になるわけです。
弁護士　質問に答えて下さい。うっ血性心不全の時は、水分を多く与えるのですか。
被告　水分は控え目です。
弁護士　花巻医院から電話が来ました時には、呼吸困難と肝臓が腫れているという連絡があったわけですね。
被告　はい、そうです。
弁護士　呼吸困難と言われるものは、どういう場合の症状を言うんですか。どういう場合に生じるんですか。
被告　肺炎がある時にありますし、気管支喘息でもあります。当然、心臓の場合にも起こるわけです。

弁護士	肝臓が腫れているというのは、医学的には何と呼ぶんでしょうか。
被告	肝腫大です。
弁護士	肝腫大というのは、どういうふうな時に起きるのでしょうか。
被告	心臓の拍出力が弱って、肝臓にうっ血が起こる場合、またはその他ですね。
弁護士	心臓のポンプ力が弱って、肝臓がうっ血するということですね。
被告	はい。
弁護士	そうすると、肝臓が腫れているという電話での連絡があった時には、何をお考えになったでしょうか。
被告	やはり心臓のことも考えたわけです。
弁護士	で、当日22時頃に花巻医師が患者を連れてきた時に、情報を詳しくお聞きになりましたか。
被告	いいえ、突っ込んだ話はしてません。
弁護士	どうして詳しい話をなさらなかったんでしょうか、
被告	いや、紹介状に書いてありましたし、それを見て、診察して、特に花巻先生もつけ加えることもなさそうな顔をしておられましたから……。
弁護士	せっかくそれまで………午後5時頃からずっと診てきた医師が、わざわざ・患者を連れてきたんですけれどもあなたとしては、これまで担当された花巻医師にいろいろと詳しく話を聞こうということはお考えにならなかったんでしょうか。
被告	その紹介状、結構詳しかったですし、状態の簡単な説明は花巻先生からなされましたから、それ以上は、その時は考えなかったです。
弁護士	その紹介状は、本件訴訟に提出されていないのですが、どうしてですか。
被告	そうですか。弁護士の先生が判断されて、提出の必要性がない、ということだと思います。カルテがありますし。

付録3　睡眠

　椅子に坐って力をぬいて下さい。両手をモモの上におきます。あなたは自分の左手をジーッと見つめて下さい。すると、ふつう気がつかないことにいろいろ気づいてきます<u>よ</u>。それを私が知らせてあげましょう。
　まず、手の重さを感じます<u>ね</u>。<u>ふつうは</u>手をのせていても、手の重さには全く気づかないのですが、そんなふうに、一心に手を見つめていると、あなたは手の重さに気がつきます。手をよく見つめて下さい。手から注意がそれたら、また、すぐに手にもどって下さい。一心にしっかり見つめます。すると、今度はまた、次のことに気づきます。あなたはズボン（またはスカート）の布地のざらざらした感じが、掌や指に感じられます<u>ね</u>。<u>ふつうは</u>手をのせていても、そんなことには気づきませんが、そんなふうに一心に見つめていますと、よくわかってきます<u>ね</u>。
　まだいろいろなことに気づきます<u>よ</u>。あなたは今度は暖かさがモモに伝わっているのに気がつきます。わずかに、暖かい感じがします<u>ね</u>。<u>ふつうは</u>感じないことですが、そんなふうに一心に注意をむけていますと気づいてきます<u>ね</u>。あなたは手の重さ、布目の感じ、手の暖かさに注意をむけていて下さい。手をジーッと見つづけて下さい。手はジーッとしています<u>ね</u>。本当はあなたの手はごくかすかに動いている<u>の</u>ですが、あなたは気づいていません<u>ね</u>。手を見つめて下さい。手の動きがいつになったらはっきりわかる<u>の</u>かと興味をもって見ています。あなたの指がいつ動くのかと注意して見ています。おや指か、人さし指か、中指か、くすり指か、小指か、どの指<u>でしょう</u>。ジーッと見つめています（後略）。

付録4　日記

日記①
四月十日　11:00 AM
きのうの夜、ウィスキーを三杯ぐっとあおってねむる。八時半ごろ目がさめ、FMのシフラのピアノをききながら起きる。何かどうしようもない気持になり、手紙がきているかと下に新聞をとりにいく。手紙はなく物干し台にのぼり雨にさらされたすべり台に横になる。見えるものは隣家の屋根と、くすびた壁と軒にせせこましくかけられた洗濯もの。
ここには青々とした緑の草原も体をほてらす太陽もない。みすぼらしい、それでいて勝ち誇っているような家と優越顔に通りすぎる車と、金を出せば笑顔で迎えてくれる喫茶店とがあるだけだ。腕を伸ばしたくて、足をふりまわしたくてむずむずしている。
今、牧野からテレ。京都に帰ってきているとのこと。早速会いにいこうっと。（後略）

日記②
六月一日
（前略）姉の家を一銭も持たずにとび出し、東京のどまん中を二時間半も歩いた。お金がないということ、それは決定的だ。テレする十円さえもなくて、落ちていないかと路面ばかり見て歩いた。まさに乞食だ、ルンペンだ。
生きることは苦しい。ほんの一瞬でも立ちどまり、自らの思考を怠惰の中へおしやれば、たちまちあらゆる混沌がどっと押しよせてくる。思考を停止させぬこと。
つねに自己の矛盾を論理化しながら進まねばならない。私のあらゆる感覚、感性、情念が一瞬の停止休憩をのぞめば、それは退歩になる。
怒りと憎しみをぶつけて抗議の自殺をしようということほど没主体的な思いあがりはない。
自殺は敗北であるという一片の言葉で語られるだけのものになる。

日記③
六月二日
（前略）未熟である己れを他者の前に出すことを恐れてはならない。マルクシズムのマの字を知らないからといって、帝国主義の経済構造を知らないからといって、現在の支配階級に対する闘いができないという理屈にはならない。私の闘争は人間であること、人間をとりもどすというたたかいである。自由をかちとるという闘争なのである。人間を機械の部品にしている資本の論理に私はたたかいをいどむ。その一方で私は私のブルジョア性を否定して行かなければならない。その長い過程で真の己れを形成し発展させていく。それは苦しいたたかいである。が、それをやめれば私は機械になる。己れが己れ自身となるために。そして未熟であるが故に、私はその全存在をさらけ出さなければならない。

第7章

結び

　本書における最大の特徴は、書名のとおり選択体系機能文法によって日本語モダリティ体系を分析したことである。本章は本書の結びとして、各章に関連した主要文献の紹介をしながら内容を振り返ることとしたい。

　第1章では、モダリティ研究史を概括した。中心としたのは Palmer (1986, 2001) や澤田 (2006) などの先行研究である。「モダリティの定義をめぐって」と題された論考 (ナロック 2014) は短いながらも、たとえばモダリティ・ムード・陳述という近接範疇についての区別についてもよくまとめられている。また澤田 (2006) は英語モダリティ体系の研究から出発して日本語についても考察している論究であるが、モダリティを次のように定義している。

> モダリティとは、事柄 (すなわち、状況・世界) に関して、たんにそれがある (もしくは真である) と述べるのではなく、どのようにあるのか、あるいは、あるべきなのかということを表したり、その事柄に対する知覚や感情を表したりする意味論的なカテゴリーである。　　　　(澤田 2006: 2)

　同書は国語学 – 日本語学の伝統的なモダリティ観から出発しているのではなく、英語を対象とした法助動詞を中心とする分析から着想を得ているように思われるのである。それはたとえば Palmer (2001: 41, (47) (48)) のモダリティ類型を次のように総括していることにも示されているであろう。

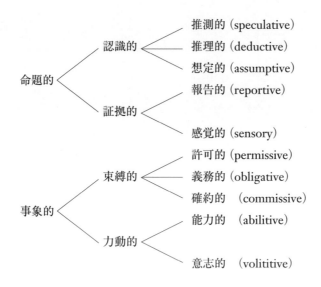

　第4章において機能文法の枠組みによってモダライゼイションとモデュレイションの下位分類を試みたが、概ねここでの分類と範疇が重なる部分が多いと言えよう。しかし機能文法によるモダライゼイション・モデュレイションという二分割とこの分類は、入り組んでいる部分がある。認識的はモダライゼイションの蓋然性に、証拠的は名称も同じ証拠性に、束縛的はモデュレイションに対応している。力動的の2つでは、能力的が本書ではモダライゼイションの能力性、意志的はモデュレイションにおける志向性に相当すると考えられそうである。Halliday and Matthiessen（2014）においてはモダライゼイションは蓋然性と通常性に、モデュレイションは義務性と志向性に下位分類しているのみであるというのは、範疇を大括りにしておくことによって普遍性を保とうとするような意図を感じる。言い換えると、Halliday and Matthiessen は英語のモダリティ体系を分析しているのであるが、多言語に「応用できるような下地」を作ったのではないかという印象を持つのである。この段階において一瞥しただけでもこれだけ範疇には異動があるので、詳細を詰めればさらに大きな議論の余地が生じるであろう。これは今後の課題として残しておきたい。

　第2章においては、日本語モダリティ研究に特化して論じた。山田孝雄

（1936）『日本文法学概論』から説き起こし、「モダリティ」という用語が用いられる以前からの研究史を振り返った。国語学が日本語学と看板を掛け替えてからの歴史は、モダリティという用語を用い始めたという歴史とほぼ重なると言えよう。しかし日本語学でモダリティの下位分類を立てているのを比較対照してみると、たとえば「聞き手目当てのモダリティ」というように日本語独自の範疇も見られる。

　加藤（2015）「システムネットワークによる日本語モダリティの再構築」では本書で仮定している機能文法による日本語叙法体系全体と、日本語記述文法研究会（2002）におけるモダリティ体系の枠組みを対比させている（加藤2015: 139）。これによれば日本語記述文法研究会（2002）の日本語モダリティ体系下位分類は表現類型・評価・認識・説明・伝達という5つの範疇が立てられ、すべて同等の位置づけという比較的簡素な枠組みである。ここでは、日本語学が独自に立ててきたモダリティ下位範疇に「叙述・疑問・勧誘・行為要求・感嘆」（表現類型）など機能文法では叙法と位置づけるものや、伝達のモダリティとして丁寧さ（機能文法では叙法体系の文体）・伝達態度（同じく交渉詞）が一体になっているなど、大きな異動がある。詳細は加藤（2015）を参照されたい。

　ここで言及しておきたいのは、日本語学におけるモダリティ研究において特有であり他の言語では観察されていないと言えそうな「説明モダリティ」である。説明のモダリティとは、「のだ」を代表格として「わけだ、ものだ、ところだ」という類を指す。これらは命題に加えて、話者が「こういうように強調したい」という意図を示す表現である。角岡（2015a）において数量的分析を施したが、日本語コーパスで検索した結果でも「のだ」類の実例は極めて多いという傾向が窺える。こういう「説明モダリティ」についてはたとえば、益岡（2007）、仁田（2009）、日本語記述文法研究会（2002）などが章立てをして詳説している。日本語記述文法研究会では、説明モダリティは次のように定義されている。

　　〈説明〉のモダリティとは、典型的には、先行する文で示された内容が聞き
　　手にわかりやすくなるように、〈事情〉〈帰結〉などを後の文で示すものであ

る。　　　　　　　　　　　　　　　　　（日本語記述文法研究会 2002: 230)

これで日本語の「説明モダリティ」については、基本的に定義ができているものと考えられる。〈　〉内の語は、専門的な意味を持たせているものであろう。次に、益岡（2007）から例を引用する。

(1) 選手達は泣いているのではない。　　　　　　　（益岡 2007: 86, (3)）
(2) 私のなかを吹き抜ける風が書いたのだ。「私」がそれを書いたのではない。　　　　　　　　　　　　　　　　　　　　　（益岡 2007: 87, (4)）
(3) 己は休暇中に地方に発掘に行く費用や欲しい本を買いたいために、心にそまぬながら、その仕事をしたのだ。彼らの洋食代や映画代を出すために仕事したのではない。　　　　　　　　　　　　（益岡 2007: 87, (5)）

(2) と (3) は、「甲したのだ、乙したのではない」という組み合わせで対となっている例として挙げられている。(1)(2) は修辞的な言い回しである。(1) は客観的に述べれば選手達が涙を流している状況を描写しているのであろうが、表面的には「泣いているのではない」というようにそれを否定するような辺りが修辞的である。加えて (2) は「風が書いた」というような擬人法を用いている。対して (3) は考古学関連で発掘作業をした理由についての説明であろう。その費用を捻出するための理由づけを長々と述べている辺りは、論理的な側面が大きいように思われる。

　このように日本語学におけるモダリティ研究は、英語とまったく異なる枠組みにおいて進展してきたように思われる。それは端的に言えば、叙法構造という大きな体系の中でモダリティを位置づけるという視点が乏しいと総括できるのではないかと考えている。たとえば益岡（1991）において、否定や疑問がモダリティとして扱われていたのに象徴的に示されるように思う。少なくとも機能文法では、否定は肯否極性という枠組みで論じ、否定と肯定を合わせた命題真偽については疑問と対比させるというように叙法構造全体での位置づけが明確である。申し添えておくが、このように拠って立つ枠組みが異なる故に分析の手法も結果も当然に違って見えるのである。けっして分

析方法の優劣を云々しているのではない。

　ハリデー文法は、1960年代から一貫して築かれてきた体系である。本書では「機能文法」と略称してきたが、当初から言語の持つ意味と機能に着目してきた。また、発話を選択の結果として捉えるという視点も特有である。機能主義は、生成文法に代表される形式主義と対比されることもある。形式主義では、たとえば「理想的な言語使用者」というような存在を仮定し、その脳内における言語能力を分析するという接近法を採用する。言い換えると、非常に複雑な実態である言語から「余分なもの」を削ぎ落とし抽象化した捉え方をしている。逆に機能主義では「余分なもの」を文化あるいは社会という文脈で捉えるという枠組みで取り込もうとする。第3章で概略を紹介したハリデー文法では、その一端を提示した。両者の接近法は「どちらが優れている」というような関係ではなく、言語を科学する上では相補うような関係であるべきであろう。出発点と目標にしている結論が相互にまったく異なるのであるから、議論が噛み合わないのはある意味で当然である。

　日本語でこれまでに公刊されたハリデー文法に立脚した言語論の出版は比較的少ない。主著としては、*An Introduction to Functional Grammar*（1994, 第2版）の翻訳である『機能文法概説―ハリデー理論への誘い』（2001）が最も重要であろう。本書を執筆するについても、用語を中心として大いに参照した。同じく翻訳では Halliday and Hasan (1976) *Cohesion in English* が『テクストはどのように構成されるか―言語の結束性』（1997）として、また Halliday and Hasan (1985) *Language, Context, and Text: Aspects of Language in a Social-semiotic Perspective* が『機能文法のすすめ』（1991）という邦題で出版されている。翻訳ではない機能文法全体についての概説書『ことばは生きている』では、理論から応用に至るまで各論を網羅している。角岡（2009）『節音調の機能についての選択体系文法による分析』は、音韻論と意味論・語用論が交差する領域における音調（イントネーション）の意味と機能について対照言語学・類型論的な分析を試みた。ここでは、音調が担う意味や役割をメタ機能に即して考察しているのが特徴である。この枠組みにおいては、音調を意味論および語用論と一体化させて考察することができる。話し手が無意識のうちに複雑な談話構造を音調体系に具現している実態について多くの言

語から実例を交えて検証している。音調の意味と機能を各メタ機能に分けて分析するという考え方は、Halliday and Greaves (2008) *Intonation in the Grammar of English* と共通である。

　雑誌では、日本機能言語学会 (JASFL: Japan Association of Systemic Functional Linguistics) の機関誌『機能言語学研究』(*Japanese Journal of Systemic Functional Linguistics*) が隔年、秋季大会での発表を論文化した *Proceedings of JASFL* が毎年発行されている。

　英語で執筆された機能文法による日本語分析では、Teruya (2007) *A Systemic Functional Grammar of Japanese* 全2巻が最も体系的と言えるであろう。同書はモダリティのみならず、観念構成・対人的・テクスト形成という各メタ機能によって章立てがなされ、詳細に日本語を分析している。本書第4章で論じたように、モダライゼイションとモデュレイションの下位区分については Halliday and Matthiessen (2014) で示された英語の体系とは着眼点が異なるようである。

　主題–題述構造 (Theme – Rheme Structure) はテクスト形成メタ機能で扱われるが、日本語と英語についてこの分野における対照研究となっているのが Fukuda (2006) *Theme – Rheme Structure: A Functional Approach to English and Japanese* である。主題とは節頭におかれて節の出発点となり、「この節は、こういうことについて語ります」というように定義される (The Theme is the element which serves as the point of departure of the message; it is that which locates and orients the clause within its context.)。Halliday and Matthiessen (2004: 65) から例を引いてみる。

　　Goa Gajah + is the 'elephant cave' on the road to Gianyar, a Hindu-Buddhist temple area ...

　+ は主題–題述の境界である。この例においては Goa Gajah が主題であり is the 'elephant cave' on the road to Gianyar, a Hindu-Buddhist temple area が題述である。主題は、「この節が Goa Gajah について述べる」という表明である。そして is the 'elephant cave' on the road to Gianyar, a Hindu-

Buddhist temple area がその説明になっている。このように英語においては、ほぼ機械的に文頭要素を主題と見なすことによってテクスト形成メタ機能においての分析が完結すると言える。

　他方で日本語には、主題を明示する「は」という係助詞がある。「は」は、主格を表示する格助詞「が」と対照を成す。Fukuda (2006) においては後半3章のうち第6章が「は」を伴う日本語の主題－題述構造に当てられており、第6・第7章もそこを出発点にした展開である。日本語と英語の比較においては、語順がほぼ絶対的と言える英語と、「は」という主題提示に特化した係助詞を持つ日本語の違いについて考察されている。助詞の「は／が」交替について、Fukuda (2006: 124) から引用してみよう（原文はローマ字表記、引用者により日本語表記に転じた）。

　　a.　鮪の刺身は今日のお薦めです。
　　b.　鮪の刺身が今日のお薦めです。
　　c.　今日お薦めなのは鮪の刺身です。
　　d.　今日お薦めなのが鮪の刺身です。

　同書における考察では (a) は「店内に居る客の間で共通認識がある」、(b) は「鮪の刺身が焦点であり、題述は前提 (Presupposition) として提示されている」という (124ページ)。そして「今日のお薦め」の情報価値（プラーグ学派の用語では Communicative Dynamism という）としては、(a) が (b) より大きいと判断されている。それは係助詞「は」の機能によるものであろう。(c) と (d) の比較においては、情報提示戦略 (presentation strategy) という観点を採用している。(c) の「今日のお薦めなのは」という主題提示は共有されており、同時に前提である。天野 (1995)「「が」による倒置指定文」によると (d) は「ガによる倒置指定文」と定義されているが、文全体が新情報であるかのような印象を与えるという。客観的には「今日お薦めなの」は状況からして旧情報または前提として扱うことが可能である。しかし (d) は、そのように提示されていない。結果として (d) では前提と焦点の区別が明確ではない。それは一般的に「が」は前提を明示するとは考えられていな

いからである。格助詞「が」は、本来的に全体が中立である新しい文において中立の主語を明示すること、または包括的な列挙において焦点を明示することである。そして「が」には多くの謎が残されていると結論づけている（天野 1995: 125）。

　本書第4章で論じたのは、機能文法におけるモダリティの定義が「肯否極性の中間に位置する」という点である。もう1つは、叙法構造の中で厳密に位置づけられていることである。

　モダライゼイションの下位区分として能力性・通常性・蓋然性・証拠性、モデュレイションの下位区分としては必要性・義務性・許可性・期待性・志向性を立てた。Teruya (2007) の立てた下位区分と比較すると、モダライゼイションにおいて証拠性という範疇を加えた点が最も大きく異なるところである。Halliday and Matthiessen (2014) では、英語のモダライゼイションで能力性と通常性、モデュレイションで義務性と志向性という2つずつの下位区分しか立てられていないのと異動がある。日本語では、モデュレイションで必要性・義務性・許可性・期待性というのは英語では義務性を細分化したとも考えられる。英語でモダライゼイションとモデュレイションの下位区分を2つずつと少なく考えているのは、これら下位区分の「篩の目」を故意に粗くして、複数の助動詞 will, must, may などを同一範疇で扱おうというような意図が窺える。

　機能文法では、モダリティを叙法構造の一部として位置づけている。それは、対人関係メタ機能というなかで叙法構造全体を選択体系網で示した場合に端的に表される。英語における叙法構造は Halliday and Matthiessen (2014) で提示されている。日本語の叙法構造は Teruya (2007) において示されたものを出発点として、本書で全体像としてまとめてみた（巻末の附録）。日本語叙法構造として一枚の選択体系網で提示することができたのは、本書の大きな成果であったと考えている。

　機能文法は、一面ではテクスト分析に適した体系である。しかし他方で理論的な体系も重視している。実際に機能文法の理論は、各メタ機能の体系を採ってみても整然と組み立てられている。本書は第3章で枠組みの概略を説明すると共に、第6章においてテクスト分析の実例を詳細に提示した。

このように本書は、英語を対象としたモダリティ研究を振り返ることから筆を起こし、日本語学でのモダリティ研究と機能文法でのモダリティ定義を比べることによって応用的な面までを概観してきた。日本語学で採り上げられてきたモダリティの定義とはまったく異なる故に、たとえば「説明の「のだ」はモダリティではない」というような結論を導いた。本書では、「のだ」は有標な叙法として扱った。日本語モダリティ体系については共著者五人が同じ考えを共有し、現時点での共同提案である」というような趣旨で本書が世に出たのである。モダライゼイションとモデュレイションの下位分類についても、本書で初めて表明された考えであることは間違いがない。異論があろうことは承知の上である。論旨が至らないと思われる点、また納得できない点については読者諸氏のご教示を願いたい。

　巻末の選択体系網で示したように、モダリティは叙法構造の一部である。本書における論考を通じて、モダリティは言語を用いた思考を命題と心的態度に分割するという点で、言語のありようと思考回路について考察する重大な鍵であるという思いをますます強くした。Halliday and Matthiessen（2014）において提示されている叙法構造の全体像では「比較的、モダリティの占める重要度が小さいのではないか」というのが現時点での素朴な感想である。本書においてモダライゼイションとモデュレイションの下位分類を詳細に区分したのは、日本語という個別言語の特性を加味した上での試みであった。これは下位分類の範疇数が、英語においては４つ（蓋然性、通常性、義務性、志向性）であったのが、日本語で９つに増えたことである。これによって、日本語叙法構造全体に占めるモダリティは相対的に大きくなったのではないかと考えている。本書では日本語コーパスを使用して数量分析を行ったのであるが、英語におけるモダリティ表現出現頻度については同様に英語コーパスにおいて比較対照を行う必要があろう。この点についても、今後の検討が必要である。

　第５章では、日本語のモダリティ表現について伝統的な品詞分類に基づく分析を行った。これは英語におけるモダリティ研究において、法助動詞の占める比重が相対的に大きいことと日本語の状況を比較するためであった。日本語の必要性表現「なければならない」で端的に示されるように、日本語

モダリティ表現では助動詞を中心として動詞・形容詞・名詞・助詞など多くの品詞が複雑に組み合わさって前後に肯否極性を持った形式が多くなる傾向が明らかになった。

　品詞分析を一歩進めて、肯否極性に関してモダリティ表現同士の否定関係を位置づけてみたのも第5章における試みであった。否定を、前半・後半・二重・裏返しと分類してみた。ここではモダライゼイションとモデュレイションの下位分類を細かくしたことによって、「必要性表現は否定を前提としている」というような傾向が浮かび上がってきた。この章に関連した先行研究としては角岡（2012, 2013, 2014, 2015a, b），Kadooka（2014, 2015）を挙げておくが、いずれも紀要等に発表した単発論文である。

　応用編で、最も重要な文献と考えられるのが加藤（2009）『サイコセラピー面接テクスト分析—サリヴァンの面接トランスクリプトに基づいて—』である。帯にある中井久夫・神戸大学名誉教授の「これはいかにもフィールドの言語学である」という一言が同書のあり方を端的に示している。個人情報保護という観点から、この種テクストが公にされることは例外的であった。しかし実例を検証することなくして、このような臨床部門で分析を行うことが机上の空論に陥ることは必定であろう。個人情報が特定されない限り、同書や本書第6章のような実例を蓄積することは大きな意味があると考える。機能文法はテクスト分析に適していると指摘したが、このような分野に応用することが最も実践的であり、言語学が実用面に寄与できる最先端であるように思われる。臨床言語学という新境地を拓く可能性に満ちている。本書第6章はこの書から分析手法的に一歩進めたものである。サイコセラピーのクライエントと健常者の発話を比較してみて、モダリティ表現出現頻度について差が認められれば興味深いであろう。より詳細には、同一クライエントが疾患の段階によってモダリティ表現出現頻度などに変化が客観的に観察されればこの仮定が顕著に確認されるであろう。

　本書は、機能文法という枠組みに立脚して日本語モダリティ体系を分析するという取り組みの端緒であると考えている。今後に控える課題は、途方もなく先が長いように思われてならない。その1つとしてたとえば、モダリティから対象を広げて日本語の叙法体系全体について機能文法による分析を

試みたい。その先には、概念構成とテクスト形成という2つのメタ機能が控えている。部分的にでもあれ、これら2つのメタ機能について考察を加えない限りは日本語文法について包括的な枠組みを構築するとは言えない。果たして私たち研究者の生物的寿命が尽きる前に、どれほどの進展を見ることができるかは定かではない。しかし研究者として歩みを続ける限り、この目標に向かって挑み続けたいものである。

参考文献

天野みどり (1995)「「が」による倒置指定文」『人文科学研究』88, 1–21.
荒木一雄・安井稔 (編) (1992)『現代英文法辞典』東京：三省堂
安藤貞雄 (2014)「ムードの意味」澤田治美 (編)『モダリティ I：理論と方法』東京：ひつじ書房 pp. 175–203.
飯村龍一 (2001)「広告テクスト分析のための状況コンテクストに関する一考察」『玉川大学文学部紀要 (社会科学編)』15: 53–78.
飯村龍一 (2002)「談話分析の諸相」菊池重雄・佐藤成男 (編)『国際社会と文化』東京：玉川大学出版部 pp. 100–128.
五十嵐海理 (2015)「『だろう』に関する主要分析の概観と『だろう』の意味について」『龍谷大学国際社会文化研究所紀要』17: 121–134.
井上カーレン果子 (1992)「投射」氏原寛 (編)『心理臨床大事典』東京：培風館 pp. 982–983.
宇津木愛子 (2005)『日本語の中の「わたし」―国語学と哲学の接点を求めて―』大阪：創元社
荻原稚佳子 (2015)「話し手の言いさし使用の実態と聞き手の解釈」『日本語学』34 (7): 52–64.
尾上圭介 (2001)『文法と意味 I』東京：くろしお出版
尾上圭介 (2012)「不変化助動詞とは何か―叙法論と主観表現要素論の分岐点―」『国語と国文学』89(3): 3–18.
尾上圭介 (2015)「叙法論としてのモダリティ論と文の成立」文法学研究会第 7 回集中講義 (2015 年 8 月 8 日, 9 日; 於神戸大学) ハンドアウト
加藤新太郎 (2011)「証拠調べとしての証人尋問・当事者尋問」加藤新太郎 (編)『民事尋問技術』第 3 版. 東京：ぎょうせい
加藤澄 (2009)『サイコセラピー面接テクスト分析―サリヴァンの面接トランスクリプトに基づいて―』東京：ひつじ書房
加藤澄 (2010a)「記号モードで解析するサイコセラピー」日本家族心理学会 (編)『家族にしのびよる非行・犯罪―その現実と心理援助― (家族心理学年報 28)』東京：金子書房 pp. 118–131.
加藤澄 (2010b)「臨床言語論としてのサリヴァン遺産継承の試み」『治療の聲』11 (1): 61–69.
加藤澄 (2015)「SFL システムネットワークによる日本語モダリティの再構築」『龍谷大学国際社会文化研究所紀要』17: 123–143.
加藤澄 (2016)『サイコセラピー臨床言語論―言語研究の方法論と臨床家の言語トレーニングのために―』東京：明石書店
角岡賢一 (2009)『節音調の機能についての選択体系文法による分析』東京：成美堂
角岡賢一 (2012)「日本語説明モダリティとその否定形式について」『龍谷紀要』34

(1): 15–31.
角岡賢一(2013)「機能文法による日本語説明モダリティの分析」『機能言語学研究』7: 23–42.
角岡賢一(2014)「機能文法による日本語叙法構造とモダリティの分析」『龍谷大学国際社会文化研究所紀要』16: 127–142.
角岡賢一(2015a)「機能文法による日本語モダライゼーションとモジュレーション下位分類の分析」『龍谷大学 国際社会文化研究所紀要』17: 105–119.
角岡賢一(2015b)「日本語説明モダリティ表現における叙述形式について」『龍谷紀要』37 (1): 27–38.
神尾昭雄(1990)『情報のなわ張り理論』東京:大修館書店
神田橋條治(1990)『精神療法面接のコツ』東京:岩崎学術出版社
北川千里(1984)「発言の階層構造と「ことば」の主体性」『日本語学』4 (8): 31–42.
北原保雄(1970)「助動詞の相互承接についての構文論的考察」『国語学』83: 32–59.
北原保雄(1981)『日本語助動詞の研究』東京:大修館書店
菊地康人(1997/2015)『敬語』東京:講談社
金田一春彦(1953[2004])「不変化助動詞の本質」「不変化助動詞の本質、再論─時枝博士・水谷氏・両家に答えて─」『金田一春彦著作集 第3巻』東京:玉川大学出版部 pp. 305–351, 353–363.
金田一春彦・金田一秀穂(編)(2012)『学研 現代新国語辞典』改訂第五版. 東京:学研
工藤浩(1989)「現代日本語の文の叙法性 序章」『東京外国語大学論集』39: 13–33.
工藤浩(2005)「文の機能と叙法性」『国語と国文学』82(8): 1–15.
国広哲弥(1984)「のだの意義素覚え書き」『東京大学言語学論集 '84』5–9.
熊倉千之(1990)『日本人の表現力と個性─新しい「私」の発見─』東京:中央公論社
蔵内宏和・前田重治(1960)『現代催眠学─暗示と催眠の実際─』東京:慶應通信
黒滝真理子(2005)『DeonticからEpistemicへの普遍性と相対性』くろしお出版
小泉保(編)(2000)『言語研究における機能主義』東京:くろしお出版
国立国語研究所(1960)『話しことばの文型(1)対話資料による研究』東京:秀英出版
国立国語研究所(1963)『話しことばの文型(2)独話資料による研究』東京:秀英出版
佐治圭三(1989)「第5章 文法」加藤彰彦・佐治圭三・森田良行(編著)『日本語概説』東京:おうふう pp. 107–185.
澤田治美(1995)『視点と主体性─日英語助動詞の分析─』東京:ひつじ書房
澤田治美(2006)『モダリティ』東京:開拓社
澤田治美(編)(2014)『モダリティⅠ:理論と方法』東京:ひつじ書房
白川博之(2009)『「言いさし文」の研究』東京:くろしお出版
白川博之(2015)「言いさし文の文法」『日本語学』Vol.34,7.2-13.

スワン マイケル（著）(2007)『オックスフォード実例現代英語用法辞典 第 3 版』吉田正治（訳）東京：研究社／オックスフォード大学出版局 [Swan, M. 2005. *Practical English Usage, 3rd Edition*. Oxford: Oxford University Press.]
田窪行則 (1997)「日本語の人称表現」田窪行則（編）『視点と言語行動』東京：くろしお出版 pp. 13–44.
龍城正明 (1990)「機能文法における意味の扱い— beneficiary の解釈をめぐって—」『同志社大学英語英文学研究』51: 251–267.
龍城正明 (1995)「ランクスケールに関する一考察」『同志社大学英語英文学研究』65: 255–274.
龍城正明 (1998)「選択体系機能言語学における finiteness に関して—日英語比較対照の観点から—」『同志社大学英語英文学研究』69: 113–132.
龍城正明 (2004)「Communicative Unit によるテーマ分析— The Kyoto Grammar の枠組みで—」『同志社大学英語英文学研究』76: 1–20.
龍城正明 (2006)「ことばを理解する—単語と節の関係」龍城正明（編）『ことばは生きている—選択体系機能言語学序説—』東京：くろしお出版
龍城正明 (2008)「日英語の過程型に関する考察— the Kyoto Grammar による日本語過程型分析—」『同志社大学英語英文学研究』83: 69–98.
龍城正明 (2013)「日英語節複合における時制表現に関する考察—話者の状況の視点という概念を通して—」『同志社大学英語英文学研究』90: 139–216.
龍城正明（編）(2006)『ことばは生きている—選択体系機能言語学序説—』東京：くろしお出版
田野村忠温 (1990)「文における判断をめぐって」崎山理・佐藤昭裕（編）『アジアの諸言語と一般言語学』東京：三省堂 pp. 785–795.
田野村忠温 (2002)『現代日本語の文法 I —「のだ」の意味と用法—』東京：和泉書院
田野村忠温 (2004)「第 9 章　現代語のモダリティ」北原保雄・尾上圭介（編）『朝倉日本語講座 6　文法 II』東京：朝倉書店 pp. 215–234.
田畑治 (1989)「来談者中心療法」『メンタルヘルス・ハンドブック』京都：同朋舎出版
田畑治 (1995)「第 3 章　来談者中心カウンセリング」内山喜久雄・高野清純・田畑治（著）『カウンセリング』東京：日本文化科学社 pp. 45–132.
角田三枝 (2004)『日本語の節・文の連接とモダリティ』東京：くろしお出版
寺村秀夫 (1984)『日本語のシンタクスと意味 II』東京：くろしお出版
照屋一博 (2012)「レジスターカルトグラフィー—体系機能的視点からみたテキスト類型とテキスト分析—」日本機能言語学会春期例会ワークショップ
時枝誠記 (1941)『国語学原論』東京：岩波書店
時枝誠記 (1950)『日本文法　口語編』東京：岩波書店
時枝誠記 (1951)「対人関係を構成する助詞・助動詞」『国語国文』20(9): 1–10.
トムソン A.J.・マーティネット A.V.（著）(1991)『実例英文法』江川泰一郎（訳注）東京：オックスフォード大学出版局 [Thompson, A.J. and Martinet, A.V. 1986. *A Practical English Grammar, 4th Edition*. Oxford: Oxford University Press.]
永石一郎 (2011)「反対尋問」加藤新太郎（編）『民事尋問技術』東京：ぎょうせい

pp. 201–253.
中井久夫 (1985)『分裂病』(中井久夫著作集、精神医学の経験　第 1 巻) 東京：岩崎学術出版社
中右実 (1979)「モダリティと命題」林栄一教授還暦記念論文集刊行委員会 (編)『英語と日本語と―林栄一教授還暦記念論文集―』東京：くろしお出版 pp. 223–250.
中島信夫 (2000)「日本語と英語の認識様相について―判断行為と知識伝達行為―」中島信夫 (編)『日本語と英語のモダリティの研究』神戸：甲南大学総合研究所 pp. 91–125.
ナロック　ハイコ (2010)「『日本文法論』における文成立関連の概念とヨーロッパの言語学―陳述、統覚作用、モダリティ、ムード―」斎藤倫明・大木一夫 (編)『山田文法の現代的意義』東京：ひつじ書房 pp. 217–239.
ナロック　ハイコ (2014)「モダリティの定義をめぐって」澤田治美 (編)『モダリティ I：理論と方法』東京：ひつじ書房 pp. 1–23.
仁田義雄 (1999)『日本語のモダリティと人称』(増補第二版) 東京：ひつじ書房
仁田義雄 (2000)「認識のモダリティとその周辺」森山卓郎・仁田義雄・工藤浩 (著)『日本語の文法 3　モダリティ』東京：岩波書店 pp. 81–159.
仁田義雄 (2006)「条件表現と叙述世界のタイプ」『日本語文法の新地平 3　複文・談話編』東京：くろしお出版 pp. 25–48.
仁田義雄 (2009)『日本語のモダリティとその周辺』東京：ひつじ書房
仁田義雄・益岡隆志 (編) (1989)『日本語のモダリティ』東京：くろしお出版
日本語記述文法研究会 (2003)『現代日本語文法 4　第 8 部モダリティ』東京：くろしお出版
日本語記述文法研究会 (2009)『現代日本語文法 7　第 12 部談話・第 13 部待遇表現』東京：くろしお出版
野村剛史 (2003)「モダリティ形式の分類」『国語学』54 (1)：17–31.
芳賀綏 (1954 [1978])「"陳述"とは何もの？」『国語国文』23 (4) ([再録]服部四郎・大野晋・阪倉篤義・松村明 (編)『日本の言語学　第 3 巻文法 I』東京：大修館書店 pp. 284–303.)
林四郎 (1960 [2013])『基本文型の研究』東京：明治図書出版 ([復刊] 東京：ひつじ書房)
原田登美 (2000)「モダリティ論小考―モダリティをめぐる日本語研究の二つの動向―」中島信夫 (編)『日本語と英語のモダリティの研究』神戸：甲南大学総合研究所 pp. 15–28.
ハリデー M.A.K. (著) (2001)『機能文法概説―ハリデー文法への誘い―』山口登・筧壽雄 (訳) 東京：くろしお出版
飛田良文他 (編) (2007)『日本語学研究事典』東京：明治書院
福田一雄 (2012)「選択体系機能言語学 (SFL) から見たモダリティ」秋孝道 (編)『言語類型の記述的・理論的研究』新潟大学人文学部 pp.115–133.
福田一雄 (2013)『対人関係の言語学』東京：開拓社
福田一雄 (2014)「日本語モダリティ覚え書き (その一)」『言語の普遍性と個別性』5: 1–11. 新潟大学大学院現代社会文化研究科

福田一雄（2015）「日本語モダリティ覚え書き（その二）」『言語の普遍性と個別性』6: 1–18. 新潟大学大学院現代社会文化研究科

堀江薫（2014）「文末名詞化構文の相互行為機能」井出祥子・藤井洋子（編）『解放的語用論への挑戦―文化・インターアクション・言語―』東京：くろしお出版

ヘイヴンズ レストン（2001）『心理療法におけることばの使い方―つながりをつくるために―』下山晴彦（訳）東京：誠信書房

本間通義（2011）「立証計画」加藤新太郎（編）『民事尋問技術』東京：ぎょうせい pp. 85–155.

牧野成一（1980）『くりかえしの文法』 東京：大修館書店

益岡隆志（1987）「プロトタイプ論の必要性」『言語』16 (12): 38–45.

益岡隆志（1991）『モダリティの文法』東京：くろしお出版

益岡隆志（2000）『複文』東京：くろしお出版

益岡隆志（2001）「説明・判断のモダリティ」『神戸外大論叢』52 (4): 1–25.

益岡隆志（2003）『三上文法から寺村文法へ―日本語記述文法の世界―』東京：くろしお出版

益岡隆志（2007）『日本語モダリティ探究』東京：くろしお出版

益岡隆志（2008）『叙述類型論』東京：くろしお出版

益岡隆志（2012）「現代日本語のモダリティをめぐって―文の意味階層構造の観点から―」関西外国語大学（編）『平成 23 年度科学研究費補助金によるモダリティワークショップ予稿集』

益岡隆志・田窪行則（1992）『基礎日本語文法・改訂版』東京：くろしお出版

町沢静夫（1999）「認知療法、認知行動療法」氏原寛・亀口憲治・成田善弘・東山紘久・山中康裕（編）『心理臨床大事典』東京：培風館 pp. 360–364.

松浪有他（編）（1994）『大修館英語学辞典』（第四版）東京：大修館書店

三宅知宏（1999）「モダリティとポライトネス」『言語』28 (6): 64–69.

メイナード K 泉子（1993）『会話分析』東京：くろしお出版

南不二男（1974）『現代日本語の構造』東京：大修館書店

南不二男（1993）『現代日本語文法の輪郭』東京：大修館書店

宮崎和人（2012）「認識的モダリティの意味と談話的機能」澤田治美（編）『モダリティⅡ：事例研究』東京：ひつじ書房

村木新次郎（1991）『日本語動詞の諸相』春日部：ひつじ書房

森山卓郎（1999）「モダリティとイントネーション」『言語』28 (6) : 77–79.

森山卓郎（2000）「基本叙法と選択関係としてのモダリティ」森山卓郎・仁田義雄・工藤浩（著）『日本語の文法 3　モダリティ』東京：岩波書店 pp. 3–78.

安井稔（2007）『新版　言外の意味＜上・下＞』東京：開拓社

安井稔（2013）『ことばで考える』東京：開拓社

山岡政紀（2000）『日本語の述語と文機能』東京：くろしお出版

山口明穂・秋本守英（編）（2001）『日本語文法大辞典』東京：明治書院

山口登（1988）「言語研究における機能主義とその系譜」『言語』17(10): 66–73.

山口登（2001）「訳者あとがき」M.A.K. ハリデー（著）『機能文法概説―ハリデー理論への誘い―』東京：くろしお出版 pp. 667–693.

山口登・筧壽雄（2001）「日本語版への序文：訳者より」M.A.K. ハリデー（著）『機能文法概説—ハリデー理論への誘い—』東京：くろしお出版 pp. xv–xvi.

山田孝雄（1936）『日本文法学概論』東京：宝文館出版

ワクテル ポール（2004）『心理療法家の言葉の技術—治療的なコミュニケーションをひらく—』杉原保史（訳）東京：金剛出版

渡邊淳也（2004）『フランス語における証拠性の意味論』東京：草美出版

渡辺実（1953）「叙述と陳述—述語文節の構造—」『国語学』13: 20–34.

渡辺実（1968）「終助詞の文法論的位置—叙述と陳述再説—」『国語学』72: 27–135.

渡辺実（1971）『国語構文論』東京：塙書房

Bandler, R. and Grinder, J. 1975. *Patterns of the Hypnotic Techniques of Milton H. Erickson, vol. 1*. Capitola, CA: Meta Pubns.［リチャード・バンドラー／ジョン・グリンダー（2013）『ミルトン・エリクソンの催眠テクニック』浅田仁子（訳）東京：春秋社］

Berry, M. 1975. *Introduction to Systemic Linguistics 1: Structures and Systems*. London and Sydney: Batsford.

Berry, M. 1977. *An Introduction to Systemic Linguistics: 2. Levels and Links*. London: B.T. Batsford.

Brown, R. and A. Gilman. 1960. The Pronouns of Power and Solidarity. In T. Sebeok（Ed.）*Style in Language*. Cambridge, MA: MIT Press. pp. 253–276.

Brugger, W. 1981. Philosophisches Wörterbuch. 16 Auflage. Freiburg: Herder.

Bühler, K. 1934. *Sprachtheorie: Die darstellungsfunktion der sprache*. New York: Fischer.

Butler, C.S. 1985. *Systemic Linguistics: Theory and Applications*. London: Batsford Academic and Educational.

Butler, C.S. 1996. On the Concept of an Interpersonal Metafunction in English. In M. Berry, C. Butler, R. Fawcett, and G. Huang（Eds.）*Meaning and Form: Systemic Functional Interpretations. Meaning and Choice in Languages: Studies for Michael Halliday*.（Advances in Discourse Processes, Vol. LVII.）Norwoor, NJ: Ablex Publishing Corporation. pp. 151–181.

Butler, C.S. 2003a. *Structure and Function: An Introduction to Three Major Structural Functional Theories. Part 1: Approaches to the Simplex Clause*. Amsterdam: John Benjamins.

Butler, C.S. 2003b. *Structure and Function: An Introduction to Three Major Structural Functional Theories. Part 2: From Clause to Discourse and Beyond*. Amsterdam: John Benjamins.

Chapman, A.H. 1978. The Treatment Technique of Harry Stack Sullivan. New York: Brunner/ Mazel, Inc.［チャップマン, A.H.（1979）『サリヴァン治療技法入門』作田勉（監訳）東京：星和書店］

Clarke, B. 2012. Do Patterns of Ellipsis in Text Support Systemic Functional Linguistics'Context-Metafunction Hook-up' Hypothesis? A Corpus Based Approach. PhD thesis. Cardiff University.

Dik, S.C. 1978. *Functional Grammar*.（North Holland Linguistic Series 37.）Amsterdam, New York, Oxford: North Holland Publishing Company.

Dik, S.C. 1983. *Advances in Functional Grammar*. (Publication in Language Sciences 11.) Dordrecht and Cinnaminson, NJ: Foris.

Dik, S.C. 1997a. *The Theory of Functional Grammar, Part 1: The Structure of the Clause, 2nd edition*. Ed. K. Hengeveld. (Functional Grammar Series 20.) Berlin and New York: Mouton de Gruyter.

Dik, S.C. 1997b. *The Theory of Functional Grammar, Part 2: Complex and Derived Constructions, 2nd edition*. Ed. K. Hengeveld. (Functional Grammar Series 21.) Berlin and New York: Mouton de Gruyter.

Eggins, S. 1994. *An Introduction to Systemic Functional Linguistics*. London: Pinter Publishers.

Eggins, S. and Slade, D. 1997. *Analysing Casual Conversation*. London and Washington: Cassell.

Fawcett, R.P. 1980. *Cognitive Linguistics and Social Interaction: Towards an Integrated Model of a Systemic Functional Grammar and the Other Components of a Communicating Mind*. Heidelberg: Julius Groos Verlag, and Exeter: University of Exeter.

Fawcett, R.P. 1997. Invitation to Systemic Functional Linguistics. the Cardiff Grammar as an Extension and Simplification of Halliday's Systemic Functional Grammar. *Helicon* (Nara, Japan), 22: 55–136.

Fawcett, R.P. 2000. *A Theory of Syntax for Systemic Functional Linguistics*. Amsterdam: John Benjamins.

Fawcett, R.P. 2008. *Invitation to Systemic Functional Linguistics Through The Cardiff Grammar: An Extension and Simplification of Halliday's Systemic Functional Grammar*. London: Equinox.

Fillmore, C. 1968. The Case for Case. In E. Back, R.T. Harms (Eds.) *Universals in Linguistics Theory*. New York et al.: Holt, Rinehart and Winston. pp. 1–88.

Firbas, J. 1964. On Defining the Theme in Functional Sentence Analysis. *Travaux Linguistique de Prague* 1: 267–280.

Firth, J.R. 1957a. A synopsis of linguistic theory 1930-1955. In *Studies in Linguistic Analysis*. Oxford: Philological Society.

Firth, J.R. 1957b. *Papers in Linguistics 1934–1951*. London: Oxford University Press.

Foley, W.A. and R.D. Van Valin. 1984. *Functional Syntax and Universal Grammar*. Cambridge: Cambridge University Press.

Fukuda, K. 2003. A Consideration of the Thematiser 'Wa' in Japanese. In J. Hladký (Ed.) *Language and Function*. Philadelphia/Amsterdam: John Benjamins. pp. 147–160.

Fukuda, K. 2006. *Theme-Rheme Structure: A Functional Approach to English and Japanese*. Niigata University Scholars Series, Vol.5. Niigata University, Japan.

Ghadessy, M. (Ed.) 1993. *Register Analysis: Theory and Practice*. London: Pinter Publishers.

Givón, T. 1979. *On Understanding Grammar*. New York: Academic Press.

Givón, T. 1984a. *Syntax: A Functional-Typological Introduction, Vol.1*. Amsterdam and

Philadelphia: John Benjamin.
Givón, T. 1984b. *Syntax: A Functional-Typological Introduction, Vol.2.* Amsterdam and Philadelphia: John Benjamin.
Givón, T. 1993a. *English Grammar: A Function-Based Introduction. Vol.1.* Amsterdam and Philadelphia: John Benjamin.
Givón, T. 1993b. *English Grammar: A Function-Based Introduction. Vol.2.* Amsterdam and Philadelphia: John Benjamin.
Givón, T. 1995. *Functionalism and Grammar.* Amsterdam and Philadelphia: John Benjamins.
Gonzálvez-García F. and C.S. Butler. 2006. *Annual Review of Cognitive Linguistics, Vol. 4, No.1.* Amsterdam: John Benjamins.
Halliday, M.A.K. 1961. Categories of the Theory of Grammar. *Word* 17, 241–292.
Halliday, M.A.K. 1967-8. Notes on transitivity and theme in English, Parts 1-3. *Journal of Linguistics* 3(1): 37-81, 3(2): 199–244, and 4(2): 179–215.
Halliday, M.A.K. 1970a. Language Structure and Language Function. In J. Lyons (Ed.) *New Horizons in Linguistics.* Harmondsworth: Penguin Books. pp. 140–165.
Halliday, M.A.K. 1970b. Functional Diversity in Language as Seen from a Consideration of Modality and Mood in English. *Foundations of Language: International Journal of Language and Philosophy* 6: 322–361. [Reprinted as Chapter 5 in *Studies in English Language, the Collected Works of M.A.K. Halliday, Vol.7.* London & New York: Continuum. pp. 164–204.]
Halliday, M.A.K. 1973. *Explorations in the Functions of Language.* London: Edward Arnold.
Halliday, M.A.K. 1979. Modes of Meaning and Modes of Expression: Types of Grammatical Structure, and Their Determination by Different Semantic Functions. In D.J. Allerton, E. Carney and D. Holdcroft (Eds.) *Function and Context in Linguistic analysis: Essays offered to William Haas.* London: Cambridge University Press. pp. 57–79.
Halliday, M.A.K. 1977. Text as Semantic Choice in Social Contexts. In T. van Dijk and J. Petofi (Eds.) *Grammars and Descriptions.* Berlin: Walter de Gruyter. pp. 176–225.
Halliday, M.A.K. 1978. *Language as a Social Semiotic.* London: Edward Arnold.
Halliday, M.A.K. 1985. *An Introduction to Functional Grammar, 1st Edition.* London: Arnold.
Halliday, M.A.K. 1989. *Spoken and Written Language.* Victoria, Australia: Deakin University Press.
Halliday, M.A.K. 1994. *An Introduction to Functional Grammar, 2nd Edition.* London: Arnold. [M.A.K. ハリデー (2001)『機能文法概説―ハリデー理論への誘い―』山口登・筧壽雄 (訳) 東京：くろしお出版]
Halliday, M.A.K. 1998. Things and Relations: Regrammaticalizing Experience as Technical Knowledge. In H.R. Martin and R. Veel. (Eds.) *Reading Science:*

Critical and Functional Perspectives on Discourses of Science. London: Routledge. pp. 185–235.

Halliday, M.A.K. and R.D. Fawcett (Eds.) 1987. *New Developments in Systemic Linguistics Volume 1: Theory and description*. London: Frances Pinter.

Halliday, M.A.K. Rivised by C.M.I.M. Matthiessen. 2004. *An Introduction to Functional Grammar, 3rd edition*. London: Arnold.

Halliday, M.A.K. Rivised by C.M.I.M. Matthiessen. 2014. *Halliday's Introduction to Functional Grammar, 4th edition*. London and New York: Routledge.

Halliday, M.A.K. and R. Hasan. 1976. *Cohesion in English*. London: Longman. ［M.A.K. ハリディ／ルカイヤ・ハサン（1997）『テクストはどのように構成されるか―言語の結束性―』安藤貞夫（訳）東京：ひつじ書房］

Halliday, M.A.K. and R. Hasan. 1985. *Language, Context and Text: Aspects of Language in a Social-Semiotic Perspective*. Geelong: Deakin University Press. ［M.A.K. ハリデー／ルカイヤ・ハッサン（1991）『機能文法のすすめ』筧壽雄（訳）東京：大修館書店］

Halliday, M.A.K. and J.J. Webster. 2014. *Text Linguistics: The How and Why of Meaning*. Sheffield: Equinox.

Hasan, R. 1985. The Structure of Text. In M.A.K. Halliday and R. Hasan (Eds.) *Language, Context and Text: Aspects of Language in a Social Semiotic Perspective*. Geelong, Vic: Deakin University Press. pp. 52–69.

Hasan, R. 1995. The Conception of Context in Text. In P.H. Fries and M. Gregory (Eds.) *Discourse in Society: Systemic Functional Perspectives*. London: Edward Arnold. pp. 183–283.

Hasan, R. 2009. The Place of Context in a Systemic Functional Model. In M.A.K. Halliday and J. Webster (Eds.) *Continuum Companion to Systemic Functional Linguistics*. London: Continuum. pp. 166–189.

Havens, L. 1986. *Making Contact*. Cambridge, Massachusetts, and London: Harvard University Press. ［レストン・ヘイヴンズ（2001）『心理療法におけることばの使い方―つながりをつくるために―』下山晴彦（訳）東京：誠信書房］

Hopper, P.J. and S.A. Thompson, 1984. The Discourse Basis for Lexical Categories in Universal Grammar. *Language* 60(4): 703–752.

Huddleston, R. 2002. The Verb. In R. Huddleston and G.K. Pullum (Eds.) *The Cambridge Grammar of the English Language*. Cambridge University Press.

Heyse, J.C.A. 1968. Deutsche Shulgrammatik oder kurzgefasstes Lehrbuch der deutschen Sprache. 21. Auflage (28. AUflage 1914). Hannover: Hahn'sche Hof-Buchhandlung.

Jespersen, O. 1992/1924. *The Philosophy of Grammar*. London: Longman.

Johnson, Y. 2003. *Modality and the Japanese Language*. Ann Arbor: Center for Japanese Studies, University of Michigan.

Kadooka, K. 2014. A Corpus-based Study of Japanese Exlanatory Modality. *The Ryukoku Journal of Humanities and Sciences* 36(1): 11–27.

Kadooka, K. 2015. On the Asymmetric Nature of Polarity in Japanese Modality.

Ryukoku Internnational Center Research Bulletin 23: 75–94.
Kant, I. 1818. *Critik der Philosophy of Vernunft. Sechste Auflage*. Leipzig: Johann Friedrich Hartknoch.
Kiefer, F. 1987. On Defining Modality. *Folia Linguistics* 11: 67–94.
Kiefer, F. 1997. Presidential Address: Modality and Pragmatics. *Folia Linguistica* 31 (3-4): 241–253.
Kuno, S. 1972. Functional Sentence Perspective: A Case Study from Japanese and English. *Linguistic Inquiry* 3(3): 269–320.
Kuno, S. 1980. Functional Syntax. In Moravcsik and Wirth (Eds.) pp. 117–135.
Langacker, R.W. 1987. *Foundations of Cognitive Grammar, Vol. I: Theoretical Prerequisites*. Stanford, CA: Mouton de Gruyter.
Langacker, R.W. 1990. *Concept, Image and Symbol: The Cognitive Basis of Grammar*. Berlin and New York: Mouton de Gruyter. (2nd edition. 2002)
Langacker, R.W. 1991. *Foundations of Cognitive Grammar, Vol. II: Descriptive Application*. Stanford, CA: Mouton de Gruyter.
Langacker, R.W. 1999. *Grmmar and Conceptualization*. Berlin and New York: Mouton de Gruyter.
Langacker, R.W. 2003. Extreme Subjectification. English Tense and Modals. In H. Cuyckens, T. Berg, R. Dirven, K.U. Panther (Eds.) *Motivation in Language. Studies in Honor of Günter Radden*. Amsterdam: John Benjamins. pp. 3–26.
Lyons, J. 1968. *Introduction to Theoretical Linguistics.* Cambridge: Cambridge University Press.
Lyons, J. 1977. *Semantics, Vol. 2*. Cambridge: Cambridge University Press.
Magee, B. 1985. *Philosophy and the Real World: An Introduction to Karl Popper*. LaSalle, IL: Open Court.
Malinowski, B. 1923. The Problem of Meaning in Primitive Languages. In C.K. Ogden and I.A. Richards (Eds.) *The Meaning of Meaning*. London: Routledge.
Malinowski, B. 1935. *Coral Gardens and Their Magic, Vol.2*. London: Allen and Unwin.
Martin, J.R. 1987. The Meaning of Features in Systemics Linguistics. In M.A.K. Halliday, and R.P. Fawcett(Eds.) *New Developments in Systemic Linguistics Vol.1*. London: Frances Pinter. pp.14–40.
Martin, J.R. 1992. *English Text*. Philadelphia/Amsterdam: John Benjamins.
Martin, J.R. 1993. Life as a Noun: Arresting the Universe in Science and Humanities. In M.A.K. Halliday and J.R. Martin (Eds.) *Writing Science: Literacy and Discursive Power*. London: The Falmer Press. pp. 221–267.
Martin, J.R. 1999. Modeling Context: A Crooked Path of Progress in Contextual Linguistics. In M. Ghadessy (Ed.) *Text and Context in Functional Linguistics*. Amsterdam: John Benjamins. pp. 25–61.
Matthiessen, C. 1993. Register in the Round: Diversity in a United Theory of Register Analysis. In Ghadessy, M. (Ed.) *Register Analysis: Theory and Practice*. London: Pinter. pp. 221–292.

Matthiessen, C. 1995. *Lexicogrammatical Cartography: English Systems*. Tokyo: International Language Sciences Publishers.

Matthiessen, C.M.I.M. and J.A. Bateman. 1991. *Text Generation and Systemic-Functional Linguistics: : Experiences from English and Japanese*. London: Pinter Publishers.

Matthiessen, C., K.Teruya, and M. Lâm. 2010. *Key Terms in Systemic Functional Linguistics*. London: Continuum.

Muntigl, P. 2004. *Narrative Counselling*. Amsterdam/Philadelphia: John Benjamins.

McGloin, H.N. 1980. Some Observations Concerning *no desu* Expressions. *The Journal of the Association of Teachers of Japanese* 15: 117–149.

Moravcsik, E. and J.R.Wirth (Eds.) 1980. *Current Approaches to Syntax*. Syntax and Semantics 13. New York: Academic Press.

Narrog, H. 2005. On Defining Modality Again. *Language Sciences* 27: 165–192.

Narrog, H. 2009a. *Modality in the Japanese Language*. Amsterdam: John Benjamin.

Narrog, H. 2009b. Modality, Modariti and Predication: The Story of Modality in Japan. In B. Pizziconi and M. Kizu (Eds.) *Japanese Modality: Exploring its Scope and Interpretation*. Basingstoke: Palgrave Macmillan.

Nuyts, J. 1993. Epistemic Modal Adverbs and Adjectives and the Layered Representation of Conceptual and Linguistic Structure. *Linguistics* 31: 933–969.

Palmer, F.R. 1986. *Modality and the English Modals*. London: Longman.

Palmer, F.R. 1999. Mood and Modality: Further Developments. In K. Brown, J. Miller (Eds.) *Concise Encyclipedia of Grammatical Catoegories*. Oxford: Elsevier. pp. 235–239.

Palmer, F.R. 2001. *Mood and Modality*. Cambridge: Cambridge University Press.

Perkins, M.R. 1983. *Modal Expressions in English*. London: Frances Pinter.

Poynton, C. 1985. *Language and Gender: Making the Difference*. Geelong, Vic.: Deakin University Press. [Republished: Oxford University Press. 1989.]

Prince, E.F. 1978. A Comparison of WH-clefts and It-clefts in Discourse. *Language* 54: 883–906.

Prince, E.F. 1981. Towards a Taxonomy of Given-New. In P. Cole (Ed.), *Radical Pragmatics*. New York: Academic Press. pp. 223–255.

Prince, E.F. 1991. On 'Functional Explanation in Linguistics and the Origins of Langauge'. *Lanugae and Communication* 11(1/2): 79–82.

Rogers, C. 1954. The Case of Mr. Bebb: The Analysis of a Failure Case. In C.R. Rogers and R.F. Dymond (Eds.) *Psychotherapy and Personality Change*. Chicago: The University of Chicago. pp. 349–409.

Sawada, Harumi. 1995. *Studies in English and Japanese Auxiliaries: A Multi-stratal Approach*.Tokyo: Hituzi.

Schuman, H. and S. Presser, 1981. *Questions and Answers in Attitude Surveys*. New York: Academic Press.

Searle, J.R. 1975. Indirect Speech Acts. In P. Cole and J.L. Morgan (Eds.) *Syntax and Semantics 3: Speech Acts*. New York: Academic Press. pp. 59–82.

Stubbs, M. 1986. A Matter of Prolonged Field Work: Notes towards a Modal Grammar of English. *Applied Linguistics* 7(1): 1–25.

Sullivan, H.S. 1954. *The Psychiatric Interview*. New York: W.W. Norton & Company.［サリヴァン，H. S.（1986）『精神医学的面接』中井久夫他（訳）東京：みすず書房］

Sweet, H. 1892/1900. *A New English Grammar: Logical and Historical. Part I*. Oxford: Clarendon.

Teruya, K. 2007. *A Systemic Functional Grammar of Japanese. Volume One*. London & New York: Continuum.

Tavernniers, S.A.M. and L. Ravelli. 2003. *Grammatical Metaphor*.（Current Issues in Linguistic Theory 236.）Amsterdam and Philadelphia: John Benjamins.

Thompson, G. 1999. Acting the Part: Lexico-Grammatical Choices and Contextual Factors. In M. Ghadessy（Ed.）*Text and Context in Functional Linguistics*. Amsterdam: Benjamins. pp. 103–126.

Van Valin, R.D. Jr. 1993. A Sysnopsis of Role and Reference Grammar. In Van Valin, R.D. Jr.（Ed.）*Advances in Role and Reference Grammar*.（Current Issues in Linguistic Theory 82.）Amsterdam and Philadelphia: John Benjamins.

Von der Gabelenz, G. 1901. *Die Sprachwissenschaft, Ihre Aufgaben und bisherigen Ergebnisse. 2*. Auflage. Leipzig: Chr. Hermann Tauchniz.

Von Wright, G.H. 1951. *An Essay in Modal Logic*. Amsterdam: North-Holland.

索　引

C

CMHH（the context-metafunction hook-up hypothesis）29
Cognitive grammar　4
Deontic modality　16, 41, 102
Dynamic modality　41
Epistemic modality　16, 41, 102
Event modality　16, 41
Functional Grammar　4
Generative functionalism　4
the Kyoto Grammar　29, 35
Propositional modality　16, 41
Role and Reference Grammar　4
SFLによるモダリティの定義　143
SFLに基づく日本語のムード　164
SFLに基づく日本語のモダリティ　166
Systemic Functional Grammar　4, 8
West Coast Functionalism　4

あ

価（value）147

い

言いさし文　238, 239, 270
一致した（congruent）236
イデオロギー　230
意味（meaning）114
意味（semantics）116
意味層（semantics）2, 3, 7, 9, 10, 118, 139, 144, 170, 231, 235, 236
意味素性　56, 174
イントネーション（intonation）76, 91, 125, 137, 160, 236, 299

う

埋め込み構造（embedding）120

お

音韻層（phonology/graphology）10, 118, 231, 235–237
音韻的構成（composing）116

か

概観的（synoptic）229
開始点（point of departure）128, 131, 132
蓋然性（probability）18, 40, 41, 43, 45, 48, 51, 53, 54, 63, 83, 91, 93, 100, 110, 145–149, 151, 154–161, 165, 167–169, 177, 181, 183, 187, 191, 192, 206–210, 216, 218, 236, 256, 260, 261, 265, 266, 273, 274, 281, 296, 302, 303
外的世界（environment）116, 118
会話分析（Conversation Analysis）127
数（number）124
活動の流れ（activity sequence）232, 234
活動領域（field）116, 231
過程型（process type）119, 120, 127
過程構成（transitivity）35, 42, 118, 126
過程構成の種類（process type）118
過程中核部（process）118
仮定法（subjunctive mood）122
関係過程（relational process）118
感情（affect）28, 33, 72, 108, 116, 232–234, 249, 250, 263–265, 278
感情の受容（acceptance of feeling）249
感情の反映（reflection of feeling）249
感情の明瞭化（clarification of feeling）

250
観念構成的（ideational）10, 31, 129–131, 146, 147, 287
観念構成的メタ機能（ideational metafunction）117–120, 123, 126, 133, 153, 155, 170

き

祈願法（optative mood）122
記号体系（semiotic system）232
疑似モダリティ（quasi-modality）44, 52, 145, 146, 163
期待性　43, 49, 181, 193, 200, 201, 206, 213, 215, 219–225, 302
機能（function）114
機能主義と機能文法の理論的射程　2
基本的な発話機能（primary speech functions）121
義務性（obligation）40, 41, 43, 49, 148–150, 156, 157, 159–161, 167, 177, 181, 182, 193, 196, 197, 203, 206–208, 210, 212–216, 219–221, 256–260, 282–284, 296, 302, 303
疑問法（interrogative mood）59, 122, 175, 236
許可性　43, 49, 181, 188, 193, 196, 197, 198, 203, 205–207, 213–215, 219–225, 302
極性（polarity）36, 51, 54, 59–62, 82, 86, 120, 143, 147, 162, 169, 179–183, 185, 189, 205, 209, 211, 212, 219–224, 226, 267–269, 286, 298, 302, 304

く

具現化（realization）31, 43, 118, 232, 236
クライアント中心療法（client-centered therapy）247

繰り返し（restatement of content or problem）249

け

経験的メタ機能（experiential metafunction）117, 118
敬語法（honorification）60
形式文法（formal grammar）133, 235
結束性（cohesion）127, 132, 133, 170
権威（authority）233, 234, 280
原型的言語（proto-language）117
言語化（wording）28, 41, 85, 86, 98, 114, 116, 118–120, 281
言語活動領域（field）32, 33, 231, 232
言語使用域（register）117, 231
言語的コンテクスト（intratextual context および intertextual context）31, 115
言語の層化（stratification）115
言語の役割（language role）27, 233, 234
現実的（realis）122
言表事態　89
言表事態めあてのモダリティ　89
言表態度　89

こ

語彙－文法（lexico-grammar）55, 116, 118, 120, 144, 148, 170, 231, 235–237, 255, 285, 286
語彙－文法層（lexicogrammar）235
交換（exchange）113, 121
交渉（negotiation）60
交渉詞（negotiator）35, 58, 60, 62, 125, 137, 168, 169, 179, 236, 237, 251, 253, 277, 280, 282, 284, 297
構造機能主義モデル　7
構造機能的接近法（structural-functional approach）6

行動過程（behavioural process）119
肯否中間領域 51, 54, 113, 114, 144–147, 151, 153, 156, 165, 167–169, 171, 173
語結合（wording）56
呼称（vocative）60
コメント（comment）59

さ

サイコセラピー・テクスト 247
裁判のテクスト 267
参与要素（participant）62, 118

し

志向性（inclination）40, 41, 43, 49, 145, 148–152, 160, 161, 165, 166, 168–171, 177, 181, 193, 201, 202, 206, 213, 214, 216, 219, 257, 259–261, 282–284, 296, 302, 303
自己開示（self-disclosure）250, 252, 255
事実性（factuality）100
時制（tense）120, 124
質問（question）121
実例化（instantiate）115, 133
品物／行為（goods & services）121, 122, 133–135, 165, 166, 170
社会的距離（social contact）232–234
社会的地位（social status）33, 232, 233
社会的役割（social role）33
ジャンル（genre）32, 127, 170, 190, 229, 230, 232, 285, 286
ジャンル構造（genre structure）127, 170, 229, 230, 285, 286
修辞構造（rhetorical structure）28, 127, 170
従属結合（hypotaxis）120, 177
主語（subject）123
主題（subject matter）232

主題（theme）127
主題・題述構造（theme / rheme structure）127
述語動詞（predicator）124
首尾一貫性（coherence）127, 132, 133
状況のコンテクスト（context of situation）9, 115–117, 138, 229, 231, 235
状況／文化のコンテクスト（context of situation/culture）32
状況要素（circumstantial elements）35, 62, 118, 119
証拠性（evidentials）15, 24, 43, 49, 52–54, 59, 78, 93, 167, 171, 177–187, 206–208, 216–218, 236, 262
小節（minor clause）61
承認－再保証（approval-reassurance）250
情報（information）121
叙実法（indicative mood）59, 62, 122, 174, 175, 179
叙法体系網（mood system network）114, 173
叙述法（declarative mood）34, 59, 106, 122, 175, 179, 235
叙法（mood）109
叙法性 106
真偽判断のモダリティにおける証拠性判断 52
新旧情報構造（given / new information structure）127, 132
真正モダリティ 24, 52
心理過程（mental process）118, 278

せ

節（clause）118
節と節境界 237–239, 242, 245

節の交換　19, 20, 21, 34, 36, 40, 41, 50, 58, 59
節を構成する要素　58
選択素性（systemic feature）56, 57, 59, 61–63
選択体系機能言語学（systemic functional linguistics）2, 9, 25, 26, 64, 113, 114, 133, 170
選択体系網（systemic network）26, 30, 55–63, 148, 171, 174–179, 181, 182, 237, 302, 303
専門的知識や技術（expertise）233

そ

相（aspect）120
層（stratum）115
存在過程（existential process）47, 63, 119

た

対人機能的意味資源　1, 2, 10, 11, 19, 20, 23, 25, 26, 36, 39, 42, 43, 55, 58, 64, 113, 173
対人的部門（interpersonal component）32–55, 61
対人的メタ機能（interpersonal metafunction）34, 117, 120, 121, 123, 130, 133, 138, 139, 144, 148, 153, 155, 169, 170, 174, 229, 232, 233
態度・感情（affect）233

ち

チャネル（channel）233, 234
直説法（indicative mood）18, 122
陳述（statement）17, 22, 25, 40, 43, 51, 65, 67–70, 72–77, 79, 82–85, 87, 88, 92, 96, 97, 106, 109, 110, 121–123, 134–138, 149, 150, 166, 170, 174, 183, 242, 271, 275, 279, 295

つ

通常性　40–43, 48, 110, 145, 148, 149, 151, 160, 161, 167–169, 177, 181, 182, 187, 189, 206, 208, 209, 219, 256, 257, 260, 263, 281, 296, 302, 303

て

定性（finite）123
定性操作詞（finite operator）124
定性要素（finite elements）20, 34, 40, 42, 58, 59, 61, 62
丁寧性（politeness）60
テクスト形成的メタ機能（textual metafunction）117, 126
テクスト分析に供する対人的資源　237
伝達様式（mode）32, 33, 116, 231–234

と

統覚作用　68
投射節（projected clause）120

な

内容層（content plane）235

に

肉体的な優越（force）233
日記のテクスト　281
日本語モダリティの定義　21
日本語叙法構造の選択体系網（The system network of mood in Japanese）55
認知（acceptance）29

の

能力性　43, 48, 181, 187–189, 195, 206–208, 219, 296, 302

は

媒体（medium）233
発音（sounding）116
発言過程（verbal process）62, 119
発話機能（speech function）20, 40, 41, 50, 59, 61, 114, 121–124, 126, 127, 132, 134, 136–142, 144, 148–151, 165–167, 170, 237, 242, 243, 247, 248, 267, 270, 271, 275, 276, 280, 283
発話役割（speech role）113
発話類型のモダリティ 52
話し手の心的態度 18, 22, 60, 101, 105, 135, 165, 179, 286
パワー（power）233

ひ

非現実性（irrealis）15, 122
非事実性（non-factuality）15
非指示的リード（non directive leads）250
必要性 43, 47, 49, 63, 181, 182, 193, 195, 197, 205–207, 210–212, 219–225, 227, 267, 274, 284, 291, 302–304
批判（criticism）29
批評的談話分析（critical discourse analysis）127
評価言語（appraisal）127
表記体系（realisation statement）57
表現層（expression plane）235
表現類型のモダリティ 52
表示（represent）118

ふ

フィードバック（feedback）250
付加詞 59
不均等な富の分配（status）233

節と節境界 237
節複合（clause complex）31, 120
物質過程（material process）118
部門（component）116
文化のコンテクスト（context of culture）9, 115, 116, 229, 230, 231, 271, 285, 286
文の階層的分析 80
文法（grammar）3
文法メタファー（grammatical metaphor）39, 42–44, 46, 47, 151–154, 156, 160–162, 171, 236, 261, 262, 273, 274

へ

並立結合（parataxis）120

ま

マルチモーダル談話分析（multi-modal discourse analysis）127

み

未分化文 61

む

ムード（mood）13–22, 25, 54, 59, 61, 62, 77, 96, 113, 114, 122–127, 130, 132–144, 148–151, 153, 160, 163–167, 169–171, 174, 175, 179, 182, 233, 236–240, 242, 247, 248, 251, 267, 270, 271, 275, 279, 280, 283, 284, 287, 295
ムーブ 237, 238

め

命題定型（finite）35
命題定型結合体 36
命令法（imperative mood）122
メタ機能（metafunction）29

も

申し出（offer）121
モーダル付加詞（Modal Adjunct）60
モーダル・システム　13, 15, 16, 19, 20, 43
モダライゼイション　40–43, 48, 63, 145, 147–150, 154, 156, 160, 161, 166–169, 175, 177, 178, 181–183, 187, 190, 191, 202, 203, 205, 206, 219, 220, 226, 256, 296, 300, 302–304
モダリティ（modality）1, 12, 17–19, 21, 22, 25, 50, 59, 113, 255, 281
モダリティの捉え方　163
モデュレイション　40, 41, 43, 49, 63, 145–151, 154, 156, 160, 161, 165–169, 175, 177, 181–183, 187, 193, 202, 203, 205, 206, 219–222, 226, 256, 258, 296, 300, 302–304

や

役割関係（tenor）32, 33, 116, 231–234

よ

要求（demand）121

る

類型論的なアプローチ　12

れ

連帯（solidarity）233, 254

ろ

論理構成的メタ機能（logical metafunction）118, 120
論理的メタ機能（logical metafunction）117
論理的モダリティ　22

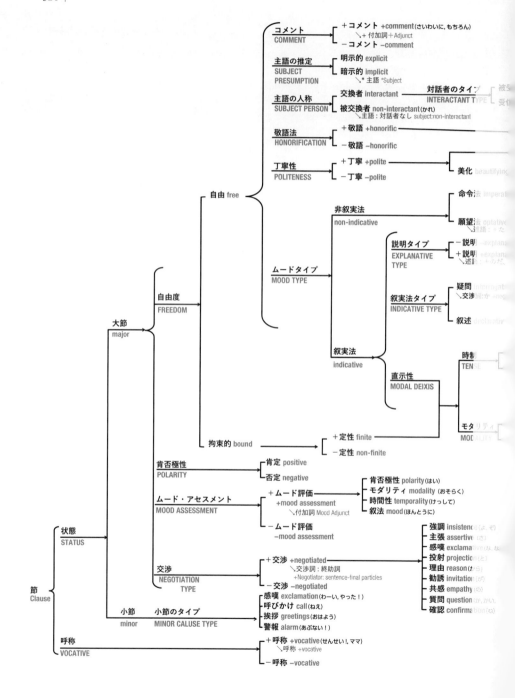

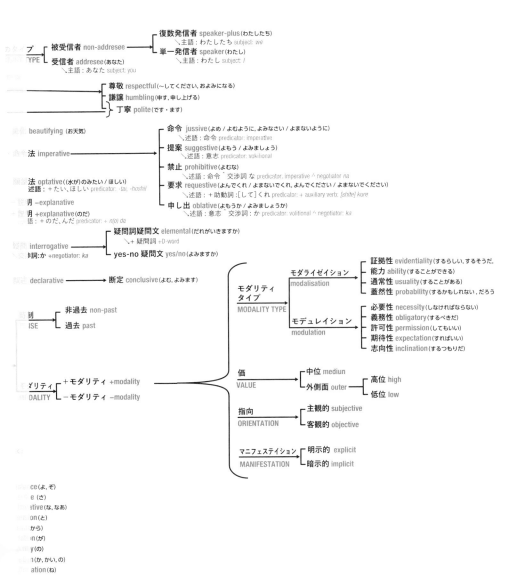

日本語叙法構造の選択体系網

【執筆者紹介】

■はしがき・第４章・第５章・第７章担当／編者
角岡　賢一(かどおか　けんいち)　　龍谷大学経営学部 教授
神戸大学大学院文化学研究科単位取得退学。修士(文学)。主著に『日本語オノマトペ語彙における形態的・音韻的体系性について』(くろしお出版)、『節音調の機能についての選択体系文法による分析』(成美堂)などがある。

■第１章担当
飯村　龍一(いいむら　りゅういち)　　玉川大学経営学部 教授
英国・ノッティンガム大学大学院修士課程修了。修士(英語学)。主著・論文に『ことばを調べる』(共著・玉川大学出版部)、「談話における人称代名詞の選択と機能について－選択体系機能言語学とコーパス言語学の視点から－」(論文・日本英語教育英学会)などがある。

■第２章担当
五十嵐　海理(いがらし　かいり)　　龍谷大学社会学部 准教授
大阪市立大学文学研究科後期博士課程単位取得退学。　修士(文学)、MLitt in Linguistics (Newcastle)。英語学専攻(語用論)。最近の論文に、「否認とメタ表示」(東森勲編『メタ表示と語用論』開拓社)、「Bang goes 構文をめぐって」(JELS 33, 日本英語学会)などがある。

■第３章担当
福田　一雄(ふくだ　かずお)　　新潟大学 名誉教授
大阪教育大学大学院教育学研究科修了。修士(教育学)。主著に『対人関係の言語学－ポライトネスからの眺め－』(開拓社)、『人はなぜわかり合えるのか－言語学から見たコミュニケーションの仕組み－』(新潟日報事業社)などがある。

■第６章担当
加藤　澄(かとう　すみ)　　青森中央学院大学 教授
東北大学大学院国際文化研究科修了。博士(国際文化)。主著に『サイコセラピー臨床言語論－言語研究の方法論と臨床家の言語トレーニングのために－』(明石書店)、『サイコセラピー面接テクスト分析－サリヴァンの面接トランスクリプトに基づいて－』(ひつじ書房)などがある。

機能文法による日本語モダリティ研究
［龍谷大学国際社会文化研究所叢書 19］

初版第 1 刷 ——— 2016年12月11日

編　者 ——— 角岡賢一

著　者 ——— 角岡賢一・飯村龍一・五十嵐海理・福田一雄・加藤澄

発行所 ——— 株式会社くろしお出版

〒113-0033　東京都文京区本郷3-21-10
［電話］03-5684-3389　［WEB］www.9640.jp

印刷・製本　藤原印刷　　装　丁　折原カズヒロ

©Kenichi Kadooka 2016, Printed in Japan
ISBN978-4-87424-714-3　C3081

乱丁・落丁はお取りかえいたします。本書の無断転載・複製を禁じます。